LE NOUVEAU

« P »

DU MARKETING :

la Présence

Catalogage avant publication de Bibliothèque et Archives nationales du Québec et Bibliothèque et Archives Canada

Bédard, Sylvie

    Le nouveau «P» du marketing: la Présence

    (Collection Croissance personnelle)

    ISBN 978-2-7640-1463-9

    1. Marketing. 2. Service à la clientèle. 3. Marketing sur Internet. I. Titre. II. Collection: Collection Croissance personnelle.

HF5415.B42 2010   658.8   C2009-942677-3

Dépôt légal: 2010
Bibliothèque et Archives nationales du Québec

Pour en savoir davantage sur nos publications, visitez notre site: www.quebecoreditions.com

Éditeur: Jacques Simard
Conception de la couverture: Bernard Langlois
Illustration de la couverture: Istock
Conception graphique: Sandra Laforest
Infographie: Claude Bergeron

Imprimé au Canada

Gouvernement du Québec – Programme de crédit d'impôt pour l'édition de livres – Gestion SODEC.

L'Éditeur bénéficie du soutien de la Société de développement des entreprises culturelles du Québec pour son programme d'édition.

Nous reconnaissons l'aide financière du gouvernement du Canada par l'entremise du Programme d'aide au développement de l'industrie de l'édition (PADIÉ) pour nos activités d'édition.

DISTRIBUTEURS EXCLUSIFS:

• Pour le Canada et les États-Unis:
MESSAGERIES ADP*
2315, rue de la Province
Longueuil, Québec J4G 1G4
Tél.: (450) 640-1237
Télécopieur: (450) 674-6237
* une division du Groupe Sogides inc.,
filiale du Groupe Livre Quebecor Média inc.

• Pour la France et les autres pays:
INTERFORUM editis
Immeuble Paryseine, 3, Allée de la Seine
94854 Ivry CEDEX
Tél.: 33 (0) 4 49 59 11 56/91
Télécopieur: 33 (0) 1 49 59 11 33

**Service commande France
Métropolitaine**
Tél.: 33 (0) 2 38 32 71 00
Télécopieur: 33 (0) 2 38 32 71 28
Internet: www.interforum.fr

**Service commandes Export –
DOM-TOM**
Télécopieur: 33 (0) 2 38 32 78 86
Internet: www.interforum.fr
Courriel: cdes-export@interforum.fr

• Pour la Suisse:
INTERFORUM editis SUISSE
Case postale 69 – CH 1701 Fribourg –
Suisse
Tél.: 41 (0) 26 460 80 60
Télécopieur: 41 (0) 26 460 80 68
Internet: www.interforumsuisse.ch
Courriel: office@interforumsuisse.ch

Distributeur: OLF S.A.
ZI. 3, Corminboeuf
Case postale 1061 – CH 1701 Fribourg –
Suisse

Commandes: Tél.: 41 (0) 26 467 53 33
Télécopieur: 41 (0) 26 467 54 66
Internet: www.olf.ch
Courriel: information@olf.ch

• Pour la Belgique et le Luxembourg:
INTERFORUM BENELUX S.A.
Fond Jean-Pâques, 6
B-1348 Louvain-La-Neuve
Tél.: 00 32 10 42 03 20
Télécopieur: 00 32 10 41 20 24

Sylvie Bédard

LE NOUVEAU

« P »

DU MARKETING :

la Présence

**Redéfinir
les relations
avec les clients
à l'ère
numérique**

LES ÉDITIONS
Quebecor

Une compagnie de Quebecor Media

Dédicace

Je dédie ce livre à tous ceux et celles qui font de mon univers un monde agréable à vivre. Mais je remercie plus particulièrement tous ceux et celles qui ont mis des obstacles sur ma route. C'est grâce à ces épreuves que j'ai appris la valeur des véritables relations humaines et que j'ai construit ma vision d'un meilleur pacte de relations avec les clients. Je crois que la Présence dont il est question dans ce livre ne sera possible que si tous les acteurs économiques l'exigent et s'engagent dans la création de relations véritables. Je salue donc ces acteurs qui rendent possible cette vision.

Je dédie ce livre à toutes les générations, afin que nous puissions nous rejoindre dans notre continuum de valeurs, avec ou sans technologie.

Je remercie également les lecteurs assidus de mon blogue. Vos encouragements m'ont insufflé l'énergie nécessaire pour me lancer dans l'écriture de ce livre. Un merci spécial à Marie-Claire qui, avec mon comité de lecture, a donné naissance à la réalisation de mon rêve.

Enfin... mon amour, ma famille, mes amis et mes partenaires d'affaires, merci de croire en moi!

Un présent pour le futur

Désormais, rien ne sera jamais plus comme avant la digitalisation de notre monde et l'éclatement de la bulle, en 2008. En effet, il n'y a plus un seul jour qui passe sans que l'environnement social, politique, écologique, économique et technologique influence l'évolution de notre société et change les courants de consommation à une vitesse vertigineuse. Cette cadence accélérée de changements entraîne un paroxysme d'incertitudes, mais aussi d'infinies possibilités. Devant la panique générée par ces tornades de mutations économiques, les entreprises doivent urgemment agir pour survivre et, surtout, évoluer. Mais que faire pour résister à la tentation d'appliquer simplement des recettes magiques ici et là ? Comment résoudre ce problème à long terme sachant que les meilleurs stratèges économiques et politiques ainsi que les gurus visionnaires ne savent plus quoi prédire ? N'est-il pas temps de changer nos objectifs d'affaires, à tout le moins les moyens pour les atteindre ? L'urgence ne doit pas commander des actions à court terme. L'heure est à remettre tout en question. Il est temps d'utiliser votre capital créatif pour construire votre capital de confiance, ou le reconstruire pour certains.

Certaines entreprises évoluent mieux en temps chaotique et saisissent les occasions du marché plus vite que les autres. Ces entreprises éveillées ont déjà pris l'habitude depuis longtemps de remettre continuellement en question leurs paradigmes. Les difficultés y sont donc abordées comme des occasions, et généralement les solutions émanent de l'intelligence collective. D'autres réagissent seulement en temps de crise et, à coups de gros dollars, décident d'analyser l'entreprise d'un bout à l'autre pour savoir ce qui cloche. Les études de marché sont commandées, les comités de planification stratégique se mettent à l'œuvre, et chacun tente de colliger les informations pour en dégager des tendances et trouver des réponses au déclin des ventes. Mais toutes les entreprises ont en commun le défi d'apprendre à lire entre les lignes de l'information disponible pour leur marché.

Il est évident que la gestion de toutes ces informations de marché est maintenant un véritable défi. Certains ont organisé un service de veille stratégique, et ils veillent sur une base permanente. D'autres, moins structurés, improvisent au fur et à mesure que la situation l'exige. Mais avec la quantité d'information qui s'accumule à chaque instant, saisir la nuance entre pertinence et superflu est en soi un véritable casse-tête. D'autant qu'il y a toujours une nouvelle mode ou un nouveau guru pour en rajouter à votre assiette déjà pleine.

La surinformation dont il est question a été surnommée, avec raison, infobésité[1], une sorte de boulimie informationnelle. Nous ne nageons plus dans l'information, nous nous noyons dans sa surabondance. Et pourtant, nous ne sommes guère mieux informés, et la qualité de cette quantité est plus que discutable. Cette boulimie informationnelle affecte également les consommateurs, qui ne savent plus à qui se fier. En effet, la population a développé une confiance de plus en plus fragilisée envers les journalistes et les médias, qui sont trop souvent perçus comme les complices quotidiens d'intérêts mercantiles contraires aux siens. Ajoutons à cela la prolifération du citoyen média, phénomène qui a ébranlé l'empire des médias, et nous avons un cocktail parfait pour la confusion et le scepticisme du public à l'égard de la validité et de la véracité de l'information. Mais, en vérité, le public a-t-il vraiment appris à développer son sens critique, ou a-t-il simplement développé son sens de la réplique? Un sens de la réplique actif, exprimé parfois haut et fort par les blogues et les réseaux sociaux, et parfois passif, exprimé simplement par la rupture du lien de confiance.

Le projet de ce livre a donc pris ses racines dans l'observation de ces mutations économiques et de leurs ravages sur la relation client. Avec la multiplication des moyens pour mieux conquérir le cœur des clients, comment justifier la dérive des entreprises qui sont incapables de saisir le sens profond du mot «relation»? Ajoutons à cela la prolifération des balivernes que nous pouvons lire et entendre ici et là au sujet des nouvelles technologies et des réseaux sociaux, une vision constructive et mobilisatrice me semblait nécessaire pour assurer la pérennité de notre patrimoine collectif.

---

1. Terme mis en valeur par l'auteur Raghavan Parthasarthy dans son livre *Fondements de management stratégique*, aux Éditions du Renouveau Pédagogique. Adaptateurs: Philip L. Grenon et Johanne Queeton.

Depuis 2007, mon blogue me permet de partager ma vision avec plusieurs lecteurs, en toute modestie et sans prétention. Contribuer à l'univers des *e-motions*[2] constitue le cœur de mes propos. La vie 2.0, quoi! Les outils technologiques et le Net permettent la réalisation de choses extraordinaires, mais ils permettent également la prolifération de décisions erronées. Force est de constater que ce blogue n'était pas le meilleur moyen pour partager une vision articulée et pratique visant à remettre de l'ordre dans tout ce méli-mélo. L'improvisation se substitue à la réflexion profonde depuis trop longtemps. Mon point de vue est partagé par plusieurs, et les grands leaders ne savent plus à quel saint se vouer. Ma vision devient alors un appel à la participation engagée et active afin d'établir un nouveau pacte client grâce à la richesse de ce nouvel univers d'*e-motions*.

Mon intérêt pour les nouvelles tendances remonte à aussi loin que je me souvienne. Cette fascination pour les nouvelles technologies et leurs applications prend ses fondements dans ma jeunesse, lors de mes soirées devant la télévision en noir et blanc avec *Star Trek* et *Au-delà du réel*. Parmi les premiers étudiants à s'inscrire au module d'informatique de gestion en 1982, à l'Université de Sherbrooke, j'ai vu ma patience limitée à négocier avec les ordinateurs rebutants et lents de l'époque avoir raison de moi. Mais ma fascination pour le monde des affaires a surtout pris le dessus. La découverte du marketing particulièrement a été à cette époque une révélation, révélation qui est demeurée une passion depuis ce temps. Cette passion pour le marketing, les nouvelles technologies et l'entrepreneuriat, mais surtout la richesse et la variété de mes expériences accumulées soutiennent les fondements de ce livre. Une solide fondation en gestion et en marketing acquise dans le milieu bancaire, mes expériences en marketing, soit en agence ou en consultation, mais surtout mon expertise à titre d'entrepreneure en nouvelles technologies et idéation d'affaires nourrissent les idées proposées.

L'aventure qui vous est proposée dans ce livre débute par une prise de conscience. Faisons d'abord un petit exercice tout simple afin de comprendre l'état de la planète, exercice préalable à une projection dans le futur. Nous savons tous que la classe moyenne est en voie de disparition dans les pays industrialisés, comme le fait que la moitié de la planète meurt de faim et que l'autre est obèse. Nous savons également que la biocapacité de la terre est dépassée – en d'autres mots, nous produisons plus de déchets que la terre ne peut en éliminer –, que le

---

2. Contraction des mots «électronique» et «émotion».

développement durable est malheureusement trop souvent une belle expression pour améliorer l'acceptabilité d'un projet. Une récupération politique qui me fait dire que «durable» rime encore trop avec «profitable». Nous avons d'ailleurs découvert que les intérêts divergents des environnementalistes et des grandes entreprises pouvaient se concilier avec la création d'une bourse du carbone. Un mariage de raison, comme certains l'ont nommé. Nous pouvons conclure que si, pour nous faire comprendre en anglais, nous devons parler la langue de Shakespeare, les environnementalistes n'avaient d'autre choix que de transformer le langage vert en billets verts. Le monde capitaliste, avec sa Bourse comme symbole suprême, ne connaît que ce langage. Ce livre n'est pas une position contre le capitalisme, bien au contraire, mais un appel à l'usage intelligent de nos ressources et outils, quels qu'ils soient. Plusieurs pourraient être tentés de définir cette nouvelle façon d'envisager les affaires comme le néocapitalisme. Pourquoi pas?

Nous pouvons tout de même nous réjouir qu'une solution ait pu rallier des intérêts divergents pour enfin arrimer les objectifs de réduction de la pollution et des rationnels économiques. Cela nous permet d'espérer le mieux pour le futur, sans perdre notre sens critique, évidemment. Car il est clair que les mots «éthique» et «responsabilité» s'ajoutent maintenant aux exigences d'affaires. Ils sont désormais partie intégrante d'une nouvelle dimension qui bouscule les conseils d'administration et les directions. Après les Enron et Nortel de ce monde, en passant par les Norbourg et Earl Jones de chez nous, ou encore les AIG, Chrysler, GM et Ford de la première crise économique de ce millénaire – qui s'avère être la plus forte de notre histoire –, l'urgence de responsabiliser les personnes morales que sont les entreprises n'est pas une utopie mais une condition à la restauration de la confiance du public. Le retour du balancier qui prouve que nous avions bien raison d'être méfiants et de douter de ces personnes morales, ou plutôt amorales, pour être plus exact.

C'est plutôt ironique de qualifier les entreprises de «personnes morales» alors que ce qualificatif a toujours semblé bien loin de leurs préoccupations. Évitons les parallèles en politique, car les scandales des années passées parlent d'eux-mêmes. Lorsque les scandales frappent, ils éclipsent tout sur leur passage, reléguant ainsi le travail fondamental des politiciens aux oubliettes. Les projets de loi sont mis en veilleuse et nous dilapidons les fonds publics au nom de la vérité – signe que la moralité est une quête bien fondée et d'actualité, et ce, dans toutes les instances du pouvoir. Nul ne peut échapper à l'obligation de rendre des comptes en cette ère de transparence, et c'est tant mieux. Vous remarquerez qu'il est d'ailleurs de moins en moins facile pour les politiciens et les gens d'affaires véreux de performer dans leur art de détourner les fonds publics. Est-ce que cela suffit à restaurer votre confiance?

La mondialisation de l'éthique permettra à chaque société de redéfinir ses paradigmes concernant l'éthique, la morale, les droits et les mœurs. De grands débats sont d'ailleurs en cours, avec les éthiciens comme guides, pour sortir l'analyse du modèle blanc, occidental et masculin. Car, disons-le, le monde est vaste et ses multiples points de vue ajoutent à la complexité de tirer des lignes claires dans tout ce brouhaha. Cependant, à travers toutes ces tentatives d'évoluer, il y a une trame de fond qui est là pour rester: la conscience collective s'élève. Absolument, et il ne faut surtout pas en douter. Nous devenons des citoyens plus exigeants envers nos politiciens. Nous devenons des consommateurs plus exigeants à l'égard de nos entreprises. Nos dirigeants sont plus exigeants avec leurs employés. Nous sommes tous collectivement plus exigeants. Notre société capitaliste fait naître des enfants avec des droits et des privilèges, pendant que dans le pays du soleil levant les enfants naissent avec des responsabilités et des devoirs. Nos jeunes ont donc appris à exiger avant de donner, et les citoyens ont appris à se plaindre avant de se responsabiliser.

Les clients, quant à eux, ont choisi le silence ou les salons de clavardage (*chat room*) pour manifester leur insatisfaction. Ils ont développé une allergie aux sondages et ils ont perdu patience sur les lignes téléphoniques automatisées. Ils adhèrent de plus en plus au mode d'achat en ligne et s'ils le pouvaient, ils changeraient définitivement leur véritable nom pour leur pseudonyme, chaque fois qu'ils achètent, uniquement pour ne pas laisser de traces. Un véritable jeu de chat et de souris entre les consommateurs et les marketeurs.

Les marketeurs deviennent plus rusés, mais pas plus futés. Ils continuent de reprendre les mêmes recettes et de les servir à d'autres sauces. L'histoire du marketing l'a prouvé à chaque époque, de l'ère du «nouveau et amélioré» à celle du «mimétisme et du jetable», et jusqu'à l'ère récente et encore présente du pseudo-marketing relationnel[3]. Pourquoi agirait-il différemment maintenant? Trouver des raccourcis et tourner les coins ronds a toujours été synonyme de résultats rapides. Ce qui est impératif pour arrêter le cercle vicieux d'une économie malade, ce sont des résultats durables. Cela implique des réflexions profondes sur l'usage de notre nouveau coffre à outils, parfait pour les grandes réalisations tout autant que pour les grands gâchis.

---

3. Voir l'annexe: «La petite histoire du marketing insipide».

Si vous donnez du pouvoir à des idiots, vous obtenez de mauvais résultats plus vite. Nous recherchons des dirigeants intelligents émotionnellement et dignes de notre confiance. Les marketeurs sont souvent visés dans ce livre, parce qu'il apparaît évident qu'ils ont le pouvoir d'influencer les pratiques d'affaires en entreprise. Ils n'ont pas le monopole de la vérité, et ce ne sont certainement pas des dieux, mais ils détiennent plusieurs clés pour rallier les différents silos en entreprise. Par contre, les vrais leaders sont interpellés, quel que soit leur rôle dans l'entreprise, car chaque gestionnaire gère des employés payés pour rendre des clients heureux.

En 2004, l'occasion de m'investir en tant qu'entrepreneure dans le monde de la webdiffusion et de la vidéoconférence m'a fait découvrir un nouvel univers fascinant, celui des *e-motions*. Pendant cette période, j'ai passé de nombreuses heures à tenter de convertir les entreprises à ces nouveaux médias. Mon discours était et reste toujours le même : humanisez vos communications Web. En tout cas, tout faire pour que l'anonymat disparaisse et que les entreprises convertissent leur site Internet en véritables succursales de services et de vente. L'exploration du potentiel qu'offre l'univers enrichi des nouvelles technologies conduit à la conclusion qu'il faut absolument dépasser la simple utilisation des modules d'achats en ligne ou de prémagasinage lorsque nous imaginons des applications utiles. L'objectif ultime est de permettre la création de véritables relations entre les clients et les entreprises. En d'autres mots : un service à la clientèle sans interruptions et sans failles grâce, notamment, à l'usage intelligent et créatif des nouvelles technologies. Les entreprises doivent redéfinir les relations avec leurs clients, et les nouveaux outils technologiques s'offrent comme un moyen extraordinaire pour réussir ce défi.

J'ai longuement réfléchi à la manière de présenter les choses simplement. Dans l'univers complexe dans lequel nous vivons, «simplicité» rime avec «génie». Il s'agit de comprendre la complexité de la simplicité pour réaliser l'ampleur du défi. D'ailleurs, il est rassurant de mieux organiser les phénomènes, car le monde nous paraît moins menaçant et il est plus facile de s'y faire une place. J'ai acquis la ferme conviction que nous atteignons le point de non-retour dans un monde en turbulence et en redéfinition de ses valeurs profondes. Il semble impossible de continuer à faire les choses de la manière dont nous les avons toujours faites. L'humain ne peut plus jouer à l'autruche, faire semblant que tout va bien et que les remèdes miracles viendront comme par enchantement. Nous apprenons collectivement le sens des responsabilités et nous devons commencer par chacun d'entre nous.

Ce livre est un grand plaidoyer pour la réflexion que dirigeants, gestionnaires, marketeurs, communicateurs ou toute personne en relation avec les clients doivent s'imposer, ainsi qu'une modeste contribution quant à l'action que les consommateurs doivent poser pour affirmer leurs propres convictions. Plusieurs auteurs ont soulevé des réflexions en ce sens depuis la fin du dernier millénaire. Que nous parlions du concept de *La Cité des intelligences*[4] ou des positions philosophiques et alarmistes que d'autres ont soulevées et dont la liste ne cesse de s'allonger chaque jour, le consensus est clair : il y a urgence d'agir et de modifier notre façon de commercer dans cette nouvelle ère d'infinies possibilités.

Je vous propose donc de regarder la consommation sous un angle nouveau et, surtout, de discuter des solutions pour rétablir la confiance des clients que vous avez ou que vous convoitez. La confiance est le ciment de l'économie. Cette confiance est brisée au plus profond du cœur de la planète entière. Pourtant, nous n'avons jamais eu tant besoin de solutions créatives pour rebondir plus fort. Il est donc évident que le marketing tel que glorifié dans le passé est bel et bien révolu. Tout comme les méthodes de gestion archaïques basées sur le modèle hiérarchique hérité de la Rome antique. Au-delà des nouvelles technologies qui permettent de nouvelles possibilités, il y a un consommateur qui veut que l'on tienne compte du futur de ses enfants, qui veut être traité comme un citoyen de première classe, et qui veut que l'on mérite sa confiance. Par-dessus tout, ce consommateur veut traiter avec une authentique personne morale. Il en a marre de parler à des machines automatisées qui semblent être programmées pour le décourager plutôt que l'aider. Il veut savoir que ses besoins sont suffisamment importants pour qu'un humain soit là pour lui, si nécessaire.

Les employés lancent les mêmes cris du cœur. La relation avec leur employeur se redéfinit au fur et à mesure que la pression de la rareté des ressources qualifiées s'intensifie. Il y a urgence d'agir, et ce défi sera traité également. Il ne saurait y avoir de meilleures relations avec les clients sans l'apport primordial des employés. De toute façon, peu importe notre statut dans la société, nous sommes tous des consommateurs. Ce livre est donc d'intérêt collectif.

Avant de poursuivre, il m'apparaît important, d'une part, d'expliquer ma démarche et, d'autre part, de préparer votre état d'esprit. Toute forme d'apprentissage requiert une mise en contexte préalable afin

---

4.   Sylvie Gendreau, *La Cité des intelligences*, Éditions Céra.

d'optimiser la compréhension et d'augmenter l'adhésion aux concepts proposés. Il est donc utile de vous accompagner, étape par étape, à travers les chapitres. De plus, avant de proposer une nouvelle approche, il est primordial de s'assurer que l'on puisse tous s'appuyer sur les mêmes bases, quelles que soient nos expertises et expériences. Avec cet objectif en tête, je vous propose d'abord de comprendre la notion de Présence, qui constitue le cœur de ce livre. Elle est la solution fondamentale pour changer les paradigmes de tous les intervenants impliqués dans le service à la clientèle. Nous approfondirons l'analyse des «P» traditionnels, pour apprendre à n'en utiliser qu'un seul. Le nouveau «P» de la Présence prendra ainsi tout son sens. Ensuite, les nouvelles technologies et les réseaux sociaux seront démystifiés, afin que vous saisissiez leur plein potentiel et que vous puissiez ainsi mieux les intégrer dans les stratégies qui seront proposées dans les chapitres subséquents. Un nouveau pacte entre les entreprises et leurs clients est proposé, ainsi qu'un nouvel indice de mesure. Ce livre est construit comme un plan d'action; il est séquentiel et l'apogée est en fin de parcours. Vous êtes libre de le lire au gré de vos élans, mais sachez que la séquence est importante. À la fin, vous aurez tout le loisir de travailler avec les chapitres les plus utiles.

Au terme de cet ouvrage, vous aurez une toute nouvelle perception de notre réalité d'affaires, au sens de la Présence. Vous aurez les outils pour mesurer un indice de Présence (IP), dans l'esprit du changement nécessaire à la croissance de votre entreprise. Les bases proposées sont des balises, mais vous aurez tout le loisir de développer votre capital de créativité, car ce n'est pas une recette miracle qui vous est proposée. Chaque personne, chaque entreprise pourra avancer à la vitesse qui lui convient. Chacun y trouvera des idées, des réflexions, de l'information utile et des outils pour prendre le virage de la Présence.

Mes critiques peuvent parfois paraître intransigeantes, mais le plaisir que j'éprouve à partager une nouvelle approche pour mieux comprendre l'univers chaotique dans lequel nous vivons en ce moment les justifie amplement. D'ailleurs, «La petite histoire du marketing insipide» que j'ai choisi de placer en annexe est une lecture que je suggère à tous ceux et celles qui ressentent le besoin de mieux comprendre les tactiques de marketing utilisées depuis les années 60, ou qui souhaitent simplement comprendre ma vision de cette industrie. J'aurais pu l'intituler «Électrochoc pour marketeurs léthargiques». En fait, il s'agit de mieux comprendre la nécessité de faire évoluer la profession de marketeur et de présenter les occasions uniques de développement qu'offre la nouvelle ère aux marketeurs et aux gestionnaires lucides. Le monopole du service à la clientèle n'est pas sous le seul contrôle du marketing, mais, comme vous le verrez dans les chapitres qui suivent, les antennes d'un marketing stratégique couplées avec celles d'un service de ressources vraiment humaines deviennent un duo incontournable pour faire tourner le paquebot. La nécessité d'un bon capitaine est cependant essentielle pour arrimer les forces de l'entreprise.

Ma vision de la consommation actuelle est partagée par des centaines de milliers de consommateurs blasés et déçus. C'est pourquoi je me permets de dénoncer et de dire haut et fort ce que la plupart d'entre eux tentent d'exprimer. Mais il est surtout rassurant de croire que la vision que je propose est partagée par plusieurs leaders avant-gardistes qui savent déjà que le statu quo n'est plus une option et qui travaillent activement à changer les choses. Voici donc une démarche qui risque, au mieux, de changer votre perception de la gestion et de la relation client et, au pire, de vous bousculer dans vos vieux paradigmes en vous poussant dans vos retranchements. Mais chacun apprendra et réfléchira. Je vous fais donc la promesse de ne pas vous laisser indifférent par mes propos et de stimuler votre réflexion par une meilleure compréhension de notre boîte à outils technologiques et des possibilités qui s'ouvrent à nous. C'est la découverte d'un nouveau monde où il n'y a plus de place pour les usurpateurs, les manipulateurs, les amateurs, les profiteurs... et je vous laisse continuer la liste, car censure oblige. Un nouveau monde où les véritables leaders peuvent émerger et changer les règles du jeu sans perdre leur âme. Un nouveau monde qui redéfinit le pouvoir et permet de le partager équitablement sans toutefois priver les plus authentiques leaders de récolter l'abondance de leurs semences. Ce livre est un présent pour le futur. À vous de lui donner vie.

Êtes-vous prêt à redéfinir votre relation client et à découvrir le nouveau «P» du marketing, en cette nouvelle ère numérique?

CHAPITRE 1

L'ère de la Présence

Pourquoi parler d'un seul «P»?

Dans le désir de bien positionner mon propos (pardonnez le choix du vocabulaire typique du marketeur), je ne peux guère éviter de parler du marketing et de ses fondements. Ainsi, tel un abécédaire du marketing, il n'y a pas un seul marketeur professionnel qui ne connaisse les 4 ou 5 «P» du marketing. Je ne crois pas non plus que les marketeurs, même improvisés, aient été épargnés dans leurs lectures de rattrapage sur les notions de base du marketing telles qu'établies par Philip Kotler dans les années 60. Près de cinquante ans plus tard, les grandes universités les enseignent encore. Ainsi, des générations de marketeurs conçoivent depuis ce temps leurs stratégies marketing sous l'angle des 4 «P»: Produit – Prix – Promotion – Place. Depuis quelques années, nous y retrouvons un nouveau «P» – pour Personnel – qui pave la voie aux stratégies marketing axées sur le service où le personnel est au cœur de l'expérience client. Nous appelons communément le *marketing mix* l'approche des 5 «P».

D'ailleurs, étonnamment, il y a très peu de littérature sur le marketing de services, alors que le nerf de la guerre est de plus en plus le service à la clientèle – héritage d'une société industrielle et manufacturière qui comptait sur la richesse créée par la transformation des matières premières et sur la production pour générer ses profits. Ainsi, la notion de service dans notre économie fait figure d'enfant pauvre, quoique de nombreux empires aient finalement vu le jour grâce à cette nouvelle chaîne de valeur. Cela a contribué à la nécessité d'évoluer dans les concepts de base du marketing, et justifiait justement ce nouveau «P». Enfin, M. Kotler est qualifié, avec raison, d'un des plus grands théoriciens du marketing du siècle dernier, sur lequel les (plus grands) auteurs universitaires doivent se positionner.

Comment pourrais-je donc éviter de situer mon propos sur ce fondement, peu importe mon statut et mon calibre? S'il est vrai que ce dernier fondement est quelque peu simpliste pour la réalité d'aujourd'hui, il n'en demeure pas moins un excellent point de départ pour pousser nos réflexions un peu plus loin, même s'il faut pour cela déconstruire nos paradigmes.

Le premier que je souhaite déconstruire est le suivant: un seul «P» en lieu et place des 5 «P» pour résumer les stratégies marketing nécessaires aux affaires en cette nouvelle ère. Évidemment, la démonstration que ce seul «P» de la Présence est nécessaire sera faite avec chacun des «P».

Comprendre la signification du concept de Présence

Avec la progression que le marketing a connue depuis les dernières cinquante années (voir l'annexe 1, à la page 193), il serait difficile de croire que nous avons atteint une accalmie, si cette métamorphose va de pair avec la prolifération phénoménale de moyens technologiques qui semble dicter son évolution. Il serait aussi utopique de croire que dans cet environnement en continuelle mouvance, le consommateur ait gardé les mêmes attentes. Nous assistons plutôt au phénomène inverse: ses attentes se sont transformées en exigences. C'est donc dire avec certitude que le marketing du troisième millénaire n'est pas en évolution mais en révolution. En tête de cette révolution, les «consomacteurs», une nouvelle génération qui n'a pas l'intention de se contenter de demi-mesures. Ils sont l'actif le plus convoité, et la guerre pour cet actif est le défi que le marketing moderne doit relever pour le conquérir et, plus particulièrement, pour le garder.

Comme la compétitivité est plus grande que jamais, bien des industries sont menacées d'extinction si les règles du jeu ne s'adaptent pas à la nouvelle économie. Dans certaines industries, ce sont les joueurs qui la composent qui deviennent tantôt des prédateurs, tantôt des proies. Nous assistons tous, impuissants, à la création d'oligopoles et de monopoles dans certains secteurs. Nul doute que les forces économiques sont en profonde mutation. Au moment où j'écrivais ce livre, la Chine venait d'interrompre sa consommation de la majorité des ressources premières du monde pour son boum économique, mis en veilleuse en raison de la plus grande crise économique mondiale. Les États-Unis, leur nouveau sauveur à leur tête, sont aux prises avec les plus grands problèmes de leur histoire depuis la crise économique de 1929. Leur taux d'endettement a atteint 100 % du PIB, et la situation demeurera ainsi pendant des années. À l'intérieur même des continents nord-américain et européen, les enjeux sécuritaires deviennent de plus en plus critiques avec l'avènement de l'ère post 11 septembre. L'accord de l'ALENA est continuellement bafoué, et son application devient de plus en plus difficile à mesure que les États-Unis subissent des reculs économiques. Les deux pays en périphérie de ce leader mondial subissent les contrecoups du taux de change, et chaque avancée ou recul du dollar américain occasionne des ajustements dans la productivité de chaque côté des frontières américaines. Malgré les difficultés économiques – principalement à cause de la grande richesse accumulée des multinationales américaines –, le Canada et le Mexique sont presque devenus des succursales américaines, distinguées tout au plus par des particularités ethniques.

La situation pourrait peut-être basculer, si l'on se fie aux ventes en catastrophe que les géants doivent faire pour récupérer de la liquidité. En pleine crise économique, ING s'est départie de sa filiale ING Assurance, au Canada, qui lui rapportait environ 20 % de ses profits nets mondiaux. La bonne nouvelle, selon les coulisses, c'est qu'il aura fallu à peine deux heures pour que toutes les actions soient récupérées par des investisseurs institutionnels canadiens. Même chose pour le club de hockey de Montréal, qui a été racheté par des intérêts majoritairement canadiens après que le Groupe Gillett a annoncé sa mise en vente pour combler ses besoins de liquidités. Après une époque où le Canada a vendu ses meilleurs actifs à des intérêts étrangers, peut-être que la crise économique nous aura permis d'en récupérer un peu. Seul l'avenir nous le dira !

Prévoir l'éclatement de la bulle économique, en 2008, était relativement facile, seule la date et l'ampleur étaient inconnues. Puisque personne ne peut changer le nouvel ordre imposé par la crise, personne ne peut non plus le prédire assurément, car il y a trop de variables incontrôlables. Si, en plus, nous ajoutons les prérogatives de l'écologie et des droits humains, ainsi que la responsabilité, l'éthique ou la sécurité nationale, vous comprendrez que gérer une entreprise dans ce nouvel univers n'est en rien comparable à ce qu'on faisait hier. Les plus grands géants américains l'apprennent à coups de licenciements massifs et au prix de la menace permanente de leur survie dans ce nouvel ordre économique, pour ne pas dire chaos économique.

Pour comprendre ce qui nous arrive collectivement, nous devons d'abord être présents à notre environnement et à nous-mêmes. La Présence est un concept largement abordé dans la spiritualité et les communications, mais je me permettrai de positionner plus précisément celle dont il est question dans ce livre. La Présence est d'abord un peu comme une sensibilité aiguë que l'être humain expérimente avec son environnement et, surtout, la relation éveillée qu'il entretient avec celui-ci. Une forme de conscience omniprésente qui fait que l'homme sait qu'il fait partie d'un tout plus grand que lui. La conscience que chacun de ses actes, aussi petit soit-il, a une répercussion sur tout l'univers. Une interdépendance totale, et il sait intuitivement, comme dans la théorie du chaos, que le battement d'aile d'un papillon dans un coin du monde peut provoquer un ouragan de l'autre côté de la planète. La Présence, c'est aussi savoir que l'autre existe et comprendre que nos gestes influenceront le cours de la vie des gens qui nous entourent, car nous vivons en synchronicité les uns avec les autres, et ce, qu'on le veuille ou non, qu'on en soit conscient ou non.

La Présence est le reflet de notre responsabilisation individuelle à l'égard de notre environnement. Elle est essentielle à la conscience collective, qui est elle-même la somme de toutes les consciences individuelles, si négligeables puissent-elles être. La Présence est aussi l'indicateur de l'authenticité d'une relation. Sans elle, il est impossible de parler d'une relation et d'une véritable connexion à l'autre ; au mieux nous parlerons de rapports superficiels. C'est l'essence vitale qui nous permet de réfléchir avant d'agir, ou même d'agir instinctivement, si nécessaire, par le senti. Seuls les gens présents peuvent sentir ou ressentir les vibrations positives ou négatives dans les relations. La Présence est la seule manière de faire des communications holistiques, car elle met tous les sens à contribution et en alerte. Pensez aux animaux qui ont pressenti le tsunami en Asie, avant la catastrophe ; leur Présence à l'environnement les a sauvés d'une mort certaine. D'ailleurs, les instincts les plus primitifs sont basés sur une Présence de chaque instant à son environnement.

La Présence est donc tout à fait l'opposé de l'absence. Dans l'absence, nous trouvons le vide ; et le vide, c'est comme le néant. Personne ne peut vivre dans le néant, car il est le symbole de la mort et l'antithèse de «à vie». Pour aborder le futur et le moment présent, il nous faudra réaliser ce que cette nouvelle ère exigera de tous les acteurs économiques : une Présence à chaque instant. C'est un défi de taille, car la consommation moderne est marquée par le vide et par la croyance – heureusement de plus en plus vacillante – que les ressources sont éternelles. Une forme d'anesthésie de l'âme dirigeante qui est obsédée par les résultats du prochain trimestre et ne veut pas imaginer les perspectives futures qui apparaissent comme trop distrayantes et apocalyptiques pour apporter de la valeur à l'action à court terme – l'action boursière et l'action du changement.

Pas étonnant que les consommateurs aient perdu le sens du mot «fidélité», car les acteurs économiques qui les servent ne la valorisent pas. Et encore moins comprennent-ils le concept de loyauté. Le sens des valeurs a depuis longtemps cédé le pas au sens des affaires, et c'est assurément le retour du balancier qui frappe de plein fouet. Qui osera prendre le pari sur la victoire du sens des valeurs sur le sens des affaires? C'est exactement comme si ces deux réalités avaient évolué dans deux mondes parallèles qui ne pouvaient coexister dans le même espace-temps.

C'est aussi subtil et utopique que le phénomène du chasseur d'aubaines qui cherche à réaliser des économies, mais qui est incapable de faire des calculs justes qui tiennent compte de tous les facteurs en dehors du prix étiqueté: il fait donc souvent le mauvais choix, généralement basé sur les apparences. Nous avons tendance à regarder les choses de manière étroite. La Présence oblige à élargir notre horizon et à cultiver notre vision périphérique. Il ne suffit pas de dire que nous sommes les meilleurs, encore faut-il le prouver. La Présence exige de part et d'autre un niveau d'implication plus élevé. Il faut que l'entreprise s'incarne en symbole de confiance qui souhaite établir une véritable relation avec ses clients et, surtout, être disponible pour eux. C'est le même phénomène pour les employés. Cette responsabilisation peut sembler exigeante pour les entreprises, mais le mouvement qui l'exige ne va pas aller en ralentissant. Le consomacteur éveillé est contagieux, et à l'heure des technologies, il vaut mieux nourrir notre réputation. C'est vital à notre marque, si nous voulons survivre. Devenir présent n'est donc pas une option, mais une nécessité.

La nécessité de la Présence: le véritable «Wow»

Parmi les récents concepts en marketing, les plus abordés et les plus porteurs, nous retrouvons très certainement la théorie du facteur «Wow», d'abord proposée par Tom Peters et, par la suite, éclairée sous différents angles par Seth Godin, Malcolm Gladwell et bien d'autres.

L'effet dont il est question stimule de vives réactions émotives et positives chez celui qui l'expérimente. Tout le monde a déjà vécu l'euphorie provoquée par une grande surprise, comme recevoir le cadeau de ses rêves; c'est la réaction universelle de chaque humain devant une agréable surprise: «Wow!» Comme si tous les mots devenaient soudainement inutiles et, de toute façon, inadéquats pour exprimer sa joie. C'est un mot, ou plutôt une onomatopée du bonheur qui n'a pas de barrière de langue et qui s'exprime indifféremment chez tous les gens, tous âges et tous sexes confondus. Évidemment, chacun y met sa couleur et son intensité, mais le principe est le même: c'est l'expression ultime du bonheur et celle que l'on recherche quand on veut faire plaisir. Il n'est donc pas étonnant que les marketeurs soient de plus en plus préoccupés par le fait de provoquer cette expression ultime de satisfaction. Tous les bons marketeurs cherchent leur «Wow», fort et bien senti. Or, pour l'entendre, il faut surprendre de façon agréable. Cela implique que nous devons bien comprendre les attentes de l'autre afin que, dans une première étape, nous puissions les combler. Mais vous aurez deviné que combler les attentes n'est guère suffisant pour entendre le fameux «Wow»; c'est une étape obligatoire et inévitable, certes, mais on est loin de l'apogée.

Dans l'univers des «Wow», la Présence est reine. En effet, comment pourriez-vous offrir un cadeau de rêve à l'être cher si vous ne connaissez pas son rêve? Utopique et absurde, n'est-ce pas? Pourtant, c'est exactement ce que les entreprises cherchent à faire quand ils se mettent à la recherche de «Wow» sans, au préalable, faire acte de présence. Disons, par exemple, que vous faites confiance depuis des années à votre institution financière ou à votre fournisseur de téléphonie, et que vous ne pouvez pas les joindre par un quelconque moyen le jour où vous avez un problème. Vous fulminez, et avec raison. Vous pouvez même remettre en question votre relation, car leur absence vous en dit long sur l'importance que vous avez pour eux.

Souvent, ces mêmes entreprises ajoutent l'insulte à l'injure en vous obligeant à entendre des menus automatisés qui, comme par hasard, ne contiennent pas l'option qui semble correspondre à votre problème. En désespoir de cause, vous appuyez sur le fameux zéro en souhaitant qu'il devienne le héros, votre solution à l'autre bout de la ligne. Pendant que vous attendez d'interminables minutes dans votre espoir secret, un message enregistré vous martèle les tympans avec des phrases irritantes du genre: «Votre appel est important pour nous» ou «Ce temps d'attente est bien involontaire de notre part. Merci de patienter», ou encore «En raison d'un nombre exceptionnel d'appels, nos lignes sont toutes occupées. Veuillez rappeler plus tard». Avec de la patience et beaucoup de chance, nous arrivons parfois à parler à quelqu'un qui saura nous aider sans nous remettre en attente pour aller parler à son superviseur ou nous transférer vers un autre service.

Nous nageons en plein délire. Incapables de satisfaire une attente aussi simple que d'être présentes lorsque nous en avons besoin, ces entreprises sont une terre stérile où il devient impossible de cultiver l'effet «Wow». Elles échouent à combler les attentes de premier niveau et elles continuent de nous demander comment elles peuvent améliorer la qualité du service avec des sondages *post mortem*. Notez que le mot *mortem* devient ici la clé du problème : la relation est morte... il est trop tard. Il y a fort à parier que dans ces entreprises, les mêmes commentaires reviennent continuellement. Mais en dépit de la quantité absolue et élevée de ces plaintes, il faut que les pourcentages soient indiscutables pour délier les cordons de la bourse ou pour simplement fouetter l'organisation afin de la décider à y remédier. Ces mêmes sondages sont souvent conçus pour entendre ce que l'on souhaite confirmer et destinés à nourrir l'ego (ou pas trop le heurter) du responsable de la qualité du service. Dans une entreprise, tout le monde est responsable du bonheur des clients, peu importe les résultats du sondage. Plutôt que de chercher à questionner la validité statistique d'un sondage négatif, tous les acteurs de l'entreprise devraient être impliqués dans la compréhension des messages que les clients tentent de partager avec celle-ci, que ce soit un client ou 1 % des clients. Nous appelons cela des occasions de s'améliorer.

Comme dans plusieurs entreprises les centres d'appels sont devenus le nerf de la guerre de la qualité du service, de plus en plus d'attention y est accordée. Malheureusement, les échecs de service sont de plus en plus nombreux, car la croissance du nombre d'appels et la complexité des problèmes progressent plus vite que le personnel compétent disponible. Devant cette rareté des ressources, tant en nombre qu'en termes de compétences, certaines ruses ont été mises en place pour atténuer les temps d'attente, par exemple la préparation du client dans le but supposé d'accélérer le service en l'obligeant à entrer un numéro de client ou de carte de quatorze chiffres sur le clavier téléphonique. Cette technique a le mérite d'occuper le client – qui va chercher sa carte dans son portefeuille – tout en lui donnant l'impression que cela accélérera le service quand quelqu'un lui répondra. Dans les faits, jamais cette nécessité d'entrer des numéros ne nous permet de gagner du temps lorsque l'agent de service prend finalement l'appel. Car très rares sont les fois où notre dossier est devant son écran, et systématiquement il nous redemande les quatorze chiffres, sans même faire allusion au fait que nous venons de les pianoter sur le clavier dix minutes ou plus auparavant.

Brillant? Pas vraiment! Une simple phrase d'accueil suffit pour aviser le client de la nécessité d'avoir sa carte. Pas besoin de le faire travailler, si l'opération est inutile. Non seulement c'est frustrant, mais c'est insultant de devoir répéter des chiffres à haute voix lorsqu'on vient de les entrer sur un minuscule clavier de téléphone. Jamais dans un sondage quelqu'un ne nous demande notre opinion sur cette procédure superflue et insultante. Certaines entreprises expliquent cela par la nécessité d'une procédure de sécurité, mais les vraies procédures de sécurité consistent à valider de l'information complémentaire, et non à faire répéter des renseignements déjà fournis.

Pendant ce temps, le personnel continue d'être submergé et il ne suffit pas à la tâche. La rareté des ressources s'accentue et ceux qui comblent ces emplois s'essoufflent devant la permanence de la situation. Les agents de service à la clientèle ont beau tenter tant bien que mal de faire paraître leur faux sourire dans leur voix – grâce à la technique du miroir accroché devant eux –, leur concentration véritable est investie dans le temps moyen qu'ils consacrent à chaque appel. Ils sont tellement présents à leur chronomètre que c'est l'absence qu'ils offrent à chacun de leurs clients. Ils entendent cent fois par jour les mêmes histoires où seuls les noms sont changés, et ils sont là, impuissants, devant les implorations justifiées de leurs clients. Ils deviennent insensibles à l'humain désespéré et, au mieux, ils doivent faire semblant d'être compatissants et compréhensifs. Plus grave encore, plusieurs grandes entreprises ont converti les centres de services à la clientèle en centre de profits. Ils se sont convertis en représentants de vente. Des agents bicéphales qui ne savent plus où donner de la tête. Qui peut les blâmer et qui peut nous blâmer d'être frustrés, à la fin?

Personnellement, j'appelle cela des relations désincarnées. Une dépersonnalisation totale qui met une barrière volontaire entre les employés et les clients. Une machine à production qui traite les problèmes comme une machine à saucisse, n'allant jamais – et j'insiste sur le «jamais» – à la source. Comme s'il y avait un service responsable de créer les problèmes et un autre pour les régler. Au milieu, le Service du marketing, responsable d'interroger les clients déserteurs afin de comprendre pourquoi ils ont quitté l'entreprise et pourquoi leurs difficultés n'ont pas été résolues. Nous appelons cela la gestion en silo. Ce qui est grave, c'est que cette façon de gérer est un indice de Présence très bas qui éloigne l'entreprise du facteur «Wow».

D'autres entreprises, encore plus ingénieuses, ont trouvé la solution miracle aux pénuries locales de main-d'œuvre : l'impartition. Quelle brillante idée pour alimenter la Présence que de créer la distance entre le client et les agents de service ! Pour pallier les fossés culturels, dans certains centres d'appels indiens ou d'ailleurs, les gestionnaires fournissent les grands titres des journaux locaux, selon les régions desservies. Ainsi, les employés sont prêts à soutenir une conversation sur les résultats du hockey ou sur tout autre sujet du jour. Monsieur Tout-le-Monde de Montréal a donc l'impression que Shanti Patel, en Inde, est Sandi Ratelle, de Montréal, qui vit dans l'ouest de la ville. Si nous pouvons saluer les efforts pour offrir une apparence de Présence, nous sommes bien loin du concept lui-même. La Présence, ce n'est certainement pas de demander à ces travailleurs à bas salaire de faire semblant d'être excités par la victoire des Canadiens de Montréal, alors qu'ils ont à peine de quoi nourrir leur famille chaque jour et que la glace, pour eux, sert à refroidir une consommation et non à patiner. À mon avis, c'est pire que l'absence. Lorsqu'une entreprise tente de maquiller le fait que le service est assuré par une autre entreprise qu'elle paie, je pense que nous nous éloignons dangereusement de l'objectif.

Les ruses et les subterfuges ne sont pas les solutions au service « Wow ». Ils sont au mieux un sursis temporaire pour des problèmes opérationnels. Les employés ne seront jamais plus présents que leur employeur ne l'est avec eux. Quant un centre d'appels est situé à plus de quinze heures de vol de son centre décisionnel, la connexion entre les employés et l'essence de l'entreprise est un rêve impossible. Une entreprise qui impartit sa distribution, sa fabrication ou sa comptabilité fait de la place pour ses clients ; mais une entreprise qui impartit son service à la clientèle en est une qui ne mérite pas ses clients. L'attention que l'on accorde à ses clients est un indice de Présence qui ne ment pas, tout comme celle que l'on donne à ses employés. Toutes les entreprises qui survivront dans le prochain millénaire auront compris ce que veut dire « actif client » et les implications concrètes inhérentes à la protection de cet actif. Robin des Bois ne serait pas devenu une légende ou un héros anticonformiste s'il avait volé les pauvres pour donner aux riches.

Les plus grands consommateurs de tous les temps, les *baby-boomers*, disaient qu'ils allaient changer le monde, et ils avaient raison. Les marketeurs les ciblent depuis leur naissance, et croyez-moi, ils le feront jusqu'à leur mort. Ce que *baby-boomer* veut, *baby-boomer* l'aura. Ils ont influencé les grands courants de toutes les époques. L'individualisme qui caractérise ce groupe est d'ailleurs passé à l'histoire. Ils ont tellement inventé de belles choses pour cultiver la liberté d'être – le « moi suprême» – que l'altruisme est devenu le symbole des seules organisations charitables, religieuses ou environnementalistes. La poule aux œufs d'or, par contre, vieillit et s'essouffle. Le réveil pourrait être brutal.

Malgré tout, ce segment dicte encore les tendances de la consommation, et sa quête de jeunesse éternelle nous laisse présager une période de pouvoir encore longue. Ces clients ayant de l'argent plein les poches, et les poches sous les yeux en moins, les ravages potentiels à venir sont encore grands. Par contre, il y a une lueur d'espoir quant à leur niveau d'éveil et d'altruisme, car la naissance de leurs petits-enfants les conscientise sur la nécessité de construire un monde meilleur. Grâce à leur pouvoir légendaire, nul doute que l'écho de leurs revendications a plus de chance de se faire entendre.

En plus, les *baby-boomers* se réconcilient avec les nouvelles technologies, comprenant que la jeunesse éternelle se révèle avant tout dans sa capacité de s'adapter et que les bénéfices de se brancher sont plus grands que la peur indomptée et irrationnelle de ce média. Ils participent donc à l'évolution de la Toile Internet, et ils ont du temps pour le faire. Il devient facile de comprendre que c'est impossible de changer les choses sans impliquer les groupes ayant le plus de pouvoir dans notre société, car au-delà du nombre, le pouvoir d'achat restera toujours l'indice ayant le plus d'influence pour guider le changement. Pourrons-nous un jour remercier les *baby-boomers* pour leur influence sur le juste retour du balancier?

L'équation est claire: pas de Présence = effet «Pow» = clients infidèles. Il n'y a plus aucun consommateur qui souhaite être traité comme un numéro et de manière impersonnelle dans la prestation de services de personne à personne. Particulièrement maintenant que nous avons tous les outils pour devenir presque autonomes en mode libre-service, grâce aux technologies, la moindre des choses serait que les entreprises offrent un véritable service à valeur ajoutée lorsque notre autonomie n'est plus ou pas possible.

Les consomacteurs sont maintenant partie intégrante de la chaîne de services. Ils sont devenus des employés non rémunérés qui troquent leur temps pour de légères économies, par exemple dans les supermarchés à grande surface, avec l'emballage ou la caisse libre-service, dans les stations d'essence libre-service, sur Amazon, avec l'achat en ligne, etc. Comme ils accomplissent de plus en plus le travail eux-mêmes, il faut donc concentrer les budgets dans le service à valeur ajoutée qui compte le plus: la Présence de votre entreprise. Les entreprises n'ont plus le droit ni les moyens de laisser tomber leurs clients quand ils demandent du service, particulièrement lorsque ces derniers s'investissent autant dans leur autonomie et dans la compréhension de vos processus d'achat. Ils deviennent aussi précieux que des employés formés et dans certains cas, ils en savent souvent bien plus que les employés, surtout les nouveaux.

Si vous visitez la rubrique FAQ (foire aux questions, ou *Frequently Asked Questions*) contenue dans la majorité des sites Internet dignes de ce nom, vous constaterez la richesse des réponses fournies par les usagers eux-mêmes. Une grande entreprise en technologie révélait qu'un de ses utilisateurs répondait à lui seul à 80 % des questions. Il est motivé par l'échelon ultime que sa contribution lui permettra d'atteindre à titre de reconnaissance de «client-partenaire Or», mais surtout par sa passion, qu'il partage, au bénéfice de tous les usagers. Il ne reçoit aucune rémunération; il fait cela dans ses temps libres et il possède une bien meilleure connaissance d'usager que la majorité des employés dans cette entreprise. Le client rêvé, quoi: un employé efficace et non rémunéré!

Quand le «Wow» est exprimé par l'entreprise devant la contribution de ses clients, il ne reste qu'à souhaiter qu'eux aussi aient envie de dire «Wow»! L'équation de la Présence prend ainsi tout son sens: un client présent = «Wow» = un client loyal. La question est: comment se fait-il qu'un client puisse réussir à générer des «Wow» dans une entreprise, alors que les entreprises ont autant de difficulté à le faire dans le sens inverse?

Le nouveau service sur mesure: impossible sans la Présence

Avec tous ces constats, nous devons admettre que les défis sont grands pour les marketeurs dignes de ce titre et nos dirigeants. Dans un univers largement complexifié par les nouvelles technologies et les attentes très élevées des consommateurs du nouveau millénaire, les stratégies marketing doivent se renouveler et s'élever à des niveaux plus subtils, en tout cas plus humains. Pour comprendre ce qui se passe, il ne faut rien manquer dans le dialogue, car les stratégies sont plus axées sur l'instantané, comme ce que nous laissent croire les applications en temps réel à la Twitter, ce nouveau baromètre de la conversation instantanée. L'ère du marketing volatil n'est pas encore révolue, mais tous les marketeurs sont unanimes: il faut plus de temps pour arriver à séduire les clients et gagner leur confiance. Celle-ci est aussi fragile que difficile à gagner, alors il faut entretenir ou bâtir cette confiance si nous voulons assurer notre pérennité. Et pour cause, les clients ne sont plus des rois, mais des empereurs qui exigent non seulement le meilleur pour eux, mais encore le veulent-ils maintenant. Une stratégie qui ne peut s'improviser.

Nous pourrions croire que les objectifs des entreprises et ceux des clients coïncident dans l'urgence, mais l'urgence des entreprises ne s'exprime pas comme celle du besoin immédiat des clients. Ceux-ci ont des choix : celui de vous choisir ou celui de vous rejeter. Les nouvelles technologies ont permis de démocratiser les médias et de renverser l'autorité telle que nous l'avons connue. Les technologies des communications actuelles donnent en fait au consommateur le pouvoir de choisir ainsi que les moyens de comparer et de s'exprimer. Il règne dorénavant en maître et roi, et ses attentes transforment les entreprises en véritables serviteurs de ses besoins.

Je peux comprendre que cette affirmation puisse en chatouiller plus d'un. Mais l'arrogance légendaire de certains empires oligopolistiques a montré des signes d'essoufflement. Les organismes voués à la protection du citoyen et du consommateur veillent sur leurs intérêts et leurs grandes victoires les motivent à travailler encore plus fort. Les Goliath affrontent les David des temps modernes. Un simple clic a remplacé le caillou. Si les marketeurs ont compris que les ventes sont à un clic, l'impensable est aussi à un clic. Avec ce nouvel armement, la guerre des pixels a transformé les défis du marketeur «renouvelé» en véritable quête de la maîtrise de la réputation en lieu et place de la maîtrise de l'image de marque.

Dorénavant, pour gagner la faveur d'un client, il est plus vital pour une entreprise de montrer patte blanche et d'être transparente que faussement intéressée aux besoins du consommateur. Les consommateurs empereurs ont une intransigeance irrévocable, car les options sont nombreuses. Ils sont de véritables consomacteurs. Si, par hasard, leurs choix deviennent limités, préparez-vous à vivre l'enfer. Un client pris au piège vous le fera payer très cher. Il y a quelques années à peine, nous disions qu'un client content le disait à quatre personnes, et qu'un client mécontent en parlait à au moins vingt personnes. Je vous laisse faire le calcul à l'heure des technologies Internet. Les deux ratios ont le potentiel infini de contamination positive ou négative par l'effet viral du courriel de masse et des outils participatifs tels que les blogues et les réseaux sociaux. Peut-on les blâmer d'utiliser leur nouveau pouvoir? Après tout, ils ont appris aux premières loges, dans leur rôle privilégié de «cibles», la façon de faire du marketing de masse, c'est-à-dire impersonnel et impitoyable. Le rôle de consomacteur fait en sorte que la participation du client au processus est devenue aussi active que réactive.

Le site eBay est un modèle d'expression de notre satisfaction en temps réel. Une mauvaise note, et tout le monde la voit. Vivement les étoiles pour rester en affaires! Car les fausses notes sont un pas de plus vers l'éjection du système. Vous êtes un mauvais joueur et vous ne respectez pas les clients: c'est la fermeture assurée de votre boutique en ligne. Une fois banni, vous aurez beau changer votre nom d'usager, eBay reconnaîtra votre adresse IP (*Internet Protocol*) et votre poste de travail, c'est garanti! Personne n'échappe aux outils de surveillance. Expedia ou TripAdvisor sont aussi de bons exemples en matière de plateforme d'expression pour la qualité des hôtels, entre autres. Le seul bémol concerne parfois les faibles échantillons qui laissent penser que seuls les insatisfaits ont pris le temps d'écrire. Par contre, peu importe le nombre, cela révèle des indices qui méritent que l'on investigue plus à fond. Encore une fois, une révolution en matière d'expression client. D'autres sites tentent l'expérience, mais ici encore, la surutilisation des outils d'expression guette la désuétude, si le tout est mal encadré. Un client qui ne voit pas son commentaire apparaître conclura que l'expression n'est pas aussi libre que vous le prétendez, et cela pourrait nuire à votre image. Si vous pensez mettre un système de commentaires en ligne, assurez-vous d'être prêt à jouer le jeu jusqu'au bout. Nous y reviendrons.

Avec le recul, nous pouvons anticiper un nouveau pacte avec les consommateurs. D'abord, celui d'être à la hauteur du privilège de leur clientèle, et ensuite d'instaurer une véritable communication avec ces derniers afin de comprendre leurs besoins et de faire les efforts pour y répondre adéquatement. Le cadeau le plus précieux qu'un client empereur puisse nous faire – considérant que nous avons choisi de le retenir comme client –, c'est sa loyauté. J'insiste sur «loyauté», car la nuance avec fidélité, quoique subtile, est bien réelle. D'abord, un client fidèle n'est pas nécessairement loyal, mais un client loyal est nécessairement fidèle. La loyauté est plutôt associée à l'exclusivité, par opposition à la fidélité, qui laisse place à la fidélité partagée avec plusieurs fournisseurs. À l'heure de la maîtrise de la réputation, la loyauté vaut son pesant d'or. Un client loyal deviendra votre fervent défenseur et osera défendre son choix contre vents et marées. Il vous soutiendra dans les épreuves et vous rendra au centuple sa satisfaction indéfectible. La seule condition est d'avoir respecté vos promesses et de l'avoir traité selon le niveau que son rang exige.

Pendant que le client empereur impose ses nouvelles règles du jeu, l'économie se redéfinit. Nous avons donc vu naître la nouvelle économie d'expérience qui ajoute un nouvel échelon dans l'échelle de l'offre. L'expérience se place maintenant au-dessus du service, lui-même au-dessous du produit. Cette nouvelle hiérarchie laisse peu de place aux stratégies intuitives, car la maîtrise de la réputation doit passer nécessairement par une expérience minimalement agréable, faute d'être extraordinaire. La nécessité de se différencier se juxtapose donc à l'impératif de la personnalisation extrême.

La dictature du client élève aussi de nouvelles normes de qualité qui imposent des offres sur mesure et uniques. Un casse-tête épineux pour le marketeur mal préparé, mais un défi extraordinaire pour le marketeur prêt à se mettre au niveau du client. Tous les récents concepts du marketing, que ce soit le fameux facteur « Wow », que j'ai déjà expliqué, ou le marketing adhésif, selon la vision exprimée par les auteurs Chip et Dan Heath dans *Made to Stick*, toutes ces visions criantes de bon sens deviennent finalement des pistes pour guider le marketeur désemparé dans ce nouvel ordre pour le moins bousculant. Je ne parle pas ici de mettre en place des concepts inspirés et non maîtrisés du genre *buzz marketing*, comme le capital conversationnel. Depuis que tout le milieu commence à réaliser la force des réseaux sociaux, le capital conversationnel est presque devenu un nouveau jouet pour le marketeur ou, pire, pour des agences en mal d'innovation avec le client au centre comme cobaye et le capital de marque de l'entreprise en gage. Une excellente méthode pour annihiler le peu de confiance que vos clients conservent envers vous. Chacun défendra sa position à l'égard de sa stratégie de médias sociaux, mais peu d'entreprises l'ont fait d'une manière optimale. Il y a de l'espoir. De beaux cas naissent tous les jours !

Avec la nouvelle échelle de l'offre qui place l'expérience au sommet, il devient important de comprendre à quel point la Présence et l'expérience sont intimement liées. Partons du principe que la Présence véritable, c'est faire abstraction du futur ou du passé et être là à chaque moment, ici et maintenant. Le principe même de la passion qui nous permet d'oublier le temps et de vivre l'instant présent. La Présence devient source de créativité, car c'est le moment présent qui permet la connexion directe à notre inspiration et à notre intuition. Les conditions préalables pour faire vivre une expérience mémorable à notre client sont d'abord d'avoir le courage de choisir des sentiers non battus et de s'y aventurer. Il faut être totalement branchés sur les besoins du client et laisser notre inspiration et notre intuition guider l'expérience. La créativité est l'ingrédient secret de chaque expérience, chacune devant être faite sur mesure. Comment pourrions-nous alors générer des « Wow » si nous ne connaissons pas les attentes de nos clients et leurs besoins inhérents ?

Nous revenons à la base du marketing : connaître les besoins des clients. Sauf que maintenant nous devons non seulement connaître ou savoir anticiper les besoins de chaque client, mais aussi être capables de mesurer adéquatement leurs valeurs financières. Il faut donc éviter, voire bannir, les segmentations grossières et imprécises : une tâche colossale s'il en est, mais incontournable. Une telle vision peut sembler utopique, impossible même, dans la réalité complexe actuelle. À l'heure des budgets limités, des employés rares et volatils, et des défis de communication pour joindre nos clients, nous avons raison d'être interpellés. Tout cela semble devenir un défi insurmontable ; mais si l'on vous demandait de manger un éléphant, comment feriez-vous ? Les plus initiés diraient : une bouchée à la fois. Force est de constater que tous les défis, et particulièrement les gros, se morcèlent en étapes. Avec une vision claire et une cohérence, la Présence des acteurs impliqués dans le résultat final est la clé du succès. Telle une mise en scène, il faut que chacun ait une vision claire de l'objectif afin que son rôle soit mis en valeur dans la chaîne de fabrication de « Wow ». Après tout, le travail est comme une pièce de théâtre, et chaque entreprise est une scène, tel que Joseph Pine et James Gilmore l'ont si bien expliqué dans leur livre *The Experience Economy : Work is a Theater & Every Business a Stage*. Un peu comme si nous pouvions choisir la fin d'une histoire dans certains films numérisés et interactifs, l'expérience permet à chaque client de composer son histoire de service et de choisir la fin qui lui convient.

Des spécialités marketing au service de la Présence ou de l'absence ?

J'aimerais faire un survol rapide de quelques spécialités marketing dans le contexte de la Présence. Il ne s'agit pas ici de faire une analyse exhaustive, mais uniquement de commencer à mieux comprendre comment la notion de Présence peut améliorer l'impact de certaines tactiques marketing.

Commençons au hasard par le marketing événementiel, qui est certainement l'une des spécialités les plus connues et celle qui génère le plus d'émotions positives, vu son caractère festif et nettement plus généreux. Nous retrouvons dans cette tactique terrain la volonté de créer une charge émotive positive avec la marque et surtout, lorsque c'est possible, de permettre aux consommateurs d'expérimenter le produit. Évidemment, les entreprises ayant des produits à vendre sont nettement privilégiées par l'efficacité de cette tactique. Toutefois, dans l'univers des services, plusieurs adaptations peuvent pallier les lacunes de l'intangibilité intrinsèque du service. D'ailleurs, la récente spécialité du marketing expérientiel est en partie une réponse à ce défi. En créant un environnement propice à simuler l'expérience du service ou du produit en vase clos, les spécialistes du marketing expérientiel rivalisent d'imagination pour créer une expérience inoubliable avec la marque. La plupart des entreprises comptent générer du bruit médiatique en utilisant ces tactiques. Il n'est pas rare, dans le marketing expérientiel particulièrement, que l'effet soit si impressionnant que les consommateurs potentiels deviennent des connecteurs qui propagent eux-mêmes la bonne nouvelle par l'intermédiaire de leurs réseaux de contacts.

Apple a bien compris cette tactique, et chaque nouveau lancement surpasse les succès du précédent. L'entreprise a réussi à hausser le niveau de désirabilité de ses produits en fournissant aux consommateurs des moyens de se connecter émotionnellement avec le iPhone bien avant qu'il soit disponible sur le marché. Ainsi, les amateurs de produits Apple salivaient à l'idée d'être les premiers à acquérir le nouveau téléphone révolutionnaire. Apple était présente dans tous les blogues et les revues spécialisées, mais elle était avant tout présente dans le cœur des passionnés. Le rêve d'un marketeur, quoi !

Les plus innovateurs vont aussi faire une percée du côté du marketing sensoriel. La nuance avec le marketing expérientiel est certainement difficile à conceptualiser sans plus de détails. Le marketing sensoriel fait appel à l'adéquation des sens et des émotions que l'on souhaite associer à la marque. Ainsi, une entreprise qui vend du pain ne pourrait pas susciter les émotions de sécurité reliées à la dimension du foyer sans l'odeur d'un pain cuit au four qui se dégage dans son magasin. Admettez qu'il serait difficile de vendre l'idée d'un bon pain frais sans l'odeur qui l'accompagne. Il en va de même pour celle du bon café fraîchement moulu. D'ailleurs, Starbucks a construit son capital de marque en grande partie grâce à l'ambiance de ses bistrots qui, à leurs débuts, comprenaient divans et café moulu sur place. Depuis, par souci d'efficacité et d'optimisation du pied carré, l'entreprise a balancé ces meubles et les moulins à café par-dessus bord. Starbucks s'est donc créée sur sa Présence puisque l'ambiance unique en faisait un lieu de destination. Aujourd'hui, son omniprésence en Amérique du Nord lui permet de surfer sur la vague de sa réputation, mais c'est maintenant un lieu de passage, sans plus. D'ailleurs, le projet innovateur de vendre de la musique a échoué, et je soupçonne ce phénomène d'en être un peu la cause puisque nous n'avons plus envie de rester aussi longtemps dans un Starbucks.

Ainsi, le marketing sensoriel, c'est la tactique qui cherche à créer un environnement sensoriel propice à éveiller le rappel de la marque lorsque le sens sera interpellé dans un autre contexte. Il sert aussi la magie du marketing émotionnel. Imaginez que vous avez une agence de voyages. Vous admettrez que les ordinateurs requis pour vendre les voyages sont plutôt stériles pour stimuler l'appel des sens. Par contre, si vous ajoutez une odeur de noix de coco dans l'air ambiant de l'agence, l'association que fait le cerveau est immédiate, et le désir de se voir sur une plage, complètement badigeonné d'huile à bronzage à la noix de coco, doit rapidement être assouvi. Le marketing sensoriel est une tactique qui vise à relier les sens les plus primaires avec le produit ou le service dans un contexte où naturellement rien ne suscite ces sens. Ainsi, en enduisant votre corps d'huile solaire sur les plages ensoleillées du Sud, vous aurez une petite pensée, consciente ou inconsciente, pour l'agence de voyages qui vous a vendu cette destination soleil. La mémoire olfactive est un moyen puissant pour voyager dans le passé instantanément. En marketing, c'est une arme redoutable pour être présent dans des endroits inaccessibles du corps et de l'esprit du consommateur. Une tactique peu utilisée et qui doit demeurer de bon goût.

Parlons un peu maintenant du marketing promotionnel. Nous pouvons y voir une dimension associée au terrain, dans le sens où les coupons de réduction, envoyés de façon personnelle ou impersonnelle, sont tout à fait tangibles et permettent de garder la marque dans une proximité physique plus concrète. Par contre, même si elle est géniale, ce n'est pas une stratégie de marketing direct qui remplacera une stratégie marketing de réseaux ou toute autre forme de marketing impliquant un contact avec la compagnie. Ce sont des stratégies complémentaires, et un bon marketeur aura avantage à planifier le tout pour mieux suivre le comportement d'achat de ses clients actuels ou potentiels. Ainsi, après un méga-événement dans un festival, un envoi ciblé (soit géographiquement, soit à partir d'informations recueillies pendant l'événement) de coupons promotionnels pourrait apporter une valeur ajoutée à l'ensemble de la stratégie en rappelant aux festivaliers la Présence de l'entreprise tout en leur donnant une motivation supplémentaire pour passer à l'action. Il faut seulement comprendre que pour sceller une relation et aider le client à passer à l'action, le marketing promotionnel est génial. Par contre, pour amorcer une relation et affirmer sa Présence, c'est plutôt banal et inefficace.

Pour clore ce chapitre, je souhaite aborder brièvement les tactiques dites virtuelles pour appuyer le concept de Présence. Ainsi, avec le Web, de nombreuses entreprises ont créé une énorme scission entre ce qu'elles perçoivent comme deux réalités: la virtuelle et la réelle. Elles décident donc, au gré des urgences, des budgets ou pour d'autres raisons loufoques, de négliger l'une au détriment de l'autre. Il n'est pas rare de visiter le site Web d'une entreprise qui dégage un air d'un remarquable professionnalisme au goût du jour et, lorsqu'on appelle ou qu'on visite une succursale, d'être pantois devant une telle incohérence dans l'adéquation des attentes et de l'expérience. L'inverse est aussi vrai et plus fréquent: un site Web désuet qui ne représente aucunement l'entreprise mais qui pourtant agit comme première impression sur le client à la recherche d'information. Selon les pays, les taux de branchement Internet varient sûrement, mais sachez que plus de 80 % de vos consommateurs visitent vos sites Web, soit directement, soit par le biais d'un autre, avant de se rendre dans votre réseau de succursales ou de vous appeler. Votre site Web est donc dans 80 % des cas la première impression que vous projetez, quand ce n'est pas dix impressions en une seconde. Allez faire un tour sur votre site, et demandez-vous si vous feriez affaire avec vous.

Il y a des tonnes de statistiques qui s'ajoutent tous les jours, mais un fait demeure: le Web est là pour rester et évidemment pour progresser encore. Si vous êtes déjà convaincu, ce plaidoyer peut sonner ringard, mais sachez que dans les faits, plus de 60 % des visites sur les sites Web se terminent abruptement avant que le consommateur potentiel ait engagé une action avec vous (traduction libre: Frederick Reich, *The Loyalty Effect*). À ce triste constat s'ajoute l'obligation de faire bonne impression dans les dix premières secondes, sinon l'internaute retourne à la liste de suggestions formulées par son moteur de recherche en moins de temps qu'il n'en faut pour le dire, ou pour cliquer.

Les entreprises n'ont absolument pas d'autre choix que d'être cohérentes dans l'expérience client, et ce, dans la totalité de la chaîne de fabrication de «Wow». Les deux réalités n'en font plus qu'une dorénavant, et la responsabilité incombe aux entreprises d'être à la hauteur. Dans le futur, le succès de toute entreprise dépendra de sa capacité à mieux communiquer, voire à dialoguer, avec ses clients et employés. Les budgets doivent donc urgemment être intégrés et les tactiques révisées pour tenir compte du nouveau comportement du consommateur. Essayez maintenant d'imaginer que vous n'êtes pas présent sur le Web ou, pire, que vous y êtes mais que trouver votre entreprise, même avec les moteurs de recherche, relève du hasard ou de la persévérance. Il n'y a donc pas de miracle en matière d'expérience client, tout doit être réfléchi à partir du point de vue de celui que vous souhaitez conquérir. La Présence se définit toujours par être là où le client nous

Sylvie Halpin

cherche. À moins, bien sûr, que vous ne soyez absolument convaincu que votre produit est tellement extraordinaire que les clients remueront ciel et terre pour vous trouver, tels des pirates à la recherche d'un trésor.

Pour ceux qui savent comment aider les clients à les trouver, même quand ces derniers ne les cherchent pas, il serait important de vous rappeler qu'il est impoli de s'inviter soi-même, surtout quand on n'est pas bienvenu. Les techniques intrusives sont pour le moins peu appréciées et surtout inefficaces. Concentrez vos efforts sur l'établissement de bases de données riches pour les clients existants afin de construire des relations solides qui révèlent votre compétence à bien les servir. Les offres ciblées pour des moments précis de la vie de vos clients peuvent avoir une réceptivité tout à fait surprenante si le *timing* est bien choisi. Le marketing de permission implique d'avoir la permission aussi de le faire. Il faut garder en tête que les données clients sont extrêmement précieuses et que l'abus de leur utilisation pour le marketing direct peut anéantir vos efforts pour des années à venir et même faire fuir vos clients. Comme certaines entreprises le clament haut et fort : « Nous respectons votre vie privée. » Elles ne disent pas : « Nous nous privons de respecter votre vie ! »

Les tactiques de marketing direct sur support papier sont encore plus discutables. Demandez-moi ce que je fais avec les envois et les enveloppes de marketing direct. Je fais comme Elvis Presley : « *Return to sender, address unknown.* » La façon de procéder est bien connue. Vous mettez la multitude de publicités inutiles dans les enveloppes préaffranchies fournies, et vous retournez le tout à l'expéditeur, à ses propres frais. Tactique bien expliquée dans les courriels viraux. Certains poussent le procédé en mélangeant les offres dans les enveloppes afin de servir la même médecine à leur harceleur de boîte aux lettres et pollueur. Vous comprenez que la méthode *push* est une arme à deux tranchants, car pour obtenir 1 à 2 % de succès, il faut irriter 98 à 99 % de notre échantillon.

Le principe est le même pour les envois de courriels indésirables (pourriels), excepté que les logiciels antipourriel sont un défi de plus à traverser et que la pollution est circonscrite à l'envahissement des boîtes de courriels. L'irritation est toutefois aussi grande, sinon pire. Gardez en tête le mot clé : *timing*. Prenons un exemple. Je cherche une montre pour femme pour un événement précis, et je visite un site Internet intéressant dans lequel un produit pourrait me plaire. J'envoie un courriel pour recevoir plus d'informations ou je laisse un message téléphonique à un représentant, et deux jours plus tard, j'attends toujours ! Pendant ce temps, je parie ma chemise que cette entreprise a fait des envois ciblés en masse pour intéresser des clients potentiels à l'achat de montres.

Malheureusement, cet exemple est plus la règle que l'exception, et l'énergie des entreprises est trop souvent dilapidée par manque de compréhension de la Présence. Il faut allumer les lumières dans la cabine de pilotage, car à force de tirer n'importe où et de ne jamais être là quand il le faut, nous perdons non seulement des clients, mais nous mettons en péril l'avenir de notre entreprise. Où est le chef de la Présence dans l'entreprise? Présent ou absent?

Abordons maintenant l'analyse des 5 «P» traditionnels pour savoir comment nous pourrons les remplacer par le seul «P» de la Présence. En fin de compte, que nous soyons marketeur ou agent de service à la clientèle, comprendre la séduction client est un travail collectif qui exige la Présence de chacun.

Les éléments importants dans ce chapitre qui définit globalement la Présence

- Parler d'un «P» pour la Présence réfère au concept des 5 «P» du marketing et vise essentiellement à simplifier la compréhension de nos actions tournées vers le client.

- La Présence exige que les entreprises s'incarnent en symbole de confiance, et elle se définit plus spécifiquement par une relation éveillée que chaque entreprise ayant à cœur les clients et les employés doit entretenir avec son environnement.

- La Présence est absolument nécessaire si nous voulons créer le facteur «Wow». Dans l'univers du «Wow», la Présence est reine.

- Il est impossible de faire du service sur mesure sans intégrer la notion de Présence dans nos entreprises. Il est essentiel de bien saisir les besoins de nos clients et de mettre tous les moyens pour les connaître.

- Certaines spécialités marketing peuvent servir la Présence, alors que d'autres font tout le contraire. Il devient essentiel de tout remettre en question.

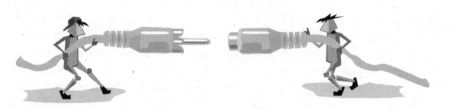

CHAPITRE 2

Les «P» traditionnels dans l'objectif de la Présence

Un seul «P» pour injecter la Présence

Maintenant que nous avons émis les conditions *sine qua non* pour faire vivre des expériences aux clients, il y a plusieurs décisions fondamentales à reconsidérer dans le contexte de l'objectif de la Présence. Pour illustrer de façon encore plus pointue l'opportunité de la Présence et vous aider à rapprocher le client à un clic de votre entreprise, il faut examiner chacun des «P» traditionnels de Philip Kotler pour comprendre qu'un seul «P» suffit pour faire du marketing de proximité.

Produits et services

Débutons par la notion de produit, qui inclut évidemment le service. Une entreprise éveillée qui travaille avec le seul «P» de la Présence n'offrira pas des produits ou des services dont les clients ne veulent pas. Si cela paraît évident, sachez que la gestion de l'inventaire est le nerf de la guerre en ces temps de fabrication du juste-à-temps (*just-in-time*).

Cette gestion implique de gérer les surplus et les retours tout en assurant une production suffisante pour répondre à la demande. Pour faire ce tour de force, les entreprises doivent anticiper, plus ou moins un an à l'avance, quels seront les goûts des consommateurs, la mode, la compétition, et j'en passe. Vous comprenez que dans ce volet, nous sommes dans le futur, et non dans le présent. Un éminent professeur du MIT, M. James Womack, spécialisé dans la production maigreur (*lean production*), révèle que, selon des recherches, le client typique ne trouve pas le produit recherché deux fois sur dix. Que fait-il? Il va voir chez le concurrent ou prend un produit de substitution, quand ce n'est pas un abandon de l'achat. Il faut bien comprendre que les délais de production, couplés à la mauvaise gestion de l'occasion, sont responsables de cette aberration. Quelques entreprises, sous la recommandation du Pr Womack, ont transféré leur production localement et prennent les moyens pour fabriquer du sur mesure livrable dans des délais extrêmement rapides. En se libérant de la dépendance à la Chine, entre autres pays, ces producteurs locaux arrivent à mieux cimenter leur relation client grâce à une présence locale et à une image d'employeur impeccable.

Nous pouvons donc dire que la Présence est encore au cœur du défi non seulement en ce qui a trait au design du produit ou du service, mais également à l'endroit où il est fabriqué. D'ailleurs, la crise économique fait ressurgir la notion de consommation locale. Avec l'attitude de la Présence, une entreprise doit tout remettre en question pour assurer son avenir. Un client peut nous dire en un temps record ce qu'il aime et ce qu'il n'aime pas. Il peut participer à la conception de son produit ou du produit grand public et se sentir privilégié d'avoir créé son exemplaire unique. Dell a bien compris ce modèle d'affaires. Seth Godin résume bien le défi dans son livre *La vache violette: vendez ce que vos clients achètent!*

Prix

Prenons le «P» du prix et analysons la situation sous la prémisse de la Présence. Il y a quelque temps, une très grande chaîne de magasins américaine avait annoncé un nouveau concept de variation de prix pour les distributrices de boissons gazeuses en fonction de la chaleur extérieure. Plus il faisait chaud, et plus le prix de la cannette vendue augmentait. Brillant concept de Présence, n'est-ce pas? Il faut être complètement absent pour imposer une telle absurdité aux clients qui nous font vivre. Au lieu de prévoir plus de livraisons pour remplir les machines que les consommateurs vident plus vite, on double le prix du produit! Belle façon de créer des relations de confiance. Alors, vous comprendrez que la Présence exige une compréhension des valeurs relationnelles, et ce, même dans la stratégie de prix. Les escomptes pour les personnes âgées en sont l'exemple le plus classique. Mais j'irais plus loin dans la stratégie de prix en expliquant les deux facettes de l'établissement d'une politique de prix: le prix lui-même et les conditions générales, incluant les politiques de paiement et de remboursement.

Alors que certaines entreprises font un exercice très simpliste du prix de revient majoré du bénéfice recherché, d'autres travaillent sur la valeur perçue. Cette dernière méthode permet de vendre vraiment cher des produits fabriqués à très faible coût. Cela est donc une cible pour la compétition qui arrive sur tous les flancs pour faire la guerre des prix. Ce sont des produits à faible valeur ajoutée et dont l'approche ne permet pas de créer la fidélité avec le client, qui se sent floué quand le même produit lui est offert à meilleur prix ailleurs. Faire une stratégie de prix efficace exige aussi de la Présence pour ses clients pendant qu'ils sont là, et non après qu'ils ont abandonné l'entreprise. J'ai quitté mon fournisseur de téléphonie après vingt-cinq ans. On n'a rien fait pour me retenir. La belle affaire! Maintenant, il m'offre mer et monde pour me récupérer, avec des offres qu'on ne m'a pas faites quand c'était le moment. Même lorsque je les réclamais, car j'étais loyale. En matière de prix, il faut constamment faire de la veille, et qui veille est présent. Je dirais qu'il faut surtout arrêter de conquérir les clients à coups de rabais et dorloter ceux que nous avons à coups de reconnaissance. Ma banque m'a enlevé un privilège que j'avais depuis dix ans pour me réclamer de nouveaux frais de 120 $ par année, desquels j'étais exemptée. Je songe donc à changer ma carte de crédit puisque je n'y vois plus les bénéfices, qui disparaissent année après année. Ce privilège était associé à mon compte de courtage. Imaginez si je laisse tout tomber, le gain de 120 $ par année sera bien inutile pour couvrir des milliers de dollars en perte de revenus combinés à tous les clients.

Quant aux conditions générales, elles doivent refléter la situation des clients que nous ciblons. Pourquoi ne pas avoir des politiques différentes pour des clients différents? Parfois, des assouplissements aux règles ou des traitements de faveur aux clients de longue date sont de nature à renforcer le lien de confiance et la relation avec ces derniers. La plupart du temps, les rabais ont moins de valeur qu'un traitement de faveur dans les reports des paiements, par exemple. Dans le domaine bancaire, dans le temps des fêtes, les promotions de reports de paiements d'hypothèque sont fréquentes parmi les clients qui paient le mieux. Je peux vous dire que la Présence aux besoins du client pourrait vous révéler des idées insoupçonnées pour vous différencier en matière de

stratégie de prix. De la même manière, les politiques de remboursement sont essentielles au lien de confiance. Je vais régulièrement chez
Canadian Tire et Winners, principalement parce que mes achats impulsifs comme mes achats planifiés ne sont pas à risque. Si je reviens
sur ma décision, je peux rapporter le tout sans aucun problème. Cela
favorise mes impulsivités, ce qui se termine presque systématiquement par un achat définitif. Les politiques de remboursement souples
sont donc propices à encourager les achats de tous types, car la confiance est là avant l'achat.

Publicité, ou promotion

J'arrive donc au «P» de la publicité, ou de la promotion. Si la promotion est souvent utilisée pour attirer de nouveaux clients, c'est avec
elle que nous pouvons le mieux valoriser notre relation avec les clients
existants. C'est un outil supplémentaire pour soutenir la stratégie de
prix, mais son abus ou sa mauvaise utilisation nuit aux efforts d'une
stratégie de prix cohérente. Pensons à mon exemple de fournisseur de
téléphonie. Avec la Présence, nous pouvons suivre l'évolution de nos
clients et augmenter graduellement l'ensemble des produits et services
qu'ils utilisent avec nous. Nous pouvons recueillir les plaintes, faire
des sondages ou créer un baromètre d'opinion en direct sur notre site
Web. L'adéquation des nouvelles technologies au service de la Présence
permet de garder contact avec notre clientèle concernant les offres les
plus susceptibles de l'intéresser. Quelle entreprise aurait besoin de
publicité corporative pour son capital de marque si elle avait tous les
clients dont elle a besoin chez elle? La réalité, c'est que pour la plupart des entreprises en affaires depuis plus de cinq ans, c'est le cas.
Pourtant, nous continuons à remplir le bain sans mettre le bouchon.
La Présence exige une prise de conscience au sujet du coût des efforts
pour attirer les clients comparativement à celui pour les retenir. Avec
des efforts minimes, nous pouvons créer des relations plus durables
avec nos clients fidèles, qui deviendront les porte-étendards de notre
marque. Même chose avec les employés.

Cette notion fondamentale est extrêmement difficile à comprendre
pour les gestionnaires à la recherche du chiffre magique du prochain
trimestre, qui répond à la question : combien de nouveaux clients ? Cela
paraît aberrant, et la situation l'est vraiment. Si nous devons remplacer les clients qui nous quittent pour des raisons hors de contrôle,
c'est qu'ils ne travaillent pas pour nous. Donnez-leur les moyens de
communiquer entre eux et laissez-les vous faire découvrir les mystères
de la satisfaction client. Vous en apprendrez plus en une semaine que
dans une année de recherche à grands coûts. Revenons à la base du

commerce : un marchand qui négocie avec un acheteur. Une relation sans filtre ni intermédiaire, mais surtout sans autre but que de créer une situation gagnant-gagnant. Les clients disent toujours ce qu'ils veulent vraiment, sauf dans les sondages structurés, où le biais est monnaie courante pour des raisons variées, mais bien réelles.

Lorsque le besoin de publicité existe pour des raisons bien définies, la Présence devient synonyme de pertinence. Une communication non sollicitée se doit d'être pertinente pour le public qu'elle vise. Malgré les efforts, il est difficile d'éviter de parler à des publics non ciblés, qui reçoivent votre message comme absolument non pertinent, un peu comme de la pollution médiatique. C'est pourquoi, en matière de publicité, le média et son lieu deviennent si cruciaux pour la Présence. La Présence devient synonyme de *timing* quand elle est réfléchie. Elle devient synonyme de ciblage également. Dans un média urbain, comme l'affichage dans les toilettes, parler de papier hygiénique ou d'infections transmissibles sexuellement, c'est pertinent ; mais y parler de fine cuisine, ça l'est un peu moins. Il faut se rappeler que si le médium est encore le contenu, la Présence est surtout le médium.

Nous parlons de marketing d'attente (*wait marketing*) avec le phénomène des publicités sur affichage électronique placées près des caisses ou dans des endroits où l'attente est monnaie courante, comme une gare ou un aéroport. Aussi bien se gaver de publicités tant qu'à ronger son frein. Ici, la pertinence s'ajoutera à la Présence, et pour cela, il faut que le fournisseur du médium soit aussi sévère que l'annonceur dans cette analyse. Sinon, ce sont tous les annonceurs collectivement qui seront perdants. Je vous laisse vous remémorer les milliers de cas de mauvaise adéquation que vous avez vécus, par exemple le garagiste de Montréal qui annonce ses services de manière très peu professionnelle dans un média électronique d'aérogare, ou les services funéraires proposés dans les tableaux d'affichage d'un supermarché. Il suffit de se rappeler que la publicité vise à communiquer un message dans le but avoué d'attirer les clients dans les différents canaux de distribution. Elle soutient aussi la conversion des clients grâce à des promotions pertinentes et efficaces. Son rôle s'arrête là, comme vous le voyez à la figure 1. Par la suite, une publicité pertinente qui a atteint sa cible passe le relais aux personnes ou aux outils automatisés chargés de clore la vente. Plus la publicité sera présente, meilleures seront les chances de conclure une vente. Mais une bonne publicité ne remplacera jamais une chaîne de valeur déficiente ou un processus d'achat boiteux. Cela soulève la nécessité de coordonner les activités publicitaires toujours en fonction de ceux qui devront s'assurer de marquer les points. La publicité, c'est un peu comme une passe dont l'objectif ultime est de marquer des buts. La publicité elle-même ne comptera jamais de buts, ce sont les humains qui le feront dans la prestation de services ou dans un module d'achats en ligne extrêmement efficace et contextualisé de façon professionnelle.

Le rôle des agences de marketing et de communications est d'attirer des clients dans les canaux de distribution les plus populaires (grâce à des stratégies efficaces) et de convertir des clients potentiels en consommateurs (avec les bonnes tactiques promotionnelles).

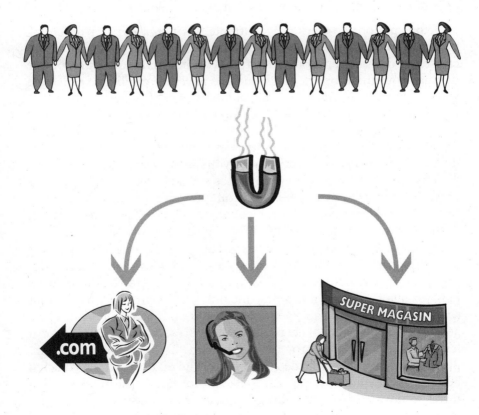

Figure 1   La publicité dirigée vers les canaux

Place

Devant la complexité des canaux de distribution, parler du «P» de la place (terme français pour *pipe-lines*) devient extrêmement complexe et absolument fondamental pour le propos de ce livre.

Il faut d'abord comprendre par quel canal de distribution notre client veut transiger. Le canal de distribution est l'interface qui nous met en contact avec notre client, et la particularité unique de chacun des canaux commande des niveaux d'expérience différents mais essentiels et complémentaires. Selon le canal choisi, le client a des niveaux d'attentes différents certes, mais il en a. Il a établi ses standards et il peut comparer. L'idée fondamentale dans la chaîne de fabrication de «Wow» n'est donc pas de se contenter d'atteindre les standards, mais bien de les dépasser.

Nous avons deux familles d'interfaces client: le terrain et le Web, ou si voulez simplifier: le traditionnel et le virtuel. Je limite le tout à deux axes, mais je dois préciser que je ne crois pas à une réalité virtuelle et à une réalité physique dite traditionnelle. À mon avis, il n'y a qu'une seule réalité: celle du client. Elle se définit par l'expérience qu'il vit lorsqu'il entre en contact avec la marque. Pour le client, il n'y a donc pas de questionnement sur le traditionnel par rapport au virtuel lorsqu'il vous choisit comme fournisseur. C'est d'ailleurs un sujet épineux dans les entreprises qui ont tendance à opposer ces forces plutôt que les complémenter. Je dois préciser qu'en parlant de terrain je traite du contact physique et circonscrit avec le client, qui inclut une panoplie de moyens qui ne se limitent pas à la vente en succursale, mais qui permet au client de côtoyer la marque et, en quelque sorte, de la toucher. Avec le Web, j'ouvre la porte sur l'univers du contact en ligne et ubiquiste qui comprend une foule de moyens pour créer la relation sans contact physique, mais une relation tout aussi réelle et illimitée.

Dans la famille terrain, le marketing a quelques années de pratique dans l'ingéniosité des tactiques visant à mettre le client en contact avec la marque. C'est le noyau de sa compétence: l'exploitation du terrain. Quoique les dernières années aient apporté quelques nouveautés en matière de marketing de proximité (*P2P*, ou personne à personne), il est évident que nous avons dépassé le stade du canal traditionnel que constitue le lieu de vente ou de services. Aujourd'hui, toutes les entreprises questionnent de manière continue la pertinence de leur réseau «brique et mortier», car s'il est un fait qui fasse l'unanimité, c'est bien que cette interface client est de loin la plus coûteuse. Il faut en conséquence s'assurer que la répartition géographique est pertinente et que chacun des points de vente génère suffisamment de ventes selon sa juste part dans la création de valeur globale pour l'entreprise.

Or, la science du géomarketing étant relativement nouvelle, encore trop peu d'entreprises font cet exercice avec les bons outils. Certes, de plus en plus d'entre elles y ont recours, mais l'improvisation et l'intuition sont trop souvent la règle. Il est facile de croire qu'un point de vente moins rentable doive être éliminé sur la base du seul critère économique. La réalité est pourtant plus nuancée.

Tout le monde connaît l'expression «loin des yeux, loin du cœur», et en stratégie de réseaux, c'est aussi vrai. En fermant des points de vente dans des localités moins denses, de nombreuses entreprises ont rompu le lien avec leur clientèle et ont mis en péril leur relation à long terme. C'est évident que les sacrifices à court terme sont estimés au préalable et que les entreprises sont conscientes que perdre des clients fait partie de l'équation. Mais la véritable question est de connaître le coût de cette perte à long terme. La réponse réside dans la Présence.

Lorsqu'une entreprise déserte notre quotidien, que nous ne la voyons pas dans notre environnement et que nous sommes incapables d'y relier un élément émotif, le danger de la perte à long terme s'explique mieux. Nous savons que plus la relation avec la marque s'amorce dès le jeune âge, meilleures sont les chances de créer la fidélité. Je dirais même que la loyauté doit être plus élevée parmi les clients ayant commencé tout jeunes une relation avec la marque. Ainsi, il a été mesuré, lors de plusieurs enquêtes, que les produits de consommation courante (les céréales, le beurre d'arachide, etc.) consommés par une personne de 30 ans sont souvent les mêmes qu'elle utilisait lorsqu'elle était petite. Il en va de même pour l'institution financière, son restaurant rapide, et la liste s'allonge ainsi jusqu'à la compréhension totale que plus l'attachement à la marque se crée très jeune, plus ce lien est solide. À combien évaluez-vous vos chances d'être présent dans la vie d'un consommateur de 30 ans si vous n'existiez pas dans sa vie au préalable?

C'est possible, évidemment, mais les efforts pour le conquérir seront tellement grands que son coût d'acquisition finira par être aussi élevé que les efforts que nous aurions dû investir pour demeurer dans son environnement au cours des années. En ajoutant le phénomène de migration vers les grands centres, il devient évident que ce lien doit se faire là où est le client. Il y a plusieurs nuances à faire dans cette analyse, mais le tout revient à dire que la gestion à court terme prive les entreprises de Présence, et ce, dans tous les sens du mot. Il y a des combinaisons possibles pour pallier les lacunes de la succursale physique, mais il faut garder en tête l'objectif ultime : être présent dans la vie des consommateurs.

Vous aurez compris que dans l'exploration de la dimension terrain, j'implique toujours l'aspect tangible de la relation. Pour définir plus précisément le mot «tangible», nous pourrions dire que l'équivalent dans l'univers des sens serait le toucher, mais nous verrons que les autres sens jouent un rôle tout aussi tangible pour créer l'attachement à la marque. Donc, que ce soit pour toucher le produit ou être touché par les représentants de l'entreprise directement sur le lieu physique de notre présence, la dimension terrain est primordiale à bien des égards. Ainsi, pour dépasser le cadre physique du réseau de succursales ou encore donner un cadre physique à un réseau non physique, plusieurs spécialités du marketing ont vu le jour, ayant toutes comme objectif ultime de mettre le consommateur en contact avec le produit et la marque. Une invitation qui vise à créer le contact avec le client et, ultimement, à toucher son cœur.

Le propos de ce livre repose sur le fait que la Présence est essentielle, mais que ce n'est plus une absolue nécessité d'avoir des réseaux physiques pour la manifester concrètement. C'est la base de la Présence, soit d'être là où vos clients vous cherchent. Grâce aux possibilités qu'offrent les technologies, la voie est pavée pour les stratégies innovantes, que la distribution soit assurée avec ou sans brique et mortier. Un défi très stimulant pour redéfinir nos modèles de distribution. De toute façon, quel que soit le point de vue, ce sera toujours un élément critique de savoir comment nous nous assurons que notre produit ou notre service soit accessible à notre clientèle : c'est le pilier de la Présence organisationnelle. Les chapitres subséquents vous guideront vers cet objectif d'ubiquité en exploitant tous les outils technologiques.

Personnel

Enfin, le «P» du personnel, le défi de taille trop négligé. Ajouté aux 4 «P» originaux du *marketing mix* établi par Philip Kotler à la suite de la montée du secteur tertiaire, c'est-à-dire l'univers des services, le personnel ferme la boucle de l'analyse des 5 «P» traditionnels. C'est un aspect fondamental des défis d'affaires actuels ; il constitue la trame de fond de ce livre. Les employés sont les acteurs principaux de la production, et si le travail est une pièce de théâtre, ils en sont les vedettes, qu'ils soient dans les coulisses ou sur la scène. Leur performance est acclamée ou critiquée par les clients, et la Présence des uns aux autres devient un indicateur de la santé de l'entreprise.

Au fil des chapitres à venir, nous verrons comment intégrer la Présence comme remède aux maux actuels dans toutes les sphères de l'entreprise. D'ailleurs, pour offrir l'expérience client tant recherchée et tellement synonyme de Présence, il faut que l'expérience employé soit examinée dans l'entreprise de manière prioritaire. Une entreprise présente l'est avant tout pour ses employés, qui en deviennent le porte-étendard visible. Il y a même une norme ISO qui vise à accorder une certification sur l'état de santé de l'entreprise elle-même, basée sur la santé physique de ses employés. Je vous parie qu'une norme similaire existera un jour pour mesurer l'état de la Présence des employés, qui reflétera leur motivation et leur attitude à l'égard du travail. En attendant, après la lecture de ce livre, vous pourrez construire votre indice de Présence organisationnelle.

* * *

Avec tous ces «P» revisités, vous conviendrez que nous avons besoin d'un seul «P», soit la Présence, pour régner dans les stratégies marketing axées sur les résultats et centrées sur l'humain. Si nous partons du principe que toutes nos actions doivent être posées en fonction de la Présence, la nécessité d'entretenir tous les «P» devient moins cruciale. Il est certes utile de garder en tête tous les éléments nécessaires à la conquête du client, mais sans la Présence comme objectif, ces efforts deviennent inutiles. Notre seule obsession devrait donc être de travailler sur la Présence. Nous examinerons ce qu'est la nouvelle réalité numérique afin de soutenir une stratégie axée sur la Présence.

Les éléments importants dans ce chapitre qui précise le nouveau «P» de Présence par rapport à chacun des «P» du marketing

- Un seul «P» est nécessaire pour atteindre le succès. Il suffit d'apprendre à injecter la Présence dans toutes nos stratégies.

- Le «P» de produits (incluant les services), avec le nouveau «P», signifie flexibilité et disponibilité. Nous devons viser la cocréation de produits et services, avec le consommateur comme guide.

- Le «P» de prix, au sens de la Présence, signifie flexibilité et cohérence. Le prix inclut aussi la notion de conditions de paiement ainsi que toute autre forme d'avantages, tels que les garanties. Pour construire la confiance, il faut plus qu'un prix en apparence adéquat.

- Le «P» de publicité, ou promotion, est synonyme de pertinence dans le concept de Présence. La publicité sert à attirer les clients dans les canaux les mieux adaptés à leurs besoins. Avec la Présence, nous choisissons mieux nos cibles et nous mettons nos énergies à retenir nos clients avant d'en séduire de nouveaux.

- Le «P» de la place est crucial dans le concept de Présence. Notamment en raison de la multiplicité des interfaces client, il devient essentiel d'être là où le client souhaite être servi. Nous parlons ici de présence physique certes, mais il ne peut pas y avoir de compromis sur la qualité du service selon les canaux. La complexité des nouvelles technologies sera abordée en détail au cours des prochains chapitres.

- Le «P» du personnel, dans le sens de la Présence, devient en même temps le fondement et l'objectif pour tous les gestionnaires qui souhaitent faire le virage axé sur le «P» de la Présence. La Présence se manifeste aux clients grâce aux employés.

CHAPITRE 3

Se brancher avec les clients

En parlant d'une seule réalité incluant le Web et le terrain, j'ai peut-être laissé croire que le Web n'était pas à lui seul un monde. Mais je peux vous assurer que si celui-ci peut être tous les «P» du marketing – ou le seul «P» de Présence dans la nouvelle ère du marketing –, il est tout sauf virtuel. Ma vision est donc plus vraie que jamais, avec toutes les applications technologiques que le réseau Internet permet. Le Web n'est pas désincarné, au contraire, il fait partie de la vie de la majorité des consommateurs des pays industrialisés. Il y a longtemps que nous avons dépassé le stade des érudits, et même les pays en émergence, qui n'ont pas à passer par l'infrastructure coûteuse du câblage, y arrivent plus vite grâce aux réseaux cellulaires et sans fil. Toutes les données le prouvent, et il faudrait vivre ailleurs que sur la planète Terre pour échapper au phénomène de démocratisation de la nouvelle ère numérique. Il y a une fracture numérique qui polarise les humains en deux groupes : les branchés et les non-branchés. Mais les consommateurs ayant un pouvoir d'achat se retrouvent en très grande majorité dans le premier groupe, et un peu plus chaque jour, d'ailleurs. L'essentiel est de comprendre que les outils technologiques servent dorénavant à soutenir et à créer la relation client, et non à la détruire.

Servir à l'heure du numérique

En quelques années, le Web est devenu à lui seul le nouveau centre de l'univers de la consommation. Non seulement nous pouvons maintenant nous informer et faire du prémagasinage, mais nous pouvons aussi aller jusqu'à la fin de la transaction sans même faire intervenir une seule ressource de l'entreprise, outre son serveur. Utopique, non? Son serveur! Il semble que la notion de service à la clientèle soit mieux comprise dans l'univers numérique, car la performance et la fiabilité du Web du côté émetteur dépendent entièrement de la capacité des serveurs et du réseau à répondre à la demande. Les analogies sont nombreuses avec l'expérience du service. Ainsi, au début de l'ère Internet, il n'était pas rare d'accéder à un site Web incapable de suffire même à une demande insignifiante, nous donnant un message d'erreur en guise de page d'accueil. Il suffisait qu'une agence de marketing un peu délurée propose une campagne de communication en vue d'attirer les internautes sur le Web pour comprendre que les capacités des serveurs étaient très limitées. Un peu de multimédia, et voilà que l'expérience usager devenait une catastrophe.

Aujourd'hui, quand cela se produit, le décrochage est immédiat. Notre pardon est rare et quand nous le donnons, il est conditionnel. Notre patience est directement proportionnelle aux efforts requis pour recommencer notre relation ailleurs. C'est d'ailleurs sur ces barrières à la sortie que les géants capitalisent pour faire avaler petit à petit des augmentations de frais ou des retards dans l'expérience du service en ligne, par exemple. Par contre, notre tolérance a des limites, et ce, avec tous nos fournisseurs, que ce soit notre banque ou le fournisseur de télécommunications. Il est d'ailleurs aberrant de constater les déficiences dans l'expérience du service en ligne, avec la connaissance et les moyens que nous avons aujourd'hui. Seulement à titre d'exemple, les géants des télécommunications sont presque tous des nuls en matière de services Internet, les plus jeunes entreprises ayant quelques longueurs d'avance, mais encore... Comme dans le dicton, le cordonnier est souvent le plus mal chaussé.

L'idée derrière cette incongruité repose sur le fait que les systèmes informatiques, et particulièrement l'architecture de réseaux dans les entreprises de la première vague Internet, sont devenus au fil des années des toiles ressemblant plus à des spaghettis qu'à des toiles structurées, chaque nouveau module s'accrochant avec plein d'espoir à un autre, lui-même fixé à un autre avec le même espoir. Le plus aberrant, c'est que souvent le module utilisé à titre de pont ne parle pas aux mêmes modules, et qu'il devient une embûche pour accéder à des données fondamentales. Ici, je vous ai peut-être perdu, mais en résumé, ce n'est pas de la science-fiction, sauf pour les gestionnaires de réseaux qui travaillent sans filet et qui doivent composer avec des reports continus dans l'investissement informatique.

La vérité, c'est que les grandes entreprises n'arrivent pas à justifier les budgets requis pour améliorer leur parc informatique, dont la désuétude est plus rapide que leur amortissement aux livres. Par contre, parallèlement, elles doivent continuer à satisfaire la demande croissante pour les services intelligents, dont l'existence repose sur la cohérence des systèmes informatiques. C'est ce qu'on appelle les affaires électroniques (*e-business*), qui nous rappellent que la plupart des entreprises qui font l'investissement d'arrimer tous les processus d'affaires à des systèmes informatiques adéquats et évolutifs sont les seules à réussir le défi de la productivité en harmonie avec l'expérience client. Il a été démontré que toutes les autres jettent en quelque sorte leur investissement par la fenêtre. Et, pire encore, elles doivent non seulement gérer deux types de processus dans l'entreprise – les processus automatisés et les processus traditionnels –, mais en plus il leur faut prévoir des processus pour faire le pont entre les deux. Des centaines d'entreprises en consultation informatique ne font que cela, des programmes et des API pour connecter des systèmes qui ne se parlent pas entre eux. Un cul-de-sac permanent qui vous ferait frémir d'émoi si vous saviez tout ce qui se passe dans les salles informatiques et les bureaux de direction.

Pour être honnête, j'ai vécu de telles absurdités, et je sais aujourd'hui que la technique de l'autruche est une des pratiques les plus courantes dans notre monde des affaires de courte vision. Je ne voudrais surtout pas heurter la sensibilité d'aucun dirigeant, mais le fait est que le boni à court terme reçu pour avoir repoussé la décision est en quelque sorte le casse-tête du suivant, qui agit de la même manière en colmatant les fuites et en blâmant le précédent pour la situation. Le retard se creuse donc de plus en plus dans l'intégration des nouvelles technologies qui pourraient vraiment aider les clients. Ce phénomène est particulièrement criant dans les grandes entreprises qui atteignent le point de non-retour à chaque nouvelle intégration de technologie. Tout le monde attend qu'une première entreprise de l'industrie fasse le méga-investissement pour faire comprendre à tous les actionnaires et analystes financiers de son secteur que les investissements sont justifiés, et que la diminution des profits et les ratios de rendements habituels resteront comparables à ceux des autres entreprises. Au moment où j'écrivais ces lignes, ils attendaient encore dans bien des industries, dans le secteur bancaire notamment. Je ne parle même pas ici des dizaines d'entreprises qui ont fait le pari d'investir et qui, quelques centaines de milliers de dollars plus loin, sont incapables d'obtenir les résultats attendus. Certaines ont même été poussées au bord de la faillite par des arnaqueurs en col blanc qui parlent en «serveurs et en gigaoctets».

En tant que simples consommateurs, nous n'arrivons pas à faire fonctionner une souris sans fil sur un système d'exploitation désuet, ou un logiciel apprécié sur une nouvelle version de Windows. Ou pire, à brancher une clé USB sur un ordinateur fonctionnel mais obsolète, parce que le port USB n'existait pas au moment de l'achat. Je sais qu'il existe des adaptateurs, mais restons sur le fait que la désuétude arrive plus tôt que tard en matière d'équipements informatiques. Imaginez maintenant le défi que les entreprises affrontent devant un tel chaos. Elles jouent donc toujours la carte de la prudence. Cette prudence est malheureusement paralysante, car elle empêche l'évolution et, surtout, l'effet de levier recherché par ces améliorations dans tous les processus de la compagnie. Les processus n'arrivent pas à se coller de façon fluide les uns aux autres. C'est exactement comme si vous achetiez un moteur sur lequel vous pouvez brancher un paquet de bidules utiles, mais que vous décidiez de laisser des fils pendants, faute de pouvoir les relier aux accessoires appropriés. Alors, en appuyant sur le bouton associé à la fonction, sur le tableau de bord, vous constatez que rien ne se passe, et pour cause : il n'y a rien au bout du fil.

C'est exactement l'expérience que nous vivons actuellement dans les univers partiellement digitalisés. Les entreprises faisant des pas de souris dans les technologies, elles prévoient les boutons pour le futur, mais le service n'est pas disponible lorsqu'on appuie sur un bouton. Saviez-vous que dans les banques, en 2009, seulement quelques personnes ciblées dans une succursale avaient accès à une boîte de courriels et à Internet? Pendant les vacances d'une amie, elle a demandé à une représentante du service à la clientèle de lui faire parvenir une information importante par courrier électronique. Cette dernière lui a dit qu'elle en était incapable, car seul le directeur avait accès aux courriels. J'ai bien dit 2009, pas 1989! Les ravages sur la réputation de l'entreprise sont incommensurables, et le véritable coût est plus grand que celui nécessaire pour remplacer les infrastructures désuètes. La spirale descendante guette les entreprises qui reportent ces investissements au bénéfice du bonheur éphémère des actionnaires et contre la frustration grandissante des clients.

Une autre preuve que la compréhension des priorités fait défaut dans les entreprises soumises aux exigences du marché de la Bourse. J'appelle cela la stratégie de faire «comme si». Parlez-en aux employés qui travaillent dans les compagnies qui font «comme si» elles étaient efficaces. C'est l'image du canard qui flotte tranquillement sur le dessus de l'eau et qui agite ses palmes énergiquement. Pour les employés, c'est un véritable cirque, et les acrobates, c'est eux!

Des technologies au service de la Présence

La vraie révolution dans le Web, qui, à mon avis, caractérise mieux la définition d'interactivité, est arrivée avec la capacité pour ce système d'intégrer les technologies audio et vidéo. Le Web est devenu système téléphonique et télévision en un rien de temps. Il est non seulement un système téléphonique capable de relier tout le monde sur la planète à peu de frais – et ce, peu importe qu'on utilise un cellulaire ou des lignes terrestres (moyennant des frais) –, mais aussi une télé totalement autonome capable de diffuser en temps réel ou en temps différé. Je me souviens que, du jour au lendemain, mon ami au Viêtnam a pu converser avec moi comme s'il était dans mon salon, et pendant des heures, sans que cela nous coûte un sou. Le clavardage (*chat*) était déjà un outil fort utile pour briser les barrières de communication, mais la voix sur IP ouvrait un nouveau monde qui allait faire dire à plusieurs que nous vivions sur une petite planète. En réalité, c'était le dernier jalon pour sortir complètement de l'anonymat du Web et mettre l'humain à l'avant-plan. La capacité ultime d'être présent, mais aussi de devenir presque un magicien de l'ubiquité. Choisir de ne pas se parler deviendrait la seule excuse pour ne pas le faire.

À l'époque des monopoles des télécommunications, la panacée des interurbains était une mine d'or pour eux. La planète semble en effet plus grande quand les factures de téléphone sont aussi salées. Mais les communications sur IP ont apporté une nouvelle dimension aux possibilités infinies de briser les frontières physiques, en rapprochant tous les citoyens du monde par un simple clic. Je ne sais pas combien de temps cette gratuité sera offerte, car l'idée de payer si cher pour racheter une compagnie comme Skype laisse présager que le modèle d'affaires sera révisé un jour ou l'autre, et pas à l'avantage des utilisateurs. Cependant, la beauté avec le Web, c'est que les occasions sont là pour tout le monde et malgré quelques géants, les petits peuvent se frayer un chemin avec un tant soit peu d'imagination et de créativité. Si Skype devenait trop gourmande, nul doute qu'une autre compagnie pourrait naître sur un modèle plus généreux et être encore capable de justifier son existence.

Avec la capacité audio, la vidéo bidirectionnelle était le prochain jalon dans cette révolution communicationnelle. La capacité de la bande passante ayant considérablement augmenté, la quantité de pixels contenus dans une vidéo allait pouvoir voyager sur les réseaux avec une fluidité impressionnante grâce à la technologie des serveurs de webdiffusion qui améliorent non seulement la circulation du flux de pixels en continu, en évitant le transfert du fichier sur l'ordinateur, mais qui permettent également la connexion de centaines de milliers d'usagers en même temps. Le défi du «dernier mille» (*last mile*) est toujours le nerf de la guerre, mais avec la haute vitesse et la performance des processeurs, couplés à de la mémoire vive plus abondante, regarder la vidéo en temps réel (webdiffusion) est maintenant une activité tout à fait normale, comme la télévision, à peu de chose près. Ce que l'on fait avec ces technologies change donc continuellement la manière de faire des affaires et aussi les modèles d'apprentissage.

Je me souviens que, à l'époque où je tentais d'éduquer les entreprises au pouvoir des technologies vidéo, je faisais en quelque sorte leur évangélisation avec la webdiffusion et la webconférence[5] (ce que je fais toujours, de toute évidence). J'aurais aimé avoir les moyens des grands pour faire ce travail, car au fond j'ai donné de la formation gratuite pendant des mois et le moment venu, les choix technologiques de ces entreprises se sont tournés – et se tournent encore – vers les gros joueurs ayant avalé les petits. C'est d'ailleurs l'histoire du monde des affaires depuis fort longtemps, et plus particulièrement depuis l'avènement des nouvelles technologies. Par contre, faire le choix des gros n'a jamais été et n'est toujours en rien un gage de compétence, car dans les faits, ils sont tellement arrogants malgré leur ignorance que les battre sur le terrain de la fiabilité et de la qualité est presque un jeu d'enfant pour celui qui réussit à passer le test du premier contrat. Au fond, la difficulté réside plutôt dans la solvabilité douteuse qu'une petite entreprise projette et la crainte qu'elle ne soit pas capable d'honorer ses garanties à plus long terme malgré sa Présence.

Cependant, le défi est toujours bien réel en ce qui concerne la capacité des entreprises à visionner de la vidéo dans leurs réseaux internes, vu les capacités limitées de bande passante et les parcs informatiques souvent désuets. À cela s'ajoutent les pare-feux et les limitations volontaires imposées aux employés afin de ne pas nuire à leur productivité menacée par les pertes de temps à regarder les *Têtes à qui tu veux* ou YouTube (vidéos sur demande). Il n'en demeure pas moins qu'avec le prix de l'essence et la rareté des ressources la logique qui prévaut

---

5. La webconférence se caractérise par un émetteur et des participants en interactivité limitée, mais en quantité théoriquement illimitée.

est très certainement d'analyser chaque déplacement attentivement afin de permettre aux bienfaits des technologies audio et vidéo de faire leur œuvre. D'ailleurs, la téléprésence[6] est tellement convaincante que déplacer des employés dans un tel contexte est presque indécent. Il devient difficile de justifier les pertes de temps en déplacement ainsi que les frais exorbitants en voyagement. À cela s'ajoutent les bénéfices de la collaboration[7], c'est-à-dire le partage de fichiers, le tableau blanc, le clavardage, etc.; il ne manque que la sensation de pouvoir toucher l'interlocuteur. De toute façon, qui se touche à ce point dans les relations d'affaires pour qu'on en fasse un frein à l'utilisation de nouvelles technologies? À l'heure des pandémies virales, laissons faire le toucher. Concentrons nos efforts là où ça compte vraiment.

En fin de compte, nous avons plus d'outils en mode de collaboration que dans un déplacement classique du représentant avec ou sans ordinateur portatif. Par contre, ce que nous faisons avec ces capacités extraordinaires est un autre débat, car il est évident que les fonctionnalités du médium ne sont pas tout à fait maîtrisées ou exploitées de façon optimale. Malgré cela, nous avons déjà atteint, qu'on le veuille ou non, le point de non-retour. Je n'imagine pas le futur sans la vidéo en temps réel sur l'écran de mon portable ou de mon cellulaire. Quand nous aurons corrigé la lacune du regard, c'est-à-dire quand la caméra captera nos yeux plutôt que notre visage qui regarde l'écran, le dernier pas sera franchi pour une expérience franchement réaliste.

Dans le nouvel écosystème de communication, le pouvoir naissant des technologies audio et vidéo sur IP permet d'envisager une véritable révolution à long terme dans la manière dont le pouvoir est réparti. Si vous et moi pouvons créer une chaîne de télévision avec un budget très modeste, que n'importe quel anarchiste peut démarrer un poste de radio en ligne avec des moyens très limités, et que chaque citoyen devient un journaliste potentiel grâce à sa caméra vidéo numérique et à YouTube, nous pouvons affirmer que les règles du jeu ne sont et ne seront plus jamais les mêmes. Comme la pluie fait pousser aussi bien les tomates que la mauvaise herbe, il m'arrive parfois d'imaginer ce qu'aurait été la Seconde Guerre mondiale si Hitler avait eu

---

6. La téléprésence se définit par l'usage de la vidéo bidirectionnelle en temps réel, avec une qualité HD et un maquillage de la salle qui donnent l'illusion d'être assis à la même table que les participants externes. Le tout requiert des déboursés élevés pour chaque salle équipée.

7. La collaboration se caractérise par un émetteur et quelques participants en interactivité illimitée dont l'accessibilité est fluide et ne requiert pas d'infrastructure spécifique. Elle peut donc se faire dans tous les lieux branchés.

accès à la webtélé en direct. Ce qui me rassure d'emblée, c'est que tous ceux qui auraient été contre lui, peu importe où ils auraient été situés dans le monde, auraient pu faire contrepoids à la propagande antisémite. L'histoire aurait été écrite différemment, et de cela je suis absolument convaincue. Pensons à la modeste chaîne de télé arabe Aljazeera qui a pu, grâce au pouvoir de la webtélé, atteindre des auditoires à l'échelle mondiale et ainsi attirer l'attention des médias traditionnels, lesquels en ont fait leurs choux gras – et, indirectement, ceux de leurs reporters – au plus fort de la crise de l'après 11 septembre 2001. C'est là la beauté de la démocratisation, car avec un peu de contenu le moindrement intéressant, nous pouvons réussir à sortir de l'ombre et attirer l'attention des journalistes de métier, qui deviennent le pont pour atteindre un public de masse aux heures de pointe tout en crédibilisant le contenu – évidemment pour ce qui reste de spectateurs devant la télé.

Avec les nouvelles technologies, il y a peu de sphères de la société qui ne sont pas remises en question parce qu'elles subissent toutes l'effet domino des bouleversements. Tout le monde sait que notre environnement est en danger et que les nouvelles technologies pourront venir à son secours, en partie. Enfin, il est rassurant de le croire.

Que ce soit par le pouvoir des bornes de services vidéo[8] ou par la téléprésence, la réduction des gaz à effet de serre a trouvé un complice à bien des égards. En prime, les nouvelles technologies peuvent aussi permettre de faire écho plus loin grâce à l'éducation accessible. Avouons qu'il y a longtemps que l'on crie au loup à propos de l'effet potentiellement négatif des nouvelles technologies sur notre quotidien, et que les grands arrogants de l'économie jouent à l'autruche. Avec de l'argent, les lobbys pensent avoir le contrôle et être au-dessus des lois en retardant l'usage intelligent des nouvelles technologies pour préserver d'autres industries. Mais la réalité, c'est que les nouvelles technologies sont des solutions aux gaz à effet de serre et à bien d'autres maux.

---

8. Les bornes de services vidéo sont des bornes interactives de services automatisés auxquelles on ajoute une fonctionnalité de vidéo bidirectionnelle qui permet de parler à une personne située dans un lieu différent. Ainsi, un expert peut être consulté par plusieurs clients répartis dans de multiples localisations sans se déplacer de chez lui ou simplement à partir d'un centre d'appels. Au moment où j'écrivais ce livre, Staples s'apprêtait à déployer ces bornes après un test dans une succursale. Les entreprises y voient une solution abordable et efficace pour contrer les problèmes de dotation et pour améliorer la qualité du service.

Les technologies vidéo sur IP m'ont séduite parce que j'adore le marketing et que j'adore le monde. Il est aisé de voir le potentiel incommensurable de la combinaison de deux médiums, tant du point de vue social que commercial. Je sais que le cheval de bataille des prochaines années sera loin des projecteurs. Les nouveaux maîtres du monde seront les propriétaires ou les contrôleurs des réseaux de fibre optique et les fournisseurs d'hébergement, en résumé les fournisseurs de quincaillerie et de tuyauterie. Comme pour le pétrole, notre dépendance à ce nouveau médium croît jour après jour. Même en vacances, il est pénible de rester déconnecté, alors imaginez que certains puissent décider de vous déconnecter contre votre gré. Il y a aussi l'électricité, qui sera toujours la condition sous-jacente, et même avec les meilleures batteries, il faudra bien les recharger à la source. Notre monde se redessine plus que nous voulons le croire, et cela est difficile pour la génération au pouvoir.

Étant née aux frontières de deux générations – dans la queue des *baby-boomers* et bien avant la génération Y –, je suis officiellement une *baby-boomer*, mais sans contredit une aînée de la génération X. Longtemps qualifiée de génération sacrifiée, la génération X apparaît maintenant comme le pont entre deux générations qui n'ont rien en commun. Pouvoir comprendre les besoins et les préoccupations des uns afin de les traduire aux autres me semble maintenant un privilège et un atout qui nous éloignent du sacrifice et nous rapprochent d'une bénédiction. Du moins, la stratège marketing que je suis trouve que cela devient un avantage plus qu'intéressant. Comprendre les modèles d'affaires traditionnels et les prérogatives des ratios financiers, et en prime être complètement à l'affût des nouvelles technologies ainsi que des défis socioéconomiques et environnementaux, c'est le parfait mélange pour saisir les occasions actuelles et à venir. De toute façon, la génération X est dans les coulisses du pouvoir en attendant qu'on lui en donne les rênes. C'est presque rassurant d'avoir un tampon avant que la génération Y arrive avec ses paradigmes totalement à l'autre extrême du balancier. Non ?

Les maîtres du Web :
les moteurs de recherche

Au début d'Internet, les sites et les références y étaient peu nombreux. Aujourd'hui, l'information se multiplie à une vitesse jamais vue. Parmi les prédictions les plus impressionnantes, mentionnons celle de Stanley Davis, auteur de plusieurs livres, qui prédit qu'elle doublera tous les 72 jours d'ici 2025. Quantité d'information n'est surtout pas synonyme de qualité. En ce sens, nous pouvons nous demander à quel moment l'information devient du savoir. Pour en juger, encore faut-il pouvoir la consulter et l'analyser, cette information. Les moteurs de recherche sont donc devenus des bibliothécaires virtuels ayant chacun leur méthode de recherche dont le défi est la rapidité et la pertinence, sans oublier la garantie d'avoir cherché partout où cela est possible. Qui aurait cru, lorsque j'étais jeune, que les bibliothécaires, même virtuels, pourraient avoir un tel pouvoir sur le savoir? Pourtant, c'est maintenant le nerf de la guerre de la démocratisation Internet. Une sorte d'accès au Web, sécurisant et facile pour les nuls, et essentiel pour les plus érudits.

Alors, votre existence est maintenant intimement liée à la capacité des moteurs de recherche de pointer votre site lorsque votre client potentiel fait une recherche avec des mots précis. Mais encore faut-il être capable d'anticiper ces mots et de s'assurer de payer pour sa place au sommet, du moins temporairement, le temps de se positionner de manière naturelle. Difficile de ne pas comprendre le pouvoir que les moteurs exercent sur l'évolution du Web. Nous aurions tous aimé y penser les premiers. C'est donc important d'avoir un site Internet efficace pour séduire, mais encore bien plus important que votre présence soit incontournable grâce à une stratégie d'optimisation d'engin de recherche (SEO, ou *Search Engine Optimization*). C'est la partie invisible du travail, mais la plus essentielle pour parler de Présence sur le Web.

Il n'y a donc plus aucune stratégie marketing en ligne qui puisse éviter de passer par les techniques SEO, surtout si vous souhaitez éviter d'investir éternellement dans l'achat de mots clés pour améliorer les chances d'être vu en première page. Si vous axez vos stratégies sur le SEM (*Search Engine Marketing*), vous gagnerez du temps pour votre positionnement, mais il est loin d'être acquis que ces efforts rapporteront. Par contre, il est une certitude : vos coûts monteront continuellement et votre efficacité baissera parallèlement. Il faut tout de même admettre que le modèle publicitaire proposé par les moteurs de recherche est de loin le plus convaincant et le plus utile, en raison de la contextualité inhérente à la recherche de mots clés. C'est l'investissement publicitaire qui est le plus près du résultat parfait. Imaginez que vous êtes positionné en première page dans les résultats naturels et que vous combinez une stratégie publicitaire en ligne de façon complémentaire. Non seulement votre coût sera moindre, étant donné la pertinence reconnue par le moteur de recherche, mais votre présence sera inévitable pour l'internaute. Cette mise au point sur les moteurs de recherche était nécessaire pour comprendre que toute stratégie visant à améliorer la Présence en ligne devra nécessairement passer par ces maîtres du monde, à moins bien sûr que d'autres idées ingénieuses ou d'autres technologies ne les affaiblissent avec le temps. Un pari sur lequel je ne miserais pas à court terme. En moins de dix ans, Google est devenue la marque la plus connue au monde. Pas mal pour un bibliothécaire virtuel converti en média publicitaire. Sachez que les outils pour optimiser vos efforts en SEO et en SEM se raffinent et que le message clé à retenir est le suivant: ne laissez pas les moteurs de recherche dominer vos stratégies, mais dominez vos stratégies sur les moteurs de recherche.

Les nouveaux modèles d'affaires

Avant l'arrivée d'Internet, nous appelions les médias «le quatrième pouvoir». Ce concept, né en Angleterre à la fin du XVIIIe siècle en raison de l'influence montante que les médias avaient sur le Parlement, a bonifié la théorie des pouvoirs de Montesquieu. Ce pouvoir s'est non seulement confirmé, mais il a surpassé bien des pouvoirs. Dans l'ère pré-Internet, le monde tournait autour de la vision des médias sur les événements et de leur importance. Les magnats de la presse faisaient la pluie et le beau temps sans la moindre inquiétude de riposte. Avec le temps, les consolidations dans les médias ont conduit à des oligopoles qui, en plus d'avoir perdu leur objectivité pour mettre la convergence en avant-plan, sont devenus de véritables complices des politiciens. Je ne dis pas que tous les médias font preuve d'une morale élastique, mais tous les médias sont fragilisés par ce phénomène, et leur crédibilité est continuellement remise en question au moindre doute. Quand nous ajoutons à cette équation l'arrivée d'Internet, alors la confusion est au paroxysme quant au rôle et au pouvoir des médias dans ce nouvel ordre basé sur la démocratisation des médias. Est-ce que le Web est devenu le cinquième pouvoir, ou a-t-il simplement redonné une voix au peuple en ramenant la véritable idée à l'origine du quatrième pouvoir?

Pour convaincre les gens des bienfaits d'une nouvelle idée, il faut aplanir les obstacles qui freinent son accessibilité. Internet a repoussé bien des limites depuis sa création, mais il a surtout redéfini la façon dont nous concevons le monde et la manière de faire des affaires. En se construisant sur la gratuité et l'anonymat, le Web a permis à une classe de citoyens considérés comme des parias par les uns et des génies par les autres de laisser aller leur imagination sans aucune contrainte, financière ou autre. Ils sont devenus les maîtres du monde et parmi eux, nous retrouvons les hommes les plus riches de la planète, dont la plupart ont lancé leur projet d'entreprise dans leur sous-sol ou leur garage. Le seul mot d'ordre pour ces génies : le chaos. Pas n'importe quel chaos, mais un chaos relativement organisé sur lequel ils pourraient avoir un certain contrôle – pour ne pas dire un contrôle certain – dans un tout nouveau monde. Ils ont si bien organisé ce nouvel ordre que nous en sommes devenus les esclaves volontaires qui continuent de mordre aux pièges de la gratuité du Web comme des poissons insatiables dans l'océan du Net. Un cercle vicieux voué pour bientôt à sa fin, au bénéfice des modèles payants ; et comme des poissons, nous serons pris dans le *net*.

Il n'est vraiment pas nécessaire de savoir compter pour comprendre que la gratuité a un coût. Les publicités ne peuvent pas assumer entièrement le développement du Web, même si certains y croient. Personnellement, je suis devenue au fil du temps une accro du Web, et la perspective de payer pour ce que je consomme gratuitement depuis des années me donne des frissons. Il faudra par contre que je décide, le jour venu. Il y a moult cris d'alarme depuis un certains temps. Les livres, les articles et les blogues sur l'avenir de la gratuité du Web et des modèles de technologies ouvertes (*open source*) prolifèrent. Certains n'hésitent pas à parler de la dérive d'Internet. Mais peu importe la vision des choses, nous serons tous d'accord pour dire que le point de non-retour est atteint, et je ne crois pas que nous puissions imaginer notre futur sans Internet. C'est la plus grande victoire des visionnaires de la première vague, ceux-là mêmes qui sirotent leur piña colada ou leur margarita sur les plages du monde entier en courant les soirées hommages. Ces nouveaux maîtres du monde s'impliquent dans la création de fondations et dans les activités caritatives tout en fuyant les paparazzi. Ils ont réinventé le capitalisme en faisant dominer le règne du pixel tout en menaçant la survie même de la ligne agate. Ils ont également donné naissance à un nouveau phénomène de mauvais garçons : les pirates informatiques, menace des temps modernes, auxquels ils prêtent le flanc d'ailleurs en favorisant les technologies fermées. En fait, les maîtres du monde nous laissent en héritage une toile qui a besoin d'un peu plus d'encadrement et de vision pour continuer à s'épanouir constructivement pour l'avenir.

À la fin, il y aura de la place pour les deux réalités – les pixels et les lignes agates – dans une complémentarité parfaite. D'ailleurs, Google tend maintenant la main aux médias en leur proposant de vendre leurs articles à l'unité, avec FastFlip. Encore faudra-t-il que les modèles d'affaires se raffinent et, surtout, qu'ils apprennent l'un de l'autre. À ce stade-ci, le consommateur et l'internaute ne font qu'un, et ils auront le pouvoir de décider ce qui leur convient. Continuer de les traiter comme deux races différentes, c'est manquer l'essentiel du phénomène. Il faut cependant rester conscient que les géants possèdent des ressources de plus en plus grandes pour nous soumettre à leur dépendance. J'ai réalisé récemment que j'étais une passionnée des logiciels Microsoft parce qu'en tant qu'étudiante je bénéficiais de logiciels gratuits, ou en version éducative, comme certains pirates informatiques aiment appeler leurs versions illégales. Savez-vous combien de temps il faut pour apprendre à utiliser un nouveau logiciel? Tout cela est bien calculé, croyez-moi! D'ailleurs, le piratage de copies de logiciels – ou les versions éducatives – a été toléré longtemps parce que plus il y a de gens qui utilisent un format de fichier, plus leur dépendance envers ledit logiciel croît. Avec le temps, les autres producteurs de logiciels doivent s'adapter, faute de pouvoir éclipser les formats dominants. Une fois les dépendances bien ancrées, les méthodes de sécurité se resserrent, rendant les copies ou les versions éducatives presque impossibles à faire. Voilà la recette toute simple pour bâtir un empire: avoir ce dont les gens ont besoin et avoir les moyens de le donner gratuitement pendant un certain temps. C'est comme si votre revendeur de drogues avait les moyens de vous donner votre dose quotidienne gratuitement pendant des semaines et qu'il cessait de le faire un bon matin, sans prévenir. Nul doute que vous trouveriez soit de l'argent pour continuer à payer votre dose, soit le courage d'arrêter; fiction ou réalité?

Vous voyez que la gratuité a ses travers et que la fin de ce modèle approche, du moins tel que nous l'avons connu. Le principe du Web a toujours reposé sur la capacité de créer une communauté d'utilisateurs, car à la fin, c'est la base de données qui a de la valeur. Pourquoi des technologies ou des concepts somme toute plutôt ordinaires, comme Skype ou YouTube, ont-ils été achetés à des prix si élevés: 2 000 millions de dollars et plus (il me semble que c'est plus impressionnant que 2 milliards)? La simple valeur de leur communauté d'internautes a permis aux actionnaires de soutirer des sommes époustouflantes, pour ne pas dire démentielles. Le principe des modèles d'affaires gratuits est donc réellement basé sur la valeur commerciale de votre adresse Internet et de votre paire d'yeux. La publicité est donc, encore une fois, la valeur sur laquelle on évalue le potentiel commercial. Parce que selon le modèle publicitaire, le nombre d'impressions, bonnes ou mauvaises, fait foi du calcul de la valeur d'un espace publicitaire. Il y a aussi les consultations publicitaires (*click through*), mais la valeur à la fin n'est qu'un nombre épuré d'internautes qui sont passés dans un entonnoir après avoir été comptés pour une première impression. En d'autres mots, il n'y a pas de *click through* s'il n'y pas d'abord une première impression. La logique veut donc que plus le nombre d'impressions est élevé au départ, meilleures sont les chances d'avoir des résultats intéressants avec les clics, qui représentent une forme de curiosité plus engagée dans la publicité. Les publicitaires préfèrent les clics et travaillent pour qu'une publicité soit cliquée le plus souvent possible.

Le Web n'ayant guère eu la possibilité de faire payer les internautes, il a fait du modèle publicitaire sa bouée de sauvetage. Nous ne constatons pas de véritable révolution en matière de modèle d'affaires, à l'exception du fait que l'interactivité et le modèle du marketing de permission ont pallié un peu la diminution des grandes cotes d'écoute et de la concentration publicitaire dans un espace-temps donné. En fait, ce qu'on perd en quantité, on le gagne en qualité. Les annonceurs ont été lents à comprendre, mais il ne fait plus de doute que le pari est gagné.

Dans un tel contexte, ne disons pas que le Web est gratuit – pas plus que la télé ne l'est –, car pour obtenir ce que l'on souhaite, il faut accepter de jouer le jeu et donner de son temps précieux dans la navigation ralentie par la publicité imposée soit de façon intrusive ou carrément inévitable dans la fenêtre. Le même principe que la télé avec ses publicités envahissantes, une espèce de lavage de cerveau inconscient mais volontaire. Il me semble que, avec autant de génies derrière l'évolution du Web, les modèles d'affaires n'ont guère fait preuve d'audace et d'originalité à ce jour. Il ne faut pas connaître la nature intrinsèque des internautes pour continuer à s'imaginer qu'ils accepteront volontairement d'être les otages de trappes publicitaires. Le taux de décrochage est très élevé et très rapide dans les sites Web, et je ne baserais pas ma fortune sur un pari contraire. D'ailleurs, les formats de pubs vidéo de 30 secondes imposés au début d'une vidéo en ligne sont maintenant proscrits. Parce que lorsque la mesure d'audience en ligne est faite selon les règles de l'art, il est clairement démontré que l'internaute ne se rend même pas au début du visionnement de la vidéo. Le format de pubs télé ne convient pas, et il faut produire des versions de 5 secondes pour éviter le décrochage. Le seul espoir que je vois dans le modèle publicitaire, c'est qu'au fur et à mesure que le Web se démocratisera la nature intrinsèque des internautes ressemblera de plus en plus à celle des *baby-boomers*, qui n'ont pas connu autre chose que ce modèle de publicités imposées dans tous leurs médias, gratuits ou non ; une trêve temporaire, s'il en est !

Le marketing de mesure ou de demi-mesure ?

Pour ajouter à la complexité de notre ère, nous n'avons jamais été aussi équipés en données de tout acabit. Avec les nouvelles technologies, les millions d'informations détenues par les entreprises sont devenues de véritables trésors pour celles-ci. Certaines ont su mieux faire que d'autres pour les exploiter, mais dans l'ensemble, tout le monde s'accordera pour dire que ce n'est pas par omission que nous avons péché sur ce plan, mais plutôt par ambition. Autant certains peuvent faire dire ce qu'ils veulent à des données, autant d'autres ne savent pas par quel bout prendre ces précieuses informations souvent décousues. D'autres accumulent des coupons de participation à un tirage dans des boîtes oubliées, et certains ne mettent pas l'énergie nécessaire pour garder leurs données à jour. Dans les pires cas, la duplication manuelle est monnaie courante, c'est-à-dire que les systèmes se multiplient pour entasser les informations dans des archives physiques et sur des disques durs. J'appelle cela porter des bretelles avec une ceinture. Essayez, seulement pour le plaisir, de jouer le jeu en prenant quinze minutes au maximum pour faire une liste d'invitations à un cocktail de bienvenue organisé à la dernière minute. Je vous parie que dans quinze heures, vous serez encore en train de suer pour ramasser les cartes de visite oubliées dans les tiroirs et que vous abandonnerez l'idée de valider les coordonnées défraîchies et incertaines.

Mon point est simple. Nous sommes continuellement en quête de nouveaux clients avec des stratégies percutantes et innovantes, mais nous ne savons pas comment entretenir nos propres sources d'informations. La mesure se transforme en démesure parce que la valorisation est donnée là où c'est visible. Si le marketeur investit dix mille dollars dans une campagne de sollicitation pour aller chercher de nouveaux clients, il sera fier de dire que ses 20 nouveaux clients lui ont coûté 500 $ chacun et qu'ils rapporteront 1000 $ chacun, soit un profit de 100 %. Mais que dira la direction si ces mêmes dix mille dollars – ou même la moitié – servent à payer un commis pour mettre à jour la base de données qui ne lui fournira que des clients potentiels qu'elle possédait déjà? Comment fera-t-elle pour évaluer que chaque rétention vaut plus de 500 $ quant aux gains? Ou que les bons résultats sont reliés directement à l'effort de mise à jour qui a permis de retenir un client? Ce n'est pas très gagnant pour une évaluation de rendement. Pourtant, il existe de nombreuses solutions intégrées qui permettraient de mieux gérer ce genre de situation inacceptable. L'évolution de vos stratégies marketing passe par un meilleur contrôle de vos bases de données: outillez-vous! Surtout, cultivez votre propre jardin avant de fertiliser ou de convoiter celui des autres.

Il faut sortir des sentiers battus, sur tous les plans, incluant la mesure. Nous devons maintenant réapprendre l'art de l'analyse globale en évitant de considérer les formes de mesures fournies grâce au Web comme isolées et décousues de l'ensemble. Certains diront, avec raison, que les données en provenance du Web, quoique abondantes, sont encore très brutes et difficiles à convertir en données utiles. Le « Web Analytic » est une mine d'or d'informations et un secteur qui évolue, mais il y a encore de la place pour élever la donnée au-delà du clic ou de la visite unique. Avec le véritable marketing interactif, nous voulons connaître chaque achat que le client a commencé et avorté, ou la vidéo qu'il a amorcée et terminée ; et la liste est aussi longue que les actions possibles. La chaîne d'interactions des internautes dans votre site Web est celle qui a le plus de valeur et celle qui est la plus difficile à reconstituer vu l'intervention de plusieurs bases de données et fournisseurs différents.

Sortir des médias traditionnels veut aussi dire sortir des données par échantillonnage. Cela signifie sortir des méthodes de coûts publicitaires traditionnels et comprendre que le nombre d'impressions et les fréquences d'exposition n'ont pas la même valeur quand nous sommes à un clic de la caisse enregistreuse plutôt que dans notre salon ou assis dans le métro à regarder une publicité hors contexte. S'il est vrai que dans le secteur du détail les méthodes marketing reliées aux derniers trois mètres de la caisse se raffinent et prouvent leur efficacité, c'est encore en mode exploratoire que la publicité axée sur les achats impulsifs fait ses preuves. Certains résultats en lien avec les publicités à proximité de la caisse, comme les billets de loterie ou des jus, démontrent toutefois une efficacité étonnante, et d'autres s'ajoutent régulièrement.

C'est dire qu'achat impulsif rime avec facilité et émotion spontanée. Le lien entre la caisse enregistreuse et la publicité a donc une corrélation qui prouve la force d'une stratégie en ligne permettant de couvrir tous les aspects du processus d'achat, incluant facilité et émotion spontanée. En cette nouvelle ère, il vaut mieux avoir 5 000 personnes qui cliquent sur votre offre dans le Net que 5 000 000 de personnes qui vous regardent à la télé. Évidemment, excluons les émissions de téléachat extrêmement coûteuses mais qui semblent fonctionner à merveille pour les achats impulsifs, facilités par des numéros sans frais et des offres limitées. Dans un tel contexte, 5 000 000 de téléspectateurs seraient une véritable panacée. Vu sous cet angle, vous comprendrez que l'interaction commence à prendre un tout autre sens, ainsi que les évaluations du pouvoir des médias, qui facilite l'achat impulsif.

Il faudra tout de même continuer à fournir des données convaincantes sur l'efficacité des publicités et autres tactiques sur le Web. Vous me direz que les meilleures données sont les résultats de ventes. Mais comment fait-on pour savoir que notre dernier forfait a fait fureur grâce au Web alors que nous saupoudrons le budget sur toutes les plateformes médias? Les données relatives au suivi de nos efforts sur le Web sont loin d'être un mystère résolu, il y a encore loin de la coupe aux lèvres. Par exemple, la révolution des réseaux sociaux, dont nous parlerons au prochain chapitre, ne pourra jamais se monnayer à sa juste valeur si l'offre publicitaire est évaluée exclusivement sur le nombre de visiteurs uniques, ou basée sur le potentiel de visiteurs estimés à partir du nombre d'abonnés du réseau social visé. Il y aura toujours une donnée manquante: le temps d'exposition.

C'est la même chose pour la publicité autour du cadre ou dans le cadre d'une vidéo. Vous conviendrez que la durée d'une annonce dans le haut de l'écran est plus longue en termes d'exposition qu'une publicité télé traditionnelle (possiblement zappée). Nous sommes face à un questionnement: comment se compare la valeur d'une paire d'yeux sur le Net et à la télé? Ou plutôt, la valeur d'une paire d'yeux avec un clavier et avec une télécommande? Certains groupes, comme l'IAB (Internet Advertising Bureau), travaillent fort pour valoriser la publicité dans le Web, mais leur combat n'est pas fini. Une chose est certaine, si la majorité des transactions commencent sur le Web, elles sont loin d'être la majorité à s'y terminer, et c'est pourtant là que réside la valeur. Je peux facilement imaginer un modèle publicitaire qui partage les risques, c'est-à-dire que le coût de l'espace publicitaire est en fonction du nombre d'achats effectués. Les agences ont résisté à un modèle basé sur l'efficacité des résultats, mais avec les outils disponibles, parions que l'avenir de la publicité en ligne est directement lié à son rendement. Dans un tel contexte, les agences de publicité seraient encore plus sélectives pour choisir leurs clients, car elles voudraient s'assurer que leurs stratégies ne risquent pas d'être sabotées par de mauvais produits et services ou par un mauvais service à la clientèle. Voilà une piste intéressante pour faire de la Présence un objectif collectif.

Il faut donc s'attendre à ce que le nouveau pacte avec les clients soit absolument un mélange de nouveaux et d'anciens médias, car les consommateurs sont et seront toujours partout. C'est la nécessité de se brancher aux clients qui sera fondamentale, quels que soient les moyens pour y parvenir ou quel que soit le choix de notre client. De toute évidence, la notion de connexion aux besoins de ses clients est la seule chose qui puisse avoir du sens à l'ère de la Présence.

Les éléments importants dans ce chapitre qui fait le point sur la panoplie d'outils technologiques au service de la Présence

- Il n'y a qu'une seule réalité, soit celle du client. Il faut donc faire des réalités virtuelle et traditionnelle une seule et même réalité. Il faut se connecter aux clients et apprendre la véritable signification du mot «branché».

- Servir à l'heure du numérique implique la notion du service, qui est aussi applicable à la capacité de notre quincaillerie et de notre architecture informatique de suivre le pas. Malheureusement, trop d'entreprises ont fait des choix non optimaux qui nuisent et freinent les bénéfices des investissements en matière de technologie.

- Les technologies audio et vidéo permettent les relations en temps réel et la création de relations empreintes d'émotions véritables. De nombreuses applications sont possibles, elles permettent de transformer vos sites Internet en véritables succursales de services.

- Les moteurs de recherche deviennent des outils incontournables pour assurer votre présence dans le Web. Il vaut mieux développer cette compétence pour ne pas disparaître de l'environnement de vos clients.

- Le Web s'est construit sur le principe de la gratuité, et nous reproduisons les mêmes modèles d'affaires qu'avec les médias traditionnels. Les internautes feront tôt ou tard des choix, et la publicité deviendra un jeu de chat et de souris. N'attendez pas qu'une technologie soit offerte «gratuitement» pour bloquer les publicités durant la navigation sur le Net. Surtout, n'allez pas croire que la gratuité offerte par les nouveaux maîtres du monde sera éternelle. Il faut devenir critique, et les internautes le deviennent.

- Les tactiques marketing mesurables ont tendance à trouver une oreille plus attentive. Cependant, il y a une obligation de faire des gestes moins éclatants certes, mais plus fondamentaux pour optimiser nos bases de données actuelles. Il faut apprendre l'art de l'exploitation de nos données internes.

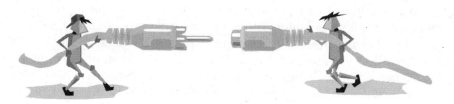

CHAPITRE 4

Au-delà du dialogue... de sourds !

Le miracle du Web 2.0, ou le danger?

Pour continuer dans la veine du défi de la rentabilisation et de l'optimisation du Web, disons que plusieurs entreprises ont observé le récent phénomène du Web 2.0 comme une panacée efficace pour faire du bruit médiatique à peu de frais. Le principe repose sur le fait que les communautés croissantes dans les Facebook ou les MySpace de ce monde représentent une terre fertile de consommateurs en puissance qui sont tous interconnectés et qui s'échangent continuellement des informations ou des impressions. Le stratagème est facile, et les proies peuvent sembler nombreuses. Certaines personnes – sous le couvert de l'anonymat, ou plutôt en usurpant leur identité – sont même payées pour participer à des groupes de discussion et influencer les participants quant à la valeur d'un nouveau produit ou service. La tactique est appelée en anglais *sock puppeting*, ou faux nez. Il y a pire: la tactique de l'*astro turfing*, que l'on peut traduire par «gazon artificiel», par opposition aux véritables vertus des réseaux baptisés en anglais le *grass rooting*, qui veut dire «gazon enraciné». La première est une manipulation orchestrée par des marketeurs et des communicateurs sans scrupule, et la deuxième est en fait lancée et soutenue par une véritable communauté engagée dans le sujet visé. Le Web 2.0 est donc relié à tout le phénomène de l'interactivité entre internautes principalement alimentée par les communautés en ligne. Il faut voir ce phénomène comme une première étape pour sortir le Web de sa croissance basée sur l'anonymat complet par l'affirmation d'un soi en mal de tribune et de visibilité. La génération des *wannabees* qui feraient n'importe quoi pour être remarqués.

Nul besoin d'être un grand génie pour comprendre que les tactiques malhonnêtes à saveur mercantile, comme l'*astro turfing*, finiront par détruire ou amenuiser la force de tels réseaux sociaux. D'ailleurs, la manipulation des consommateurs est malheureusement la trame de fond à peine voilée de plusieurs publicitaires opportunistes devant ce nouveau phénomène. Lancer des rumeurs pour faire fonctionner le marketing viral est une tactique désormais banale mais qui semble encore rapporter des fruits, à en juger par certaines histoires à succès. Les consommateurs branchés sont les seuls qui puissent donner vie aux rumeurs en relayant l'information. «Consommateurs» et «contaminateurs» sont désormais deux mots qui semblent bien aller ensemble dans l'esprit des tactiques de marketing viral. À force d'abuser de la confiance des gens, ceux-ci finiront par décrocher et perdre l'intérêt à jouer le jeu. Il faut donc voir aussi dans ce phénomène un retour du balancier, qui ne peut que revenir à un juste milieu à court terme.

L'épidémie des réseaux purement sociaux finit par atteindre même les plus récalcitrants, car il est de plus en plus difficile d'y résister, avec les demandes de part et d'autre d'un cousin, ou d'une tante trop heureuse de retrouver sa nièce préférée, ou d'un vieil ami perdu de vue depuis des années. Il faut avouer que c'est aussi un excellent moyen de garder ou de reprendre contact avec ceux qui ont marqué notre histoire de vie et en cela, je suis tout à fait optimiste pour l'avenir des réseaux sociaux. Par contre, les opportunistes qui prétendent être notre ami pour nourrir leur ego avec un grand nombre d'amis dans leur carnet d'adresses, personnes avec qui ils n'entretiennent aucun lien véritable autre que virtuel, ne sont guère de bon augure. Cela est identique à la bonne vieille tactique d'avant les réseaux sociaux qui consistait à se donner de l'importance avec les m'as-tu-vu ou les *names dropping*, et qui s'éloignait dangereusement de l'objectif de se rapprocher des gens.

Par contre, les réseaux sociaux axés sur les professionnels, tels que LinkedIn, sont extraordinaires lorsqu'on les utilise à bon escient et sans abuser de la générosité de ses contacts d'affaires. Malheureusement, certains y voient un système de développement d'affaires en ligne sur lequel ils capitalisent quotidiennement, un peu comme un système gratuit de banque de clients potentiels. À mon avis, tout comme les usurpateurs et les opportunistes, ces profiteurs de réseaux des autres (le système est basé sur l'interconnexion des réseaux personnels ; plus le vôtre est gros, plus vos contacts de premier degré en bénéficient) menacent l'enthousiasme des professionnels qui utilisent ces réseaux avec discernement. À l'autre spectre, plusieurs contacts d'affaires refusent de façon entêtée de joindre ces réseaux, sous prétexte qu'ils n'ont pas de temps. Ces professionnels très occupés ne ressentent pas le besoin de bâtir leurs réseaux professionnels parce qu'ils ne savent pas à quel point ils en auront besoin le jour où leur emploi sera supprimé ou quand ils seront à leur compte. Ce jour-là, il faut parier que les internautes branchés sur de gros réseaux seront convoités et que les nouveaux, sans réseaux, seront ignorés car sans aucune valeur. Ils seront perçus, à raison, comme des gens ayant peu à offrir en échange de gros carnets d'adresses.

Enfin, il ne faut pas cracher dans la soupe. Remarquez ici que Twitter n'est pas présenté en détail, car il mériterait un chapitre à lui seul. Je me contenterai de dire qu'avec le manque de temps qui semble caractériser le quotidien des professionnels, quoi de plus efficace qu'une approche en style télégraphique pour aller à l'essentiel et alerter les commères du village en un temps record ? Zéro effort. Ça, c'est merveilleux pour les nouvelles communications vitesse grand V ! Le plus fou, c'est que ce sont les internautes eux-mêmes qui ont changé la nature de l'outil Twitter ; mais qui s'en soucie si le résultat est positif pour ses créateurs ?

Alors, le Web 2.0 ne demeure encore qu'une étape dans le développement du Web. Une étape qui humanise la Toile en atténuant l'aspect purement virtuel et en agissant comme pont entre la réalité et le virtuel. Est-ce que les entreprises savent comment monnayer le succès dans cette vague d'interactivité ? La réponse est non, car peu d'entreprises dans ce créneau ont réellement réussi à générer des revenus. Mais les utilisations sont tellement nombreuses pour améliorer les rapports avec les employés, les clients et les fournisseurs que les entreprises chefs de file affirment vouloir continuer leurs investissements dans les blogues, les wikis, les services Web, la vidéo instantanée, le mobile, le *Peer-to-Peer*, les réseaux sociaux, etc., selon un sondage[9] sur le Web 2.0.

---

9. Sondage trimestriel Web 2.0, McKinsey, juillet 2008 – échantillon représentant l'Europe, l'Amérique du Nord, l'Inde, la Chine et l'Asie Pacifique.

Malgré l'incertitude de la mesure des RSI (retours sur investissement) de ces outils, et alors que nous pensons connaître tous les joueurs dans ce créneau, un nouveau naît à chaque détour. Tout le monde sait que l'avenir des réseaux sociaux ne passera certainement pas par l'imposition de frais aux utilisateurs. Alors, que peuvent bien espérer ces rêveurs du Web 2.0 qui lancent de nouveaux concepts continuellement? Ils espèrent simplement pouvoir créer des mégabases de données pour être absorbés par de plus gros joueurs. Par exemple, la nouvelle direction canadienne de MySpace (de passage à Montréal en juillet 2008) déclarait que sa stratégie, devant la croissance de la compétition et les défis liés à la création de revenus, était d'améliorer le dialogue entre les utilisateurs et les publicitaires tout en facilitant l'extension du média vers le mobile. Vous comprenez que ces mégasites détiennent déjà tout ce qu'il faut pour savoir l'heure à laquelle vous allez jouer avec vos amis, dans quel endroit vous sortez, ce que vous aimez; et la liste est aussi longue que votre propension à vous dévoiler dans ces réseaux sociaux. La valeur de la gratuité sera donc un échange contre votre capacité à dialoguer avec les publicitaires, volontairement ou involontairement, car ils n'attendent que de croustillants détails sur votre vie privée. À bas la censure, et allez-y sans retenue pour l'amour de la gratuité!

Les nouveaux rapports de force

Dans le dernier chapitre, les nouvelles tendances en technologies Internet ont été présentées pour démêler un peu l'envergure des possibilités et, surtout, pour comprendre le langage qui définit cet univers. Évidemment, les acronymes, synonymes et nouveaux termes sont notre lot quotidien, et suivre l'évolution de cette industrie est en soi un défi dont les analystes et experts font une profession. Ce qui a comme conséquence de creuser l'écart entre les néophytes et les *geeks*, comme on appelle les mordus et les férus de l'Internet et des nouvelles technologies. En fait, la situation est un peu plus nuancée, car entre les apprentis et les passionnés, il y a le cœur d'Internet: les simples usagers.

Comme le Net se démocratise et qu'une génération entière est née avec ces bidules électroniques et informatiques entre les mains, pour la génération V (virtuelle et verte) Internet n'est rien de plus – ou de moins – qu'une vaste bibliothèque virtuelle et des centres communautaires tout aussi virtuels et illimités que le reste. Un mode de vie que cette génération ne voudrait abandonner pour rien au monde. Même l'usage de leurs mains est modélisé par le clavier et les boutons sur les manettes de jeu. Ainsi, leurs pouces servent plus que leurs index, et il suffit de les voir dans l'action pour le comprendre. Faites le test avec un jeune et demandez-lui de sonner à la porte : il y a neuf chances sur dix qu'il le fasse avec son pouce, comparativement à un adulte qui le fera systématiquement avec son index.

À ses débuts, comme il a été mentionné auparavant, le Web s'est construit sur le principe de l'anonymat. Mais aujourd'hui, tout le monde veut exister et ouvrir sa porte sur le monde. La célèbre phrase de Descartes « Je pense donc je suis » pourrait être remplacée par « Je *chatte* donc je suis ! ». Alors, sans être des férus du Web, les jeunes ont la capacité de dicter la réussite ou l'échec de toute nouvelle initiative concernant le Web. En fait, mine de rien, ils sont devenus les thermomètres du Web, et ce titre leur donne beaucoup de pouvoir. À commencer par leurs parents, qui sont en général encore plus ignorants qu'eux à ce sujet. En savoir plus que ses parents est plutôt un avantage dans certains cas. Alors, cette génération, qui n'a jamais eu de limites sauf celle de la vitesse Internet, exerce un rapport de force presque malsain avec l'autorité.

Leur vision de la vie, quoique très optimiste à bien des égards, demeure toutefois très vindicative sur moult sujets. Qui pourrait les blâmer ? Ils ont appris tout jeunes que leur voix pouvait être entendue bien au-delà des murs de leurs foyers familiaux (je mets le tout au pluriel, car malheureusement peu d'entre eux possèdent un seul foyer) et qu'avec des outils accessibles ils pouvaient créer ou changer le cours des choses en moins de temps qu'il n'en faut pour le dire. L'ère des révolutions, pancartes à la main, est plutôt anecdotique, et les vraies révolutions, ce sont les internautes qui les font – un message texte ou une vidéo à la fois – dans leurs communautés. Ils tissent une véritable toile d' *e-motions*.

Dans cette ère de valorisation par le média et avec de nombreux jeunes millionnaires qui ont réussi avec des projets dans le Web, les modèles de réussite des jeunes d'aujourd'hui ont changé. Ils ressemblent plus à de petits génies, blancs comme neige (à force de rester au sous-sol) et aux muscles flasques (sauf pour les pouces) qu'à des gueules de jeune premier gonflé aux stéroïdes. Il y en a certes pour tous les goûts, mais avouons que c'est la revanche des *nerds*. Je suis certaine que Bill Gates avait très peu de succès avec les filles lorsqu'il était au milieu de son garage, occupé à révolutionner le monde. Aujourd'hui, la situation est sûrement différente, et les gardes du corps doivent travailler très fort pour les éloigner. C'est même ce phénomène de *nerds* en mal de copines qui a donné naissance à Facebook. D'ailleurs, dans un sondage publié dans un magazine d'affaires québécois, les dix jeunes leaders interrogés sur leur idole ont tous mentionné un de ces trois noms : Bill Gates, Richard Branson et Steve Jobs. Curieux, non ? Je pense que le fait d'être millionnaire n'est plus assez, il faut être milliardaire pour faire sourciller les ambitieux de ce monde. Mais face à ces constats, un fait demeure irréfutable : les jeunes puisent la majorité de leurs références dans le Web et les nouveaux maîtres du temple peuvent donc les influencer mieux que quiconque en se basant sur la théorie que tout ce qui vient du Web est forcément bon... selon eux.

Les jeunes et l'univers des *e-motions* !

Devant le phénomène croissant des nouveaux modes de vie en réseaux sociaux, en plus de la fluidité des communications que le mobile ajoute à la dimension du sans-fil, Internet est devenu le nouveau baromètre existentiel. Analysons cette affirmation plus en détail. Aujourd'hui, un jeune a un minimum de deux identités : un surnom virtuel et son nom véritable. Même si la première change souvent au gré de la croissance et de l'humeur, elle est toutefois révélatrice de l'état d'esprit du jeune. Ainsi, vous pourriez à la limite converser dans un forum avec votre propre fils et ne pas le savoir. Un pouvoir séduisant pour les jeunes qui souhaitent se faire passer pour des adultes. L'inverse est de plus en plus vrai. Or, cet avantage de l'anonymat est plutôt en perdition, car avec la venue des Facebook, MySpace et Twitter de ce monde (réseaux sociaux), les outils du Web 2.0 ont plutôt tendance à créer des vitrines virtuelles où les jeunes aiment en dévoiler beaucoup plus que pas assez. En fait, la définition même du Web 2.0 implique que l'internaute devienne l'acteur, en contribuant à la création des contenus. En prime, vous avez un public avec lequel vous pouvez interagir, tel que le ferait votre idole avec son *fan club*. Uniquement dans la planète Facebook, il y a plus de 350 millions de personnes avec qui vous pouvez échanger. Au moment où j'écrivais ce livre, Facebook était devenu l'équivalent du cinquième pays au monde en nombre d'habitants. Une révolution qui donne un nouveau visage au Web, ou simplement un visage – pour ne pas dire un méga-album de visages.

Ce rôle, les jeunes l'ont compris mieux que la majorité des gens, et la poussée d'adrénaline provoquée par le fait de faire ou de dire n'importe quoi pour un public qui peut nous critiquer a un effet enivrant. Il suffit de voir jusqu'où de petites filles sont prêtes à aller dans ces réseaux sous le couvert d'un rôle. Elles deviennent de jeunes filles aux mœurs légères ou simplement aux critères de pudeur élastique, et elles n'hésitent pas à montrer leurs atouts de manière assez évidente uniquement pour augmenter la liste de leurs contacts et améliorer leurs chances de trouver le prochain rencart virtuel avant de passer aux choses sérieuses. Elles veulent exister et se sentir désirées. De quoi provoquer une crise de cœur chez les parents un peu naïfs qui croyaient que la maison était un terrain bien gardé et protégé. Le succès social est un critère qui se mesure donc à la quantité d'amis dans les carnets d'adresses virtuels et au nombre de messages mobiles ou de messageries instantanées reçus. Si ce nombre est inférieur à la moyenne, ou en baisse, aussi bien dire qu'on est impopulaire ou, pire, simplement sans importance. Pour de nombreux jeunes, cette situation est moins fréquente qu'avant l'arrivée d'Internet, car il y a des solutions à la solitude avec la connexion Internet. Par contre, le défi est toujours le même pour garder les jeunes sur les rails : construire leur estime de soi avec ou sans outils technologiques. Les outils technologiques ne semblent pas un antidote au décrochage scolaire, selon les derniers sondages. Encore moins aux abus et au harcèlement, à en juger par des phénomènes tels que les sextos[10].

Alors, pour un jeune internaute qui choisit de vivre une véritable double vie dans Second Life, en rêvant d'acquérir des terrains, d'acheter des condos ou tout autre avoir virtuel, ou qui s'invente un personnage dans un jeu en ligne, la notion de crise existentielle n'existe plus de la manière que nous l'avons connue. Ces crises existentielles trouvent maintenant un terrain pour s'exprimer. Le jeune peut s'inventer une vie dans un monde aux frontières du réel, et pendant ce temps, il oublie où il demeure, que ses carences affectives lui font mal et que la vraie vie existe ailleurs que devant son écran. Encore mieux, lorsque dans nos carnets d'adresses la liste d'amis virtuels est longue, il est plus facile de faire semblant que la solitude ne nous pèse pas, et ce, malgré le fait que nous sommes seuls à la maison. Une drogue en apparence inoffensive.

Cela explique en partie pourquoi la téléréalité est un phénomène qui ne s'atténue pas rapidement, car le rêve d'être vu et entendu par un public est partagé par beaucoup de jeunes. Alors, faute d'avoir un talent particulier et de pouvoir participer à ces mégaproductions, les jeunes s'inventent des vitrines pour exister et crier haut et fort tout ce qui leur passe par la tête ou par le clavier. La soif d'être reconnu peut être assouvie par des oreilles et des yeux objectifs et non menaçants qui nous écouteront peu importe notre rang social, notre couleur ou notre âge. Les communautés virtuelles sont donc devenues des lieux d'expression où le lien avec le reste de la planète nous fait oublier que nous n'avons pas de lien avec notre famille et nos voisins. Les technologies audio et vidéo ont poussé d'un gros cran la satisfaction de ce besoin en permettant à tout le monde de devenir des réalisateurs,

---

10. Voir mon blogue : *Sexto ou sexe trop tôt !* – http://sylviebedard.net.

des éditorialistes, des journalistes, des vedettes, ou même des stars du porno sur le Web. Il n'y a qu'à comprendre la frénésie des *lipdubs* et des *flashmobs*[11] pour comprendre ce besoin de s'exprimer, et particulièrement en groupe. En vérité, c'est de l'émotion à l'état pur et de la création en mode continu. C'est ce qu'on appelle l'univers des *e-motions* parce que l'environnement dit électronique – soit le *e* – mélangé avec les émotions donne un nouvel univers qui est à la base de la véritable révolution Internet. D'ailleurs, la prochaine vague du Web 3.0 est déjà baptisée *Real World Web* pour dire que le monde virtuel deviendra une réalité intégrée à notre quotidien. Ce livre est peut-être uniquement un avant-goût du Web 3.0, finalement. Le prochain sera peut-être écrit par un cyborg, un humain amélioré de capacités technologiques.

Il est malaisé d'imaginer des limites aux applications issues des technologies, et il est bien difficile de croire que le phénomène ira en s'atténuant. La génération V, C, ou génération Nintendo et Xbox, trouve des emplois à la pelle pour tester des jeux vidéo et apporter son expérience aux compagnies s'étant donné comme mission d'amener les jeunes – ou de les garder – dans le nirvana de la léthargie. Pour un maniaque du jeu vidéo, sa dépendance est aussi grave que celle d'un drogué ou d'un alcoolique. Demandez à ceux qui découvrent la piqûre du jeu, et avec un peu d'honnêteté, ils vous diront à quelle heure ils vont au lit avec ce bidule dans leur vie. Ces échappatoires sont simplement des placebos du bonheur qui cachent un mal-être plus grand. Une dépendance facile à acquérir et dont il est difficile de se départir.

La plupart des parents tolèrent, consciemment ou inconsciemment, la dépendance au jeu vidéo et à Internet, car ils sont convaincus que voir les enfants dans le périmètre de la maison est plus rassurant que de les voir traîner dans la rue. Si nous nous en tenons à la Présence physique, ils ont raison. Par contre, leur absence mentale est bien plus inquiétante. Il faut avoir joint un réseau en ligne ou jouer en ligne pour savoir que l'obsession qui s'ensuit arrive vite. L'idée seule de lire les courriels des futurs prétendants et de clavarder avec un amoureux potentiel occupe notre esprit toute la journée. Dans le cas du jeu, c'est la réflexion sur la prochaine tactique et sur le truc qui nous fera passer au prochain tableau. Les accros ont tous en commun le désir de retrouver le plus vite possible le confort de la maison devant leur écran branché sur le monde. Le problème est que certaines personnes plus impatientes et plus accros le font même sur les lieux de travail. Ainsi, participer aux tâches de la maisonnée devient une corvée, et

---

11. Voir mon blogue: *Flashmob version moderne!* – http://sylviebedard.net.

même la participation aux activités sociales de l'entreprise devient ennuyante, car les temps libres sont réservés à des activités dites branchées. Surtout, mettre le nez dehors devient une activité assommante comparativement au plaisir d'exister en héros dans un univers parallèle ou en macho sur une ligne érotique. Une récente étude américaine a révélé que la moyenne des notes a baissé de 10 % en une décennie au niveau universitaire, et cela est attribué au phénomène des réseaux sociaux. Les jeunes passent en moyenne cinq heures par semaine à clavarder en ligne avec des amis et à faire d'autres activités connexes. C'est uniquement une moyenne, ne l'oubliez pas.

Ces jeunes arrivent dans le bassin des employés qui souvent commencent leur carrière dans un rôle en lien avec le service à la clientèle. Avec cette compréhension de ces «nouveaux» jeunes, il apparaît évident que leurs talents sont bien différents de ceux des générations avant eux. Il faut apprendre à les stimuler de manière créative, car la Présence en entreprise ne pourra pas s'améliorer sans leur contribution. D'autant plus que ces jeunes s'identifient davantage à des images qu'à des modèles. Ce manque criant de modèles pour les jeunes est une occasion pour le rôle social que les entreprises peuvent jouer. Un cri d'alarme pour une société qui valorise l'image qui n'a d'effet que sur le paraître par opposition au savoir-être que le modèle permet de construire. La Présence ne pourra pas devenir un état d'être naturel sans le savoir-être de notre relève.

Clics et cliques : une histoire qui se répète !

Il est difficile de ne pas sourire à l'idée que l'être humain a l'incroyable capacité de réécrire toujours la même histoire. Il a une propension naturelle à chercher le confort et la sécurité et à oublier les leçons de l'histoire. Il revient donc toujours aux sources, bien souvent malgré lui. Même ceux que nous considérons comme plus innovateurs ont tendance à simplement combiner des recettes connues pour en faire de nouvelles. D'ailleurs, «La petite histoire du marketing insipide», à l'annexe 1, est une démonstration éloquente de ce phénomène. Il n'est donc pas étonnant de constater que le comportement de l'internaute est identique au comportement social que nos ancêtres ont adopté pendant des siècles, bien avant la découverte du téléphone, de l'électricité et de tous ces symboles de la virtualité moderne. Ces comportements sociaux étaient fortement teintés de religion, selon les époques, des us et coutumes à saveur locale et aussi du pouvoir en place. Chaque être humain a besoin de nourrir son sentiment d'appartenance, et il a toujours su s'organiser pour choisir son clan, ouvertement ou secrètement. D'ailleurs, Seth Godin a été plus loin dans cette affirmation en écrivant son livre *Tribus*. Donc, la notion de communauté n'est pas née d'hier, et ce n'est pas le Web 2.0 qui a inventé le besoin pour l'humain de communiquer et d'échanger : c'est plutôt l'inverse. Avec les moyens technologiques, nous avons simplement remplacé le perron de l'église du dimanche ou la salle paroissiale et le bingo par des communautés internationales et illimitées qui partagent des intérêts en commun avec nous.

Nous avons continué de subir l'influence de nos semblables, sauf que tout cela ne se fait plus dans la proximité physique, mais à distance d'un clic. Alors que nous avions une idée relativement floue des degrés de séparation entre chacun de nous et les autres, à l'époque où nous pouvions mettre un visage sur nos relations, aujourd'hui il suffit de cliquer sur un onglet pour savoir si notre ami un tel connaît mon amie une telle. En prime, nous découvrons des informations supplémentaires sur des liens que nous ne soupçonnions pas. La commère de l'endroit est au chômage dans plusieurs villages branchés, et les derniers spécimens sont en voie de disparition. Elles sont remplacées par les connecteurs du Web, vous savez ceux qui vous envoient par courriel de l'information véridique ou non validée en quantité industrielle, question de donner un sens à leur existence morne.

C'est cette désincarnation de notre environnement physique immédiat qui soulève les peurs les plus grandes. Il est inquiétant de penser que nous ne connaissons pas le nom de notre voisin immédiat, mais que nous croyons connaître de purs étrangers que nous ne rencontrerons probablement jamais. Nous sommes comme l'explorateur qui jadis partait à la découverte de nouveaux pays et qui revenait avec des trésors et des souvenirs à raconter. Pour illustrer l'opposé de la Présence de façon un peu caricaturale, disons que si tout le monde va en exploration en même temps, le village demeure pour ainsi dire sans vie, malgré notre présence physique.

Malgré tout, c'est très rassurant, car cela prouve qu'un internaute n'est qu'un humain ayant des besoins à combler. Que ce soit la recherche de l'affection, de l'admiration, de l'adrénaline, ou peu importe, l'internaute sait que quelqu'un quelque part le comprend et peut l'aider à combler son vide spirituel, car bien des âmes se sentent égarées. Les sectes et les religions en profitent largement et se mettent à l'heure d'Internet, avec raison. Ainsi, la chaire du curé devient un écran de webdiffusion, et les fidèles des internautes branchés et pieux. Il faut bien atteindre nos fidèles là où ils sont, après tout. Bon, j'en entends déjà certains protester. Mais sachez qu'aux États-Unis moult religions ont emboîté le pas des nouvelles technologies, et il n'y a pas à douter que c'est une stratégie extrêmement pertinente pour rattraper les retards dans la pratique religieuse. Un croyant a une détermination bien supérieure pour vaincre les obstacles à sa foi. C'est comme un chemin de croix virtuel. Il y a même des émissions basées sur la foi qui offrent leur contenu sur Internet. Rien n'échappe au pouvoir de la Présence. Comme la nature a horreur du vide, elle tend à le combler. Aussi bien combler les vides spirituels par autre chose que du consommateurisme ou de la boulimie virtuelle, diront certains. Nous commençons même à voir des funérailles et des mariages en direct sur le Net, pour les amis et parents incapables d'être là physiquement.

Pensez-y, et vous serez d'accord pour dire que les motivations et les quêtes humaines n'ont pas changé, ce sont simplement les moyens qui évoluent. Comme ces moyens sont plus accessibles et démocratisés, le pouvoir change de mains. Encore une fois, rien ne se perd et rien ne se crée, tout se transforme. Tout cela ne demande qu'à être observé avec un regard nouveau, car le monde a toujours fonctionné autour des cliques, finalement.

Capital participatif ou le vrai marketing relationnel?

Pourquoi alors la majorité des entreprises ont-elles autant de difficulté à emboîter le pas dans l'univers des *e-motions*? Caprice, humeur du moment, idées dépassées ou incapacité à comprendre, peu importe, le déclic ne se fait pas de façon égale. Plusieurs sont complètement dépassées par ce phénomène d'humains qui interagissent sur le Web. Pourtant, elles jurent devant leur conseil d'administration ou de direction qu'elles ont la situation bien en main. Qu'elles savent quoi faire et comment le faire. Elles se tournent vers des spécialistes de la communication tout aussi ringards qui, au mieux, vont tester de nouvelles stratégies ou tactiques sur leur compte. La vérité, c'est que les marketeurs sont quelque peu confus au sujet de la véritable définition du marketing relationnel. La tendance est clairement à l'utilisation erronée de cette occasion par les marketeurs. Ils galvaudent le marketing «1 à 1», ou de personne à personne (*peer-to-peer*, ou P2P). C'est le marketing intuitif qui se répète et pire, le marketing insipide.

Le marketing relationnel implique une relation. Une relation existe quand deux parties échangent l'une avec l'autre, il y a alors de l'interactivité. Or, dans les services de marketing relationnel, nous retrouvons tous les spécialistes de la base de données qui servent à traduire les demandes de listes clients pour la promotion X, Y ou Z. Le client ne demande jamais rien, ou presque, en matière de sollicitation. Si cela se trouve, pendant que vous réfléchissez à la manière de le solliciter, il est au téléphone en train de s'égosiller à demander une correction ou un service non rendu au centre de contacts clients. Selon ma compréhension du mot «relationnel», c'est plutôt du marketing unidirectionnel qui se pratique dans les entreprises. Malgré leurs efforts pour faire l'adéquation des segments en regroupements significatifs, nous sommes très loin du concept relationnel. Le plan d'action des responsables de la sollicitation, c'est de suivre l'évolution des besoins du client selon un cheminement prévisible établi en accord avec des paramètres mesurés parmi les clients qui ont acheté. Ensuite, ils proposent une offre irrésistible qui arrivera au moment précis du besoin qu'ils ont anticipé afin de le garder dans l'actif client. Et si les marketeurs commençaient à faire du vrai marketing relationnel? Dans le genre: je veux vraiment te connaître et engager le dialogue de façon soutenue avec toi et, surtout, être présent pour toi lorsque tu en as besoin! Pour plusieurs, nous parlons ici de marketing interactif, mais soyons sérieux, ce n'est qu'un mot de plus qui prouve que nous avons manqué l'occasion de faire du véritable marketing relationnel lorsque le concept est né.

Prenons le cas des stratégies Internet. Les plus innovateurs commencent par choisir l'agence qui a décroché les derniers prix d'innovation ou la meilleure stratégie Web pour se décider à foncer tête première dans ce nouvel océan d'occasions. Après tout, la tendance est d'être *cool*, et un prix doit bien signifier quelque chose. Mais les nouvelles technologies exigent des stratégies qui ne sont pas uniquement une extension des médias traditionnels. C'est un peu comme si l'on essayait de paraître calme et détendu avec une cravate serrée au cou. Vous conviendrez que ce n'est guère l'image idéale de l'attitude *cool*. Avec Internet et le phénomène des réseaux sociaux, c'est comme si tout le monde faisait partie d'un grand *party*. Cependant, il faudra toujours vous rappeler que si vous êtes le conquérant, vous ne serez jamais sûr de vos conquêtes tant qu'elles n'auront pas engagé avec vous un échange d'informations vérifiables, volontairement surtout. En d'autres termes, s'engager sur le terrain des réseaux sociaux sans véritable intention d'engager le dialogue, c'est la même chose que de jouer au parent *cool* qui veut seulement mieux connaître les fréquentations de son adolescent. Tout est dans l'intention. Qui veut d'un parent dans un *party* ou d'un marketeur dans une salle de clavardage? Voulez-vous établir un dialogue de sourds, ou voulez-vous engager une véritable relation?

La vraie dimension du marketing interactif réside dans la capacité de transformer les consommateurs en consomacteurs en les amenant à participer à l'expérience de service. Les réseaux sociaux déjà créés ne sont ni plus ni moins que des groupes de consommateurs potentiels ou déjà clients constitués sur des bases purement sociales (famille, amis, groupe de travail, passe-temps, etc.), et dont les entre-prises souhaitent solliciter l'attention, mais à titre d'intrus. L'occa-sion réside beaucoup plus dans le fait de créer ses propres réseaux afin de construire, sur la base d'une relation consentante, des bassins de clients ou de clients potentiels qui nous auront choisis de manière volontaire pour participer à notre succès. Ainsi, il devient très avanta-geux d'utiliser les technologies de réseaux sociaux pour la recherche, afin d'écouter les besoins des clients ; en marketing relationnel, pour échanger avec nos clients actuels et potentiels ; en vente, pour moti-ver nos meilleurs clients à parler de nous et à agir en tant que connec-teurs ; pour le service à la clientèle, dans le but de soutenir nos clients ; et finalement pour le développement et la recherche, afin de mettre à contribution les clients les plus précieux de l'entreprise, c'est-à-dire ceux qui ont à cœur l'avancement des produits ou des ser-vices qu'ils utilisent. Il suffit de comprendre le processus d'achat pour bien intégrer tous les moyens disponibles de la manière la plus effi-cace. Lorsqu'un client potentiel devient un client, c'est bien ; mais lorsqu'un client devient un capital participatif, c'est mieux. En parti-cipant, il sert tous les intérêts de l'entreprise, et ce, volontairement et passionnément (voir les figures 2 et 3).

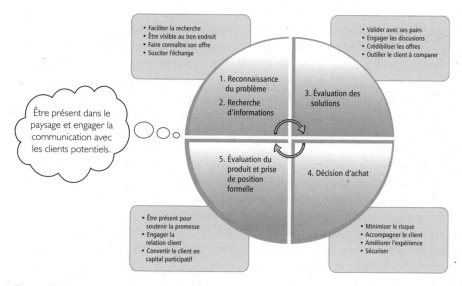

Figure 2 Processus d'achat et capital participatif

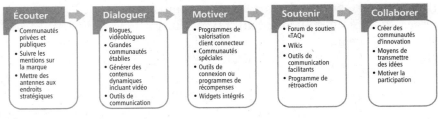

Figure 3 Utilité des réseaux sociaux

À l'heure de la publicité de bouche à oreille (que les Américains ont baptisée le WOM, le *word-of-mouth*, ou le *buzz marketing*) et de la gestion de la réputation, plusieurs spécialistes des relations publiques y voient une nouvelle panacée pour les aider à faire du bruit médiatique, et enfin maîtriser et contrôler un média sans l'intervention ou la bénédiction d'un journaliste. S'ils ont raison concernant l'efficacité des nouvelles technologies pour produire du bruit médiatique, cela soulève plusieurs questions fondamentales. D'abord, parmi les cabinets de relations publiques, les plus grands semblent s'orienter vers une stratégie d'acquisition de boîtes de marketing interactives afin de répondre à la demande de leurs clients. Nous voyons ici que tout cela est réactif et en réponse aux demandes des clients qui ne savent plus qui maîtrise le mieux ces nouveaux outils parmi les fournisseurs de communications et de marketing. Cette stratégie d'acquisition d'expertise technologique est un peu comme acheter un fournisseur de mobilité pour faire une stratégie virale par le téléphone cellulaire. Certes, ils vont chercher l'expertise pour mieux contrôler les outils, mais où exactement tirons-nous la ligne dans l'éternelle guerre entre le marketing et les relations publiques, d'une part, et les technocrates, d'autre part? Si les relations publiques veulent prendre le contrôle du média Internet et que le marketing stratégique ne se fait pas de manière intégrée dans l'entreprise, c'est exactement comme mettre des cellules de la bactérie *C. difficile* dans les mains du chirurgien en pleine opération. Je veux bien donner de la crédibilité aux professionnels des relations publiques, mais la puissance de ces outils doit être plus que jamais coordonnée avec toutes les stratégies de l'entreprise, et les tentatives exploratoires sont de moins en moins justifiables sans un immense contrôle de cet univers de l'anticontrôle. C'est très préoccupant quand tout le monde veut sa part de gloire avant le bonheur du client. C'est l'antithèse de la Présence. Surtout quand on réalise que les clients deviendront des courroies de transmission si et seulement si les offres et les nouvelles méritent d'être colportées à leur entourage. Ce n'est pas parce que nous avons les moyens de transmettre une nouvelle que nous avons nécessairement envie de le faire. Il faudra bien des stratèges marketing pour élaborer le contenu avant que les relationnistes aient quelque chose de pertinent et de cohérent à diffuser.

C'est l'image de la queue qui brasse le chien qui illustre le mieux cette guerre de territoire. Faire des relations publiques n'a jamais été synonyme de relations avec la clientèle. Cela a toujours été perçu, à tort ou à raison, comme la manipulation des médias pour projeter l'image du bon citoyen corporatif ou pour faire de la gestion de crise en cas de menace à la réputation de l'entreprise. Si les réseaux sociaux procurent une nouvelle arme pour manipuler et gérer la réputation, ce n'est pas souhaitable de laisser ces précieux outils dans les mains des spécialistes de l'image et de la réputation. Nous risquons simplement d'amener les internautes à nous tourner le dos et de les rendre méfiants à l'égard de toute tentative de rapprochement. Les relations publiques ont toujours été des filtres entre les relations de tous les publics confondus. Des personnes chargées de contrôler le message selon les oreilles qui entendront ou les yeux qui regarderont. Les règles du jeu changent, et il faut réagir. Tout comme les intermédiaires s'éliminent avec la technologie, le rôle de filtre n'est plus d'actualité dans l'univers des communications.

Bien que les entreprises aient compris que le monde évolue maintenant dans le Web, elles ne savent toujours pas comment profiter du capital participatif. Certaines, par contre, ont compris que la confiance des internautes pouvait transformer les rapports avec leur entreprise. Nous avons vu apparaître vers la fin de la décennie un phénomène nouveau directement en lien avec le pouvoir des réseaux: le sport participatif. En février 2008, en Angleterre, le Ebbsfleet United, une équipe de football moribonde à cette époque, a été acheté par des membres, faute d'acheteurs privés, pour un montant de six cent mille livres. À partir de ce moment, c'étaient les 30 000 membres qui votaient sur les propositions de l'entraîneur, qui suivait la ligne directrice telle que votée. Trois mois plus tard, l'équipe gagnait le trophée tant convoité depuis 1890. Le stade est maintenant rempli à craquer, et les trente mille propriétaires et entraîneurs se font une joie de découvrir dans la frénésie les résultats de leurs votes collectifs. C'est souvent lors de crises ou en raison de faibles moyens financiers que les meilleures pratiques en ligne émergent. Gros moyens et grandes stratégies ne semblent plus être une équation qui tient la route. C'est cela qui dérange le plus, finalement.

L'industrie de la musique est un autre bon exemple pour sa réaction au phénomène du capital participatif. Pendant que tout le monde soulevait la menace des nouveaux médias pour les droits d'auteur, une incroyable réaction créatrice se dessinait dans les coulisses. Les jeunes et les plus innovateurs commençaient à tirer avantage de ce chaos. Une nouvelle réalité a pavé la voie à la redéfinition des modèles d'affaires. Le piratage, c'est finalement un problème d'acquis pour les plus gros. Mais dans les faits, plusieurs groupes musicaux n'ont même plus de gérant. Ils produisent eux-mêmes leurs albums et distribuent gratuitement des fichiers audio pour répandre leur musique sur le Net. Ils développent leur propre stratégie marketing, incluant leurs relations publiques, et profitent de leurs *fans* pour vendre des produits dérivés et créer avec eux de véritables relations privilégiées dans les salons de clavardage privés ou les accès privilégiés en forum de discussion. Les sources de revenus sont donc les spectacles et les produits dérivés, et la chanson, le ciment ou la courroie de transmission de l'adoration des admirateurs. Dans ce modèle, les musiciens veulent que leurs chansons soient copiées et entendues; de toute façon, elles ne sont pas distribuées autrement que sur MP3 ou iTunes. Avec la fin de la culture commune et la naissance de l'hypersegmentation des créneaux de consommateurs de culture, les maisons de disques se battent maintenant pour que leurs chansons soient sélectionnées comme chanson thème dans un film ou, à tout le moins, dans l'album musical dudit film. Cela confère un pouvoir incroyable aux grands studios cinématographiques, qui savent que le succès est immédiat pour une chanson thème appréciée, mais qui savent aussi que le film pourrait souffrir du contraire, le but étant d'avoir plus de tribunes pour que les créations musicales soient entendues. Une nouvelle façon de faire de la promotion virale.

Des PME sont créées ainsi tous les jours grâce au pouvoir du Web, et c'est le phénomène qui dérange le plus les entreprises traditionnelles. La facilité déconcertante pour un jeune de faire ce qui apparaît comme une montagne pour les dinosaures. Les entreprises ont encore bien des croûtes à manger pour emboîter le pas, mais la bonne nouvelle, c'est qu'à force de comprendre que les absents ont toujours tort elles finiront par être présentes et exister dans le cœur et l'univers de leurs clients actuels ou potentiels. Après tout, si un jeune de 15 ans peut se faire passer pour un adulte de 25 ans et changer son nom selon son humeur, une entreprise ringarde peut bien se faire passer pour une entreprise *hip* qui a ce qu'il faut pour satisfaire sa cliente et lui faire dire de nombreux «Wow». La beauté d'Internet, c'est que tout est possible, et ce, dans tous les sens. Mais encore là, il faut savoir à qui nous voulons plaire pour comprendre son univers d'*e-motions*, mais surtout bien saisir les objectifs que nous voulons atteindre afin d'utiliser le meilleur moyen pour y arriver.

Réseaux sociaux: phénomène passager ou révolution durable?

Nous pouvons nous poser une question très pertinente concernant le phénomène des réseaux sociaux: phénomène passager ou révolution durable? Cette même question peut aussi être abordée concernant l'avenir du Web. Je parierais sur une révolution durable sur toute la ligne et sur toutes les lignes. Certes, nous adapterons nos outils de travail pour alléger la quincaillerie nécessaire; tout cela est d'ailleurs déjà bien commencé avec les ordinateurs de poche PDA et les téléphones intelligents. Mais nous transformerons aussi nos manières d'entretenir des relations. Je regarde mon propre comportement, depuis quelques années, et je constate que je perds contact avec ceux qui n'ont pas accès au monde virtuel. Je suis plus que jamais sensible à l'autre, mais je communique plus rapidement et plus fréquemment avec ceux qui peuvent envoyer un courriel ou un message instantané. C'est quand même fou quand on observe l'image un instant. Il est plus rapide de clavarder que de prendre le téléphone pour parler. J'imagine que l'aspect de la discrétion est un des avantages indéniables du clavardage. Pas besoin d'être dans un endroit discret pour dialoguer, il suffit d'un accès à Internet ou à un réseau mobile. Mais convenons que l'échange de textes aurait dû être inventé avant le téléphone ou la télé; en effet, j'ai longtemps cru que nous avions régressé dans nos communications en utilisant le texte. Car tout le monde s'entend pour dire que la qualité de la relation semble tellement plus élevée lorsque nous pouvons parler à l'autre en temps réel avec l'intensité de l'émotion en direct. Le problème est justement lié au fait que maintenant, dans bien des cas, nous faisons des discussions de boîtes vocales. Dans ces conditions, aussi bien utiliser les courriels! Nous sommes aux limites du dialogue de sourds.

À la fin, l'important est de faire des communications en synchronicité avec notre interlocuteur, afin d'établir un véritable dialogue. Ce sujet est abondamment abordé par moult blogueurs et gurus du marketing, et un nouveau livre sur la question sort chaque semaine sur Amazon. Il n'y a qu'à voir la complexité du prisme de la conversation proposé par Brian Solis, et JEFF3 qui évolue, par nature, très vite[12]. C'est justement le défi qui attend les marketeurs, c'est-à-dire adapter les communications aux désirs de leur client, et ce, peu importe où il se trouve. La véritable Présence est d'être capable de l'offrir, peu importe

---

12. Voir le site www.theconversationprism.com (en anglais seulement).

comment il faut la manifester : en ligne, au téléphone ou physiquement. Les réseaux sociaux continueront d'évoluer sans l'ombre d'un doute, mais les internautes exigeront plus de respect que jamais. Ils ne voudront pas que les intrus abusent de leur temps ou de leur hospitalité. Encore pire, ils seront intransigeants envers les usurpateurs d'identité. Je suis presque certaine que nous aurons accès à des logiciels pour éviter la publicité, même non intrusive. Que ferons-nous si nous avons axé notre compréhension de la Présence dans un sens unidirectionnel ? Devrons-nous nous contenter d'être vus par ceux qui ne sauront pas comment ne pas nous voir ?

Le message clé à garder en tête est que la fibre doit être avant tout émotionnelle plutôt qu'optique, et que les liens que nous créons doivent être bidirectionnels. Il faut être capable de sortir la donnée de son cadre digital et de la transformer en *e-motion*. Savoir que derrière chaque donnée se cache un être humain qui a accepté de nous faire confiance pour l'achat de son cellulaire ou de sa voiture. Traduire les *e-motions*, c'est donc l'art de faire du véritable marketing relationnel et de comprendre que les données sont avant tout le résultat d'une action commandée par une émotion bien réelle, donc par un humain. Surtout, rappelez-vous que les réseaux sociaux sont un peu comme le salon ou la cuisine de vos clients : personne ne veut y voir ses murs envahis de publicités ou faire détourner son attention par des intentions mercantiles. La modération croît avec l'usage !

À qui le rôle de maintenir le dialogue dans le Web ?

Lors d'un débat en ligne dans un blogue au sujet du profil idéal pour le poste de gestionnaire des réseaux sociaux, j'ai été vraiment agréablement surprise de constater le consensus sur la nécessité de créer ce nouveau poste en entreprise. Ce qui est frappant, c'est que la majorité des marketeurs croyaient que cette nouvelle fonction devait être comblée par quelqu'un qui avait des talents soit de journaliste ou de relationniste. Comme si la seule chose importante était de s'assurer qu'un bon français (ou anglais) serait utilisé pour donner un ton professionnel. Ce qui est le plus préoccupant, c'est qu'encore une fois la tendance naturelle est de placer une personne qui aura de la facilité à utiliser la langue de bois.

Les réseaux sociaux ne sont pas une arène politique pour les entreprises, c'est un lieu de rassemblement et d'échanges, lesquels peuvent apporter une multitude de solutions et d'informations pertinentes pour une organisation apprenante. Confier cette fonction à une personne dont le rôle est de permettre de ménager la chèvre et le chou tout en gérant la réputation de l'entreprise sur le Web, c'est passer à côté de l'essentiel.

Tout le débat du marketing de contenu sera ici ravivé, mais si le nouveau marketing est avant tout une affaire de contenu pour certains, pour d'autres, comme moi, il est avant tout une affaire de communications intégrées et cohérentes. Oui, il faut quelqu'un qui sache écrire, mais surtout quelqu'un qui puisse savoir quel ton utiliser selon les auditoires ciblés. Mais il faut avant tout savoir ce que l'on veut accomplir avec la gestion active de ces dialogues. C'est pourquoi ma recommandation est d'intégrer la majorité des conversations au service à la clientèle et d'en assurer la gestion dans l'esprit des communications unifiées. Les activités de relations publiques demeurent évidemment une tâche bien circonscrite, avec ou sans Internet. Certaines visibilités doivent donc être orchestrées et optimisées par les gens responsables du plan de communication des relations publiques. Par contre, lorsqu'il s'agit de comprendre, mesurer, dialoguer, échanger, améliorer ou sonder, ces activités ne relèvent absolument pas des relations publiques et encore moins d'un journaliste d'entreprise qui, par déformation professionnelle, est un être qui se définit avant tout comme objectif ou, du moins, qui doit l'être pour aspirer au titre de journaliste. Certes, il faut pouvoir utiliser toutes les informations dans l'esprit du marketing, mais ces rôles doivent être partagés, sans égard au médium, par la recherche marketing, le service à la clientèle et les relations publiques.

À mon avis, il apparaît utopique de croire qu'un seul profil peut agir sur le Net pour accomplir toutes les tâches énumérées à la figure 3, à moins de placer un veilleur (service de veille) qui transmet les informations à qui de droit et qui, à son tour, suggère les réponses ou en prend la responsabilité en relais. Le danger est de confier une tâche aussi importante à quelqu'un qui n'a pas les compétences ni la vue d'ensemble nécessaire pour faire un usage optimal de cette source précieuse d'informations. Il faut savoir quoi chercher, où chercher, regrouper les informations, détecter les urgences, les tendances, etc. D'ailleurs, Seth Godin[13] récidive encore, mais cette fois-ci il troque le livre contre le lancement d'une solution pour gérer l'ensemble de vos médias sociaux en un seul endroit. Avec les nouveaux outils d'agrégation pour gérer

---

13. Seth Godin a lancé un nouveau service en septembre 2009, *Brand in public*, et pour justifier l'usage de l'outil, il dit : «On ne peut pas contrôler ce qui se dit, mais on peut l'organiser.»

votre marque en ligne, la tâche n'en sera que plus facile. La solution d'un veilleur au service des différents services prend un tout nouveau sens. Alors, le fameux débat sur le profil exact est bouclé.

Engagez donc une ressource axée sur la recherche marketing et le marketing relationnel, et qui a l'esprit de la relation client avant tout. Par contre, assurez-vous d'intégrer tous vos canaux de communication client et de les diriger entièrement vers le service à la clientèle. Quant aux activités de relations publiques, il s'agit de continuer à faire de la communication pertinente avec les auditoires pertinents, que ce soit par l'intermédiaire du Web ou de tout autre média. La maîtrise de la langue devrait être un préalable pour tout le monde de toute façon dans cette ère de communication par texte.

Résumons simplement: chaque fonction de l'entreprise devra assumer ses responsabilités en tenant compte de la communication Web dans son plan d'action. J'insiste sur «chaque fonction», incluant les ressources humaines. Le marketing est cependant bien placé pour délimiter les zones de responsabilités respectives. Il serait dommage que chaque service décide de faire l'envoi de messages RSS ou SMS sans une stratégie articulée ou, pire, de répondre de son propre chef à un commentaire négatif sur un site populaire. La relation client est encore l'objectif ultime de ce débat axé sur la Présence, et qui en est responsable? Le gardien de l'expérience client, évidemment.

 ## Les éléments importants dans ce chapitre qui traite du phénomène des réseaux sociaux

- Le miracle du Web 2.0 réside dans le pouvoir extraordinaire d'établir un véritable dialogue entre tous les acteurs de la prestation de services. Le danger est d'utiliser les consommateurs comme des agents contaminateurs à partir de fausses prémisses pour abuser de leurs réseaux et de leur temps. Plusieurs tactiques doivent être révisées pour ne pas anéantir le potentiel des bonnes pratiques.

- Les jeunes ont un rapport très différent avec l'autorité grâce à leur meilleure maîtrise des outils technologiques et à leur capacité à utiliser les nouveaux médias pour s'exprimer.

- C'est toute une société qui se redéfinit dans ses rapports avec les autres, incluant ses rapports avec ses fournisseurs. Mais il faut comprendre qu'une toute nouvelle génération née avec les réseaux sociaux a une perception différente du monde. Ce sont les nouveaux employés et les nouveaux clients. Ils sont les acteurs de la Présence. Ils maîtrisent mieux que quiconque la nature des *e-motions*.

• L'être humain ne fait que répliquer sa vraie nature, quels que soient les outils qu'il utilise. Le phénomène des communautés en ligne n'est rien d'autre qu'une volonté de se rassembler avec d'autres humains. C'est rassurant de comprendre que le Web n'est qu'*e-motions* et que chaque clic n'est rien d'autre qu'un humain en chair et en os qui aime vivre en clique depuis la nuit des temps.

• Les entreprises sont maladroites à gérer les *e-motions*. Elles ont tendance à dilapider le capital participatif au lieu de le construire. Il y a une véritable occasion de comprendre la vraie nature du marketing relationnel à l'ère des réseaux sociaux. Chaque étape du processus d'achat ouvre des occasions extraordinaires pour engager la conversation et éviter le dialogue de sourds avec les clients actuels ou potentiels. Il faut apprendre à puiser dans la force de l'intelligence collective en utilisant le consomacteur à bon escient pour manifester sa Présence.

• Le phénomène des réseaux est une véritable révolution qui a tout pour durer. Il y aura certes plusieurs ajustements en cours de route, notamment par l'utilisation plus intelligente de ces outils par les entreprises. À la fin, l'important est de faire des communications en synchronicité avec notre interlocuteur afin d'établir un véritable dialogue. La véritable Présence sera donc d'être capable de l'offrir, peu importe comment il faut la manifester : en ligne, au téléphone ou physiquement.

• L'entreprise présente devra prendre l'habitude d'intégrer un volet de communications Web dans chacun des secteurs. Le marketing est cependant le mieux placé pour délimiter les zones de responsabilités respectives. La relation client est encore l'objectif ultime de ce débat axé sur la Présence, et qui en est responsable ? Le gardien de l'expérience client, évidemment.

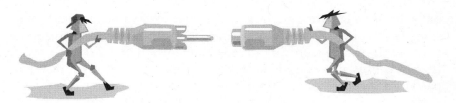

Chapitre 5

La Présence :
une occasion à saisir

Mon souhait à cette étape est surtout d'avoir créé l'urgence d'agir en vous faisant comprendre la nécessité et l'utilité de la Présence. Alors que j'introduisais ce concept au chapitre 1 et que je justifiais l'usage d'un seul « P » au chapitre 2, je vais maintenant explorer plus en détail la dimension de la Présence comme véritable effet de levier de toute stratégie d'acquisition et de rétention de la clientèle. Après avoir abordé la panoplie des outils technologiques et démystifié le concept de réseaux sociaux, il me semble évident que le nouveau « P » du marketing mérite encore plus de clarification afin qu'il puisse être intégré dans toutes les sphères de l'entreprise et des stratégies marketing, l'objectif sous-jacent étant de vous faciliter la vie dans vos futures réflexions stratégiques. Quand le marketing devient un seul « P », il est difficile de passer à côté de l'essentiel. Tous les chapitres qui suivront seront axés sur la mise en place de solutions concrètes.

Le cœur de la Présence :
les ressources humaines

La réflexion qui m'habite depuis plusieurs années s'est formulée plus clairement lorsque les nouvelles technologies ont commencé à se démocratiser. Ce qui m'a surtout interpellée, ce sont les extraordinaires pouvoirs que les nouveaux médias ont apportés à l'écosystème des communications des entreprises. Je conviens que peu d'entre elles en ont saisi toute la portée et ont su en profiter jusqu'à maintenant ; mais si je peux changer les choses avec ce livre, j'aurai réussi à apporter ma contribution au concept du « P » le plus important du marketing, sinon le seul : la Présence. Précédemment, j'expliquais ce qu'est et ce que n'est pas la Présence. Il est certain que ce n'est pas un concept ésotérique, pas plus que ma quête d'ailleurs. Il m'apparaît toutefois important d'insister sur le fait que le recours à la Présence est non seulement une stratégie très concrète, mais qu'il remet en question les façons de faire au sein de toute l'entreprise.

Donc, lorsque je parle d'écosystème de communication, je soutiens d'abord l'idée que les communications internes dans l'ensemble de l'entreprise doivent être efficaces, fluides et fonctionnelles. Nous utilisons souvent l'expression « compter sur la Présence de quelqu'un », et c'est bien exprimer le défi qui se cache derrière la nécessité de la Présence : quelqu'un. Un être bien vivant qui arrive au travail avec son lot d'émotions liées ou non au travail, mais existant à travers lui sur les lieux de travail. Après tout, nous les appelons « ressources humaines », et le mot « humain » veut tout dire. Certes, tous les employés n'ont pas à être en relation avec la clientèle, mais tous les employés ont à être en relation avec des gens qui, eux, le sont. Ils ont été embauchés pour servir à un point précis dans la chaîne de services ou de production, qu'ils soient camionneurs, comptables ou informaticiens. Leur contribution est essentielle à la Présence collective. Donc, leur présence individuelle est le point de départ. Je n'entrerai pas dans les détails de la Présence individuelle, car cela ferait l'objet d'un livre entier, ou d'une formation, ou de coaching individuel ; mais sachons que dans l'équation de la Présence, la Présence individuelle sera toujours requise. Il ne suffit pas d'être présent physiquement pour dire « présent ! », il faut que notre cerveau et notre cœur soient aussi au rendez-vous. Nous ne pourrons jamais exiger que nos employés soient présents dans le sens attendu, à moins que la Présence de ceux qui l'exigent ne soit elle-même un exemple pour les autres.

Dans une journée typique, chaque individu dans l'entreprise doit communiquer de manière fréquente ou continue avec ses collègues ou son superviseur. Lorsque nous étions dans l'ère du téléphone analogique, avant la boîte vocale, bien malin celui qui réussissait à laisser un message et à entrer en contact avec certains collègues très en demande. Cependant, les secrétaires étaient le premier indice de Présence dans une entreprise. Elles pouvaient donner l'heure juste sur les disponibilités de leur patron, ou simplement transmettre l'appel à la meilleure personne. Tantôt sympathiques, tantôt austères, les secrétaires donnaient – qu'on l'admette ou non – une touche humaine aux communications. Leur absence généralisée, ou plutôt leur extinction potentielle, a laissé un grand vide dans la Présence collective. Paradoxalement, elles ont survécu là où elles étaient le plus nuisibles à la Présence : au sommet de la hiérarchie. Érigées en rempart ou en tampon entre les autres et les décideurs, les secrétaires converties en adjointes de direction (titre plus noble, mais tâches identiques) ont planté le fanion du contrôle des communications dans l'entreprise. Non seulement elles filtrent les messages vocaux et les courriels, mais elles se chargent de faire les rappels qu'elles considèrent comme importants et de repousser ceux qu'elles jugent inutiles. Je crois que c'est la version moderne et toujours vraie de la formule qui dit que derrière chaque grand homme, il y a une grande femme. Je n'aime guère le cliché, mais je le sais pour l'avoir vécu en entreprise : il vaut mieux avoir un bon rapport avec les secrétaires de direction, oups! les adjointes. Bon, une fois que nous avons brossé le portrait de la situation, que proposons-nous en échange de ces petits Outlook sur deux pattes? C'est ici que l'adéquation des nouvelles technologies prend tout son sens : de nombreuses possibilités technologiques sont maintenant au service de la Présence.

Reprenons l'exemple des secrétaires pour bien saisir le propos. Leur quasi-disparition a coïncidé avec l'apparition des suites de logiciels, comme Microsoft Office, pour que chaque individu puisse composer une lettre avec le soutien d'un correcteur semi-intelligent en donnant l'impression d'un certain professionnalisme, ou faire ses propres présentations multimédias. Après l'ère révolue des transparents et des lettres dactylographiées, contrôlés par lesdites secrétaires, tout le monde a pu accéder à l'autonomie et, disons-le franchement, à l'abandon de soutien. Je me souviens qu'à une époque pas si lointaine ma secrétaire de service se plaignait que je fasse tout par moi-même. Évidemment, des études universitaires supérieures dans la fin des années 90 étaient un passage obligé dans l'univers des logiciels de Microsoft. Ainsi, petit à petit, les entreprises ont exigé que chaque employé soit autonome et qu'il s'organise sans secrétaire, même si certains étaient presque illettrés ou carrément incapables de toucher à un clavier avec plus d'un doigt à la fois. Je remerciais le ciel d'avoir pris le cours de dactylographie en quatrième secondaire.

Évidemment, l'arrivée des ordinateurs personnels a été à elle seule une révolution majeure dans les entreprises. Ces symboles de modernisme ont d'abord commencé par trôner fièrement sur le bureau des patrons, sous le regard envieux des plus jeunes et celui, inquiet, des plus vieux. La réalité, c'est que l'outil ne donnait ni le talent ni les compétences que les secrétaires possédaient. Les patrons s'amusaient avec leur nouveau jouet, mais ils étaient incapables d'en faire un usage productif. Même chose avec les employés, qui ont été pendant de nombreuses années (et encore maintenant) plus obsédés par la compréhension du fonctionnement de Word ou Outlook que par la façon de garder leurs clients.

Au cœur de leur motivation par la peur: l'anxiété de perdre leur emploi, faute d'être capables de s'adapter. Ils avaient vu les plus récalcitrants disparaître tour à tour dans les compressions massives dictées par la modernisation. Je me demande sincèrement si cette pression indue sur la nécessité de s'adapter aux technologies n'en a pas entraîné certains à tomber dans un piège: celui de se laisser aspirer par leur écran et d'oublier du même coup leur priorité, c'est-à-dire le client. Cela peut sembler caricatural, mais je vous assure que les codes 18 (expression qui sous-entend que le problème se situe à 18 pouces devant l'écran, c'est-à-dire l'utilisateur lui-même) monopolisent encore aujourd'hui beaucoup de ressources précieuses dans les entreprises. Les arrêts provoqués paralysent la capacité de servir les clients. Dès que nous interrompons notre productivité, c'est malheureusement toujours au détriment du service à la clientèle. Cela devient un prétexte indiscutable pour blâmer les failles du service. Les employés «d'antan» qui n'ont pas survécu à la vague de modernisation avaient probablement plus de capacités à traiter avec les humains, finalement. Dommage que leur incapacité à s'adapter à la technologie les ait empêchés de survivre à la révolution.

À notre époque, sans ordinateurs, nous sommes impuissants et dysfonctionnels. Plusieurs employés laissés à eux-mêmes pour l'apprentissage autodidacte ont développé des travers qui leur font perdre beaucoup de temps et qui n'optimisent pas le plein potentiel de ces outils. La pire conséquence, à mon avis, c'est la désincarnation de leur lien direct au travail et dans leur environnement immédiat. Ils ne sont plus des artisans et des coéquipiers, mais des opérateurs de bidules électroniques préoccupés par des tâches sans valeur ajoutée, et dont la mission première est noyée dans leur rattrapage technologique. Peu admettront que ce phénomène est réel, car ce serait un constat lourd de conséquences. De toute façon, la magie, c'est que tout cela se résorbe au fur et à mesure que les plus vieux prennent leur retraite et que les plus jeunes prennent la relève. Grands rires ! Les plus jeunes connaissent tellement bien leurs outils qu'avec eux le danger est dans l'utilisation qu'ils en font. D'ailleurs, une nouvelle notion de savoir-vivre est née dans la foulée d'Internet, que nous appelons la nétiquette. Selon plusieurs études, les cas de distraction avec les ordinateurs portables et autres machins mobiles pendant les réunions sont en croissance, alors imaginez lorsque les employés ne sont pas en réunion. Dans les deux cas, le phénomène est le même : absorption totale par leur écran ou absence totale de leur milieu ambiant. Que faire face à ce cul-de-sac ?

Des outils au service de la Présence

Si la première génération d'outils technologiques était peu *user friendly*, ou conviviale, la vision d'Apple avec son Mac a secoué l'avancement de la convivialité en établissant de nouveaux standards auxquels Microsoft a dû emboîter le pas. Aujourd'hui, il est plus facile d'utiliser la plupart des outils, qui offrent une meilleure ergonomie et une utilisation intuitive qui répond à la majorité des esprits un tantinet curieux. Nous pouvons même affirmer que les analphabètes technologiques sont plutôt l'exception, et qu'ils réussissent à duper leur entourage en restant fonctionnels, du moins en apparence. Il y a malgré tout largement de travail pour des consultants qui gagnent leur vie en aidant les gens à mieux utiliser les outils d'organisation et les différents logiciels de la suite Office. Au fond, peu savent comment exploiter le véritable pouvoir de ces outils. Ils se contentent de faire numériquement ce qu'ils faisaient manuellement, sans tirer avantage de la plus-value. Ils utilisent leurs outils au même niveau que leur cerveau, à moins de 10 % de capacité. D'autant plus que ces mêmes employés font probablement des dizaines de tâches pour combler les lacunes de leurs systèmes d'information. Un rapport pour le patron, un autre pour la comptabilité, et tiens ! un pour les ressources humaines au passage, et ainsi de suite ; et la journée se passe à fournir des informations qui sont restées entre deux chaises ou deux logiciels. À mon avis, c'est le pire constat qui soit, et il semble généralisé et confirmé par plusieurs études sérieuses[14] à ce sujet.

---

14. Centre francophone d'information des organisations (CEFRIO), « Le Québec survivra-t-il au raz-de-marée chinois ? », *PerspecTIves*, vol. 4, édition 2006. Réjean Roy interroge James Womack du MIT.

Les entreprises ont investi énormément dans la quincaillerie et les logiciels, dans leur architecture de réseaux, dans la numérisation de leur savoir interne (pour les plus avancés) et dans leur vitrine sur le Net, au cours des dernières années. Même si tous ces investissements se font à des degrés différents, il n'en demeure pas moins que la pensée magique existe dans toutes ces entreprises: les employés et les clients vont s'adapter. La formation est déficiente, voire inexistante, et les efforts en ce sens très peu cohérents. J'entends crier les plus engagés à cet égard, mais je leur dirais: continuez votre combat, car le défi est loin d'être relevé. Nous parlons ici de la nécessité d'intégrer véritablement ces outils dans les processus de communication et de soumettre les technologies à notre service, et non le contraire.

Là où le bât blesse, c'est que même le retour sur l'investissement en technologie des entreprises les plus performantes ne s'est pas manifesté tel qu'attendu. Ce qui a comme conséquence de refroidir les ardeurs à l'égard des technologies qui pourraient faire basculer le pendule du côté de l'effet de levier tant attendu. Les entreprises hésitent, tergiversent et procrastinent, préférant observer ce que le voisin fera comme choix. Je vous ai déjà parlé du cercle vicieux des comparables financiers de l'industrie. C'est toujours le même coupable – la performance mesurée et comparée avec les compétiteurs – que les actionnaires imposent.

Vous me direz que peu d'options sont disponibles pour remplacer cette paralysante situation et qu'en matière de performance financière, seuls les ratios ont force de loi. L'explication la plus logique est que la plupart des entreprises n'ont pas réussi la complète intégration des technologies dans les processus de l'organisation. Elles ont investi des sommes astronomiques, mais elles ont négligé les efforts requis pour instaurer un seul écosystème en lieu et place des nombreux déjà existants. Les meilleures – les IBM et les Cisco de ce monde –, du moins celles que nous observons pour leur pouvoir de nous montrer la voie en matière de solutions technologiques intégrées ou en ce qui concerne l'art du *e-business*, font mieux que la moyenne, sans véritablement être dans la perfection. Elles sont branchées sur les meilleurs technologues, les meilleurs outils et les meilleures attitudes – sans oublier leur vision cohérente –, sans pourtant être convaincantes avec leur pouvoir de diffusion des bonnes pratiques. Il faut se questionner sérieusement quand des entreprises nées dans le modèle de vente de quincaillerie font plus d'argent maintenant en impartition. C'est peut-être que leurs sources de revenus sont justement basées sur l'ignorance ou l'incapacité de leurs clients à franchir le véritable pas dans l'ère du *e-business*. Elles poussent donc l'impartition, sachant que les compétences ne se développeront jamais chez leurs clients à l'interne, parce que c'est beaucoup trop complexe. Tout change vite, et c'est trop vrai. Dès que nous croyons maîtriser un outil, la nouvelle version est lancée avec son lot de bidules supplémentaires et son ergonomie à ré-apprivoiser. Raison de plus, donc, pour s'adapter aussi vite. Par contre, avec l'impartition des TI (technologies de l'information), il y a une certitude : la compétence ne se développera jamais à l'interne. Cela est un autre débat, mais comprendre la situation permet de mieux cibler les zones d'intervention pour instaurer une culture de *e-business*.

Or, les paquebots ne se tournent pas sur un dix cents ; la poupe et la proue ne se rencontrent jamais, elles se complètent. Faire un virage, c'est respecter cette incontestable réalité. Vous seriez effaré de constater le pouvoir qui est détenu par les entreprises spécialisées en impartition. Des géants tels qu'IBM détiennent à eux seuls la quasi-totalité de l'infrastructure des systèmes informatiques qui gèrent la circulation de l'argent au Canada. Du pouvoir partagé de manière éclairée certes, mais dont la concentration a de quoi inquiéter pour le futur. Leur présence est devenue de l'omniprésence, voire de l'envahissement. Ou peut-être le simple reflet du fait que les entreprises ont jeté la serviette en matière de contrôle informatique à l'interne. Quoi qu'il en soit, plusieurs décrient cette situation, mais qu'on le veuille ou non, un nouveau pouvoir est vraiment né : les magnats du pixel ou les rois du numérique. Ceux-là mêmes qui dictent les règles du jeu sur l'échiquier digital, qui possèdent les logiciels, les oligopoles de quincaillerie numérique, et qui dominent dans la fourniture de réseaux et le contrôle sur ces derniers. Le voilà, le cinquième pouvoir, le véritable maillon dans l'équation future et déjà très actuelle de ceux qui régneront – pour ne pas dire qui règnent déjà – sur le monde.

La solution n'est certainement pas de reculer et de baisser les bras devant ces constats. L'heure est plutôt à cesser de se tremper les orteils et à mettre les deux pieds dans l'eau, voire tout le corps. Il faut s'approprier et apprivoiser les sphères de dépendance aux systèmes informatiques. Il faut comprendre que la Présence auprès de nos clients passera inévitablement par notre capacité à les toucher là où ils sont, et non pas là où nos systèmes nous limitent.

Les humains doivent faire des choses que les machines ne savent pas faire, et ces dernières doivent être assignées aux tâches répétitives et sans valeur ajoutée. À la limite, une Émilie virtuelle qui nous dicte un menu téléphonique, c'est sympathique et parfait en mode automatisé pour faire une première répartition rapide et efficace. Mais Émilie ne pourra jamais remplacer un humain présent qui souhaite comprendre nos besoins. Les protagonistes doivent connaître les limites de la patience humaine à négocier avec un avatar programmé pour des choses simples en apparence mais qui finissent toujours par nous mettre les nerfs en boule. Le but n'est pas d'éliminer les avatars, mais bien d'assigner les humains aux tâches à valeur ajoutée. Il faut continuer à offrir des options en fonction des besoins individuels et ne pas placer l'efficacité opérationnelle en priorité au détriment de la fluidité relationnelle nécessaire à la satisfaction des clients. Au-dessus de la quincaillerie, une couche d'intelligence qui saura toujours analyser mieux qu'une machine une situation à caractère émotif. Paradoxalement, c'est le fameux sourire dans la voix de l'avatar, le ton calme et plaisant qui finissent par nous faire sortir de nos gonds. La preuve qu'en matière d'émotivité la compassion humaine ne sera jamais numérisée.

Prenons, par exemple, les outils de communication unifiés. Le mot «unifié» symbolise bien l'objectif de ces technologies : l'unification de tous les moyens de communication utilisés pour se connecter les uns aux autres. Ainsi, avec des systèmes intelligents, la répartition de nos appels est faite par une secrétaire ou une réceptionniste programmée – au sens figuré – qui redirige toutes les formes de communication (courriel, appel, fil RSS ou message texte) selon nos instructions. Avec les systèmes de communication sur réseau Internet, la voix, le texte et même la vidéo voyagent sur le même réseau, offrant des possibilités infinies. Un message dans votre boîte vocale déposé également dans votre ordinateur de poche ou votre cellulaire, ou une redirection d'appel vers un autre numéro, peu importe, c'est la définition primaire de la Présence : être là pour l'autre.

Vous pouvez décider de répondre par texte ou par voix, ou de rester silencieux en confirmant la réception du message ; dans tous les cas, c'est rassurant de savoir que vous savez. En prime, vous avez toutes les données sous forme de rapport détaillé qui vous aide à mieux gérer vos communications. D'un point de vue global, c'est la fin de la duplication et le début de la convergence ; et qui dit convergence dit habituellement efficacité (même si pour certains cela rime avec gros sous). Honnêtement, si nous ne réussissons pas à entrer en contact avec quelqu'un aujourd'hui, c'est simplement parce que l'autre ne veut pas ou ne peut vraiment pas être joint. Les moyens sont si simples et si efficaces que vous pouvez vous prélasser au bord de votre piscine et avoir votre bureau sous la main.

À vrai dire, je crois que je soulève ici un point chatouilleux en abordant la notion de travail à distance. Nous sommes au XXIe siècle, et le télétravail est encore un rêve plutôt qu'une réalité. Trop peu de gens en bénéficient. Il faut être un entrepreneur pour pouvoir avoir la liberté de ses actions et de ses moyens, ou être dans une entreprise convertie au *e-business*. Pas étonnant que le nombre de travailleurs autonomes soit en croissance et que le télétravail soit une des motivations les plus citées dans le choix de ce statut. Dans les moyennes et grandes entreprises, les privilèges sont généralement accordés à la direction, voire seulement à la haute direction. Avoir un bureau au bord de sa piscine ou dans le confort de sa maison ne semble pas être un bénéfice pour un employé salarié, et nous pouvons le comprendre. Cependant, la Présence, c'est avant tout la disponibilité, et je vous parie que, toutes formes de communication confondues, les demandes sont plus rapidement traitées dans un environnement agréable que dans un bureau où le besoin de caféine et d'air frais nous tient éloigné du téléphone ou de l'ordinateur. Avec les outils maintenant disponibles pour être présent, parions que la pression de l'environnement, de la qualité de vie et du prix du pétrole, sans oublier le coût au pied carré des locaux, feront pencher la balance vers le télétravail. L'argument ultime sera la rareté des ressources, les départs successifs causés par une résistance au télétravail faisant réaliser aux directions que pour garder les meilleurs, il faut offrir les meilleures conditions.

Imaginez maintenant que vous êtes employé dans une entreprise bien branchée qui vous donne toute la flexibilité voulue dans vos heures de travail et, qui plus est, vous aide à organiser votre savoir et à le partager avec d'autres. Une compagnie pour qui le capital intellectuel a plus de valeur que la rigidité des processus ou des politiques. Une entreprise qui vous donne les moyens de développer votre plein potentiel et qui vous soutient dans vos besoins technologiques. Je peux vous affirmer que de tels employés sont effrayés à l'idée de quitter une entreprise de cet acabit, car ils savent qu'ils sont privilégiés. Pour eux, travailler dans un environnement inférieur aux standards habituels est impensable. J'ai même entendu un ami me dire que sans l'utilisation de Lotus Note, il serait perdu dans une autre entreprise. Je suis plus modérée, mais la tendance est que l'aisance à maîtriser des suites de logiciels deviendra un des critères à l'entrée pour le choix d'un employeur, et non l'inverse. Les futurs employés choisiront aussi les employeurs en fonction de critères en apparence insignifiants, comme les outils de travail, mais très sécurisants pour leur estime de soi et leur productivité.

Le moins que l'on puisse dire, c'est que les outils sont là et que les clients sont prêts à faire le virage. Que manque-t-il alors pour que nous commencions à mettre ces outils au service de la Présence?

L'adéquation des nouveaux outils et le besoin véritable des consommateurs

Cette section aurait pu être intitulée : « Y a-t-il quelqu'un à l'autre bout du fil ? » Paradoxalement, parler d'adéquation des nouveaux outils implique la complète maîtrise des outils traditionnels, et que nous sachions exactement avec quels moyens joindre nos clients actuels ou potentiels. Il est malheureusement difficile d'affirmer cela, même aujourd'hui. Il y a eu traditionnellement, avant l'ère d'Internet, trois moyens pour joindre une entreprise : par téléphone, par la poste et à la succursale. Si tous ces moyens existent encore, la poste est probablement un canal qui devient spécialisé et qui se redéfinit continuellement, au point où son extinction probable est toujours annoncée. Toutefois, force est de constater que chacun de ces canaux a depuis toujours impliqué des processus opérationnels fortement maîtrisés au fil du temps. Il était donc prévisible que l'avènement de l'ère numérique permette une conversion rapide des opérations répétitives, qui étaient fort bien connues et bien documentées dans l'entreprise. En fait, ce qu'Émilie (c'est le nom de mon avatar de service préféré) a pris en charge a été ni plus ni moins ce que les employés maîtrisaient le mieux, c'est-à-dire 80 % des demandes ou moins. Les conversions à l'automatisation ont donc enlevé l'être humain dans 80 % des requêtes toutes simples qui nous rappelaient que l'entreprise était présente pour nous. Aujourd'hui, les employés qualifiés remerciés lors de ces vagues de compressions n'ont pas été remplacés. Au mieux, ils ont été convertis de postes à temps plein à postes à temps partiel pour ajouter à la flexibilité des horaires, afin de répondre aux demandes fluctuantes. Ce faisant, les entreprises ont embauché des employés à temps partiel qui travaillent deux fois moins et qui doivent en apprendre dix fois plus afin d'être en mesure de gérer les 20 % des appels non traités automatiquement, parce qu'ils s'avèrent d'une complexité impossible à numériser. Il ne faut pas se surprendre si les expériences de service se dégradent. La formation est souvent déficiente, et avec la vitesse à laquelle les produits évoluent et que l'environnement économique et digital dicte de nouvelles règles, rester la tête hors de l'eau est presque un miracle en soi. Il faut être très motivé pour maintenir ses connaissances à jour dans des environnements aussi mouvants.

Donc, tous les processus simples et bien documentés ont été numérisés dès que les technologies l'ont permis. Faut-il blâmer les entreprises pour ces choix ? Bien sûr que non, car seulement des processus simples pouvaient être confiés à des avatars. Par contre, les sommes astronomiques qui ont été impliquées dans la conversion ont entraîné des compressions pour les financer et de mauvais choix concernant les priorités de formation. Un peu comme quelqu'un qui se paie un billet pour Paris mais qui doit rester dans sa chambre d'hôtel faute de budget pour en sortir. Comment ne pas être surpris de ces choix?

Le passage obligé par le chaos afin de reconstruire sur de nouvelles bases a fait perdre la focalisation client durant ces tempêtes internes. La bonne nouvelle, c'est qu'avec un peu de créativité et de bonne volonté toutes les entreprises ont accès à des solutions abordables et efficaces. Et heureusement que l'heure n'est plus aux excuses mais à l'action pour devenir présent dans la vie de ceux qui paient les salaires dans l'entreprise, incluant ceux des dirigeants.

Forte de ces constations et de la complexité des nouveaux outils de communication, j'ai élaboré une théorie. Cette dernière fait la lumière sur l'adéquation relationnelle et technologique requise pour bien servir ses clients. Le graphique de la figure 4 démontre que le niveau d'intensité relationnelle requis est directement proportionnel à la confiance requise pour procéder à un achat et à la valeur d'un client dans le temps. En termes simples, plus la valeur d'un client est élevée dans le temps, plus le niveau de confiance requis pour procéder à l'achat est élevé, et plus il faut que l'intensité de la relation soit grande. Cette matrice de l'adéquation relationnelle et technologique est en quelque sorte une aide décisionnelle pour évaluer le juste niveau d'intensité relationnelle ou de la qualité de la relation requise afin d'augmenter nos

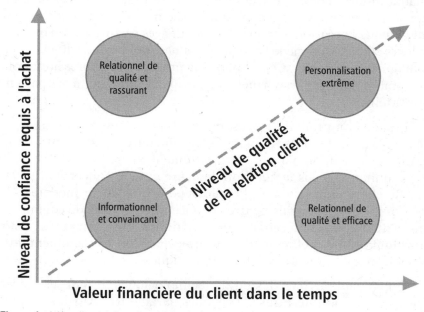

Figure 4 Adéquation relationnelle et technologique

chances de conserver une relation établie ou simplement d'amorcer une relation avec un client.

Selon la prémisse de cette théorie, un courtier immobilier dont l'achat d'une maison est perçu par son client comme une acquisition à haut niveau de risque, mais dont le client a une valeur dans le temps plutôt incertaine mais potentiellement élevée, doit appliquer une stratégie relationnelle de personnalisation extrême. Comme le niveau de confiance requis est élevé et que la valeur du client dans le temps l'est aussi, cela remplit les conditions pour investir dans une relation de très grande qualité. Cela exige donc de lui que chaque client soit servi selon ses besoins individuels, à commencer par la manière dont il souhaite communiquer avec son agent.

Les écarts à ce sujet sont immenses. Pour certains agents immobiliers, l'an 2000 est arrivé en 1990; pour d'autres, il est encore attendu. Ainsi, nous avons vu naître un autre extrême : les clients qui ne veulent plus d'agent pour aucune considération, qui font de l'achat de leur maison une activité tout à fait banale, et qui optent pour des sites de courtiers Internet qui leur donnent une autonomie totale. Ces courtiers ont choisi de se placer dans la partie de la matrice qui implique un relationnel de qualité et qui rassure. Ainsi, ils offrent des outils afin de sécuriser les relations entre les acheteurs et les vendeurs, et des moyens pour qu'ils puissent communiquer efficacement entre eux. Chaque année, la croissance des ventes de ces fournisseurs est phénoménale. Nous pouvons conclure que plusieurs courtiers traditionnels ont manqué l'occasion d'analyser les tendances et, surtout, les besoins de leurs clients. Comme je l'ai déjà dit, la nature a horreur du vide, elle tend donc à le combler. Cela explique la progression impressionnante du nombre de courtiers virtuels, et leur plein potentiel n'est pas encore atteint.

Prenons un produit de consommation courante, comme un dentifrice. Avec la matrice, nous pouvons conclure rapidement que la qualité de la relation n'a pas à être extrêmement élevée sur le vecteur de la confiance ; mais la question demeure entière concernant la valeur du client dans le temps. J'opterais pour une valeur modérée. Ce qui signifie que je devrais mettre en place une stratégie de communication qui implique un échange informationnel convaincant basé sur un volume grand et efficace. Mais la vraie question est : comment fait-on l'adéquation avec les outils technologiques ?

Pour mieux arrimer les outils technologiques, il faut les placer dans une matrice qui utilise les mêmes paramètres. Ainsi, si la plupart des outils de communication technologiques et des moyens traditionnels étaient rassemblés dans cette même matrice, nous aurions le schéma de la figure 5. Il nous permet de constater que pour le dentifrice, une entreprise pourrait choisir tous les éléments dans le cadran inférieur gauche; et pour un courtier avec agents immobiliers, tout le cadran supérieur droit pourrait donner des options intéressantes pour soutenir la relation.

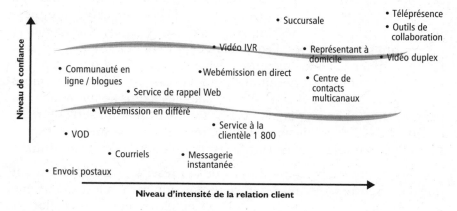

Figure 5 Matrice d'outils de communication

Donc, l'adéquation des outils technologiques doit se faire en fonction des niveaux d'intensité relationnelle requis pour atteindre les objectifs relationnels souhaités. Ainsi, plus l'intensité relationnelle exigée est élevée, et plus nous devons orienter nos efforts vers des outils qui permettent une interactivité fluide et en temps réel. Sur l'autre axe, plus nous devons sécuriser nos clients en raison des niveaux de confiance requis, et plus nous devons impliquer un humain que l'on voit ou, du moins, que l'on entend. La confiance ne se crée pas avec les avatars.

D'ailleurs, le niveau de confiance ultime est souvent accordé aux amis ou aux parents. Pour alimenter la confiance, il faut donc faire de chaque occasion de relation un moment de qualité. Cela devient une tâche critique pour l'entreprise de déterminer ce qui doit être fait de manière personnalisée et ce qui doit être laissé dans les mains de l'automatisation ou celles des employés anonymes. Vous conviendrez que la première condition est de commencer par répondre à toute demande aussi vite que vous aimeriez qu'on le fasse pour vous.

Dans le même ordre d'idées, nous devons également aborder la question de l'adéquation technologique pour toutes les communications internes (voir la figure 6). Cela va de la simple communication entre collègues jusqu'à la formation. Les paramètres devraient être basés sur la même logique, mais la finalité étant quelque peu différente, il faut en tenir compte. Ainsi, pour le niveau de confiance, nous pourrions traduire cela par le spectre de diffusion, qui lui-même s'explique par les niveaux de diffusion. Plus la cible est large, et plus il faut utiliser des outils à grand déploiement. Sur l'autre axe, nous pourrions garder l'idée de l'intensité de la relation requise entre collègues, mais cela pourrait être sujet à une double interprétation. J'utiliserai donc une notion importante en entreprise pour la gestion des communications internes, soit le nombre d'interrelations requis. Par exemple, «Pour info seulement» est l'équivalent de zéro interrelation, alors qu'à l'autre extrême le remue-méninges (*brainstorming*) en groupe implique des interrelations déterminantes pour le résultat. Donc, le nombre réfère tant à la notion de quantité d'échanges requis qu'au nombre de personnes impliquées dans les échanges. La formation serait dans le centre du spectre puisqu'un minimum d'interrelations est requis, selon l'apprentissage, et les participants sont déterminés par groupe.

Toujours avec le regard du «P» de la Présence, il devient évident que dans l'entreprise tous les moyens doivent être déployés pour que la direction soit présente auprès de ses employés et que les collègues soient présents les uns aux autres. Dans les entreprises axées sur le client, cela se traduit par une volonté hors du commun de faciliter les communications en tout temps. La communication inclut aussi la circulation de l'information et l'acquisition des connaissances. Avec la formation en ligne (*e-learning*), nous avons dépassé le stade des présentations animées avec un test en ligne à la fin. Elle va également plus loin que le LMS (*learning system management*), qui permet à un employé de participer à un programme spécifique et d'être suivi dans les

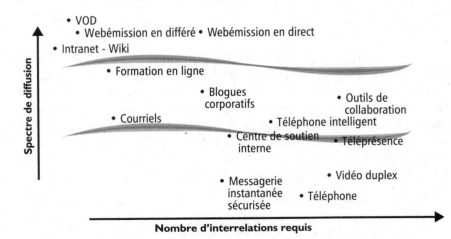

Figure 6 Adéquation technologique des communications internes

étapes de son apprentissage. Aujourd'hui, nous pouvons amener en ligne, en temps réel, le professeur ou le coach, ou simplement enregistrer sa performance pour que tous les employés puissent recevoir leur formation au moment choisi. Les suivis sont enrichis par le monitorage de la vidéo, et le seul fait de pouvoir confirmer qu'on a visionné une vidéo peut aider une entreprise à prouver que la formation a été suivie. C'est particulièrement pratique dans les organisations qui doivent répondre à des standards précis, comme dans les banques et dans d'autres professions réglementées. Un monitorage de la Présence ? Pas tout à fait, mais disons que c'est certainement le plus près que nous puissions nous rendre technologiquement, surtout si les formations ont lieu en groupe, avec échange de questions.

Ensuite, regardons de plus près les outils de communication internes, tels que les messageries instantanées et la webdiffusion en différé ou en direct. Si nous pensions pouvoir échapper au phénomène du clavardage en entreprise, c'était rêver. Mais ce n'est pas en éliminant l'accès aux MSN et Yahoo de ce monde que nous avancerons dans l'usage des bonnes pratiques. Si les pertes de temps avec l'extérieur sont monnaie courante parmi une certaine couche d'employés, l'utilisation de l'instantanéité est drôlement pratique, surtout dans les bureaux à aire ouverte où la cacophonie est généralisée en raison des multiples conversations téléphoniques. Il faut envisager des solutions sur serveur interne, et ainsi tout le monde bénéficiera des avantages et les inconvénients seront éliminés. Les discussions demeurent possibles entre collègues seulement, et sécurisées entièrement. Des solutions existent pour clavarder en sécurité à l'interne.

Pour les outils de webdiffusion, je peux vous dire que j'ai fait énormément d'évangélisation en faveur de leur usage à une période où les connexions Internet étaient encore très limitées. Le frein en entreprise est encore dans la tuyauterie, pour ne pas dire dans la bande passante ; mais entre ne pas faire de webdiffusion et choisir des moyens de moins bonne qualité ou uniquement audio, il y a un monde. Les bénéfices de la diffusion de l'information en temps réel sont immenses, et encore plus justifiés en différé. Avec ces nouveaux modes de communication multimédias, nul ne pourra jamais manquer une information importante et, surtout, l'émotion qui y est associée. L'ubiquité a finalement fait un pas concret dans la réalité ; et croyez-moi, cela fera toute la différence dans le futur pour les employés qui seront finalement informés avant les clients et tous branchés sur la même source, sans interférence. Fini le téléphone arabe, dont le message est tellement modifié d'un échelon à l'autre que ce n'est plus le même à la fin.

L'information puisée à la source rend aussi le rôle de l'encadrement intermédiaire (*middle management*) de moins en moins pertinent. Cela est un débat différent, mais les relayeurs d'informations sont en danger dans tous les secteurs traditionnels. J'oserais même dire que les manipulateurs d'informations et les détenteurs d'expertises basées sur l'information spécialisée sont tout aussi menacés.

Dans les entreprises multinationales, les bénéfices de la webdiffusion sont encore plus grands, car avec une coordination minimale tout le monde peut recevoir l'information en temps presque réel et à des heures décentes, peu importe le fuseau horaire. C'est une vraie révolution des communications. Tous ceux qui ont expérimenté la diffusion Web vous le diront: on se demande comment on faisait avant pour communiquer. Je préfère oublier l'époque des cassettes VHS et des CD envoyés en panique par courrier interne, pour les plus chanceux, et par courrier spécial, pour ceux qui l'étaient moins.

L'objectif ultime est de rester branché et en symbiose avec la raison d'être principale de l'entreprise, soit de créer de la valeur pour ses clients grâce au travail d'équipes performantes. Vous remarquerez que je ne dis pas «créer de la valeur pour les actionnaires», car si l'équation n'a pas encore été comprise par certains, la crise économique dans laquelle les États-Unis ont plongé le monde nous a rappelé que la croissance non soutenue est toujours un feu de paille qui se consume plus vite que les consommateurs sont capables de consommer. La véritable création de valeur est de plus en plus reconnue bien au-delà de la simple équation financière. Certains économistes travaillent concrètement à donner des éléments de mesure complémentaires mais indissociés de l'équation de la valeur. Nous en reparlerons.

Offrir sa Présence, et non la détruire

Jusqu'à maintenant, nous avons abordé la question des occasions qu'offre la Présence aux entreprises désireuses de faire un véritable virage axé sur le marketing de proximité. Mais le message doit être clair concernant le danger d'appliquer ces techniques sans réflexion majeure sur la Présence et sans l'implication des employés. La Présence ne s'achète pas, elle se donne et elle s'offre comme un cadeau. Une entreprise qui offre sa Présence ne doit pas détruire les efforts collectifs pour l'atteindre. Plusieurs mouvements dans ce sens prennent vie un peu partout dans le monde, et parmi les entreprises citées pour leur vision moderne de la consommation, nous entendons souvent parler de Patagonia. Cette entreprise californienne spécialisée dans l'équipement de plein air a certainement compris que la Présence était essentielle à sa réussite, et cela se reflète dans tout. Elle prend des risques au nom des valeurs qu'elle promeut, dans le plus strict respect de la terre et des gens. Ses dirigeants ont compris que le statu quo n'était pas une option. Cette organisation pave la voie aux entreprises traditionnelles qui ne savent que détruire la richesse plutôt que de créer de la valeur pour la collectivité. Le consumérisme tel que nous l'avons connu est en déclin. Chaque écueil de l'économie fouette nos convictions, et chaque alerte climatique nous renvoie l'image d'une société qui doit changer pour assurer sa survie.

Devenir présent, c'est devenir conscient que nous vivons avec des ressources limitées et des humains tout aussi limités. C'est apprendre à changer nos lunettes roses pour des lunettes réalistes, et regarder les choses pour ce qu'elles sont. Nul ne devrait avoir à vendre des produits ou des services ou encore à faire des choses qui vont contre ses valeurs. Si vous avez des employés qui doivent le faire, il faudrait commencer par leur proposer de contribuer à l'amélioration des valeurs de l'entreprise, ou leur dire la vérité quant à vos intentions en ce sens. L'avenir est aux entreprises aux dimensions humaines, et cela n'a rien à voir avec la taille. Si IBM peut créer la synergie avec tous ses employés partout dans le monde par l'instauration de communautés de soutien en fournissant à ceux qui sont en voyage des adresses d'employés disponibles pour les aider en cas de pépin, ou valoriser la diversité au point d'en devenir un exemple, tout le monde peut le faire.

C'est bien d'être présent physiquement dans la vie des gens, mais c'est encore mieux d'être là quand ils ont besoin de vous. C'est facile, si toutes les entreprises commençaient par ce simple exercice de répondre rapidement et de façon pertinente aux appels du client, elles feraient un grand pas pour la Présence dans leurs stratégies marketing. Il faut seulement s'engager dans une compréhension véritable de la relation client, de la relation employé et des synergies à la base de ces deux groupes pour la réussite de l'entreprise. En mettant les bons outils dans les mains de tous ceux qui amélioreront l'indice de Présence[15] de l'entreprise, nous pourrons faire naître un marketing véritablement relationnel axé sur des relations gagnant-gagnant.

Les entreprises aiment voir des chiffres pour se convaincre du bien-fondé de tout investissement. Quoique cette approche soit normale et même souhaitable, la Présence a un coût plus faible que l'absence. Le problème réside dans la démonstration d'une équation aussi évidente.

---

15. Cet indice fait l'objet de tout le chapitre 9.

Le coût d'une perte d'occasion est difficile à quantifier, mais celui d'une technologie est facile à calculer. Alors, l'investissement de sommes d'argent dans l'acquisition d'outils étant mesurable, il faut pouvoir justifier ce que l'entreprise gagnera en termes d'efficacité. C'est aussi utopique que de mesurer la pertinence d'avoir un cellulaire ou de justifier l'achat d'un téléphone pour gérer vos relations familiales. Si l'on vous demandait, par exemple, de renoncer aux nouveaux outils de communication (cellulaire, courriel, PDA, etc.) qui vous mettent en lien continu avec votre famille pour les urgences ou les besoins quotidiens, et de faire confiance au hasard pour vous voir et vous parler, vous seriez incapable de partager votre Présence autrement qu'une fois à la maison. Votre incapacité à appeler ou à envoyer un courriel entraînerait toutes sortes de quiproquos et des pertes de productivité familiale. Votre relation intime en souffrirait et vos enfants vous échapperaient. Imaginez maintenant que vous travaillez neuf heures par jour et que vous ne pouvez communiquer avec aucun membre de votre famille durant vos heures de travail. C'est ce que la plupart des clients vivent avec leur fournisseur : un silence radio. Mettez des chiffres là-dessus, maintenant, et n'oubliez pas les coûts du divorce anticipé ! Je vous parie que peu importe le prix du cellulaire, vous corrigerez la situation pour assurer la survie de votre famille et de votre couple. En tant qu'entreprise, que faites-vous pour éviter le silence radio avec vos clients ?

Top synchro avec vos clients et vos employés !

La véritable interaction, c'est vraiment le sens du marketing relationnel que la Présence sous-tend. Une entreprise qui prend le virage de la Présence aura l'avantage de prendre le leadership de son marché. Les clients savent reconnaître une entreprise au service des consommateurs, qui ne les tient pas pour acquis et qui les respecte. Avec une stratégie cohérente à l'égard de la Présence, ce sont tous les processus impliquant un contact avec l'extérieur qui sont étudiés. Ensuite, ce sont tous les processus de communication interne qui sont révisés. L'objectif ultime est de permettre à tous les intervenants de la Présence d'y voir les avantages et ainsi de continuer à travailler en ce sens. Quand les clients sont en confiance, tout devient possible. Néanmoins, il est clair que le marketing relationnel, au sens de la Présence, implique de véritables interactions, et ces dernières ne sont pas possibles si l'engagement envers la Présence se fait de manière timide. Certes, il ne faut pas sous-estimer les efforts requis pour offrir la Présence, mais il ne faut pas non plus éviter de l'offrir sous prétexte que la pente est trop forte. Commencez d'abord par clarifier votre intention et laissez-vous guider, au cours des prochains chapitres, vers la meilleure façon d'amorcer le virage de manière concrète dans l'entreprise. Il faut vous réapproprier le sens de la synchronisation dans cet univers axé sur le temps réel. Rappelez-vous que les esprits sont comme les parachutes : ils fonctionnent mieux lorsqu'ils sont ouverts !

Les éléments importants dans ce chapitre qui traite de l'opportunité de saisir la valeur de la Présence

- Les employés de l'entreprise sont le cœur de la Présence. Ils sont toutefois mal outillés et souvent mal formés pour maximiser les outils qu'ils possèdent. Cependant, les employés des générations d'avant Internet comprennent naturellement mieux la Présence, n'ayant pas évolué autrement qu'à travers le rapport humain direct.

- Les outils technologiques doivent être au service de la Présence, donc les humains doivent faire des choses que les machines ne savent pas faire, et les machines doivent être assignées aux tâches répétitives et sans valeur ajoutée. Avec les systèmes de communication sur réseau Internet, la voix, le texte et même la vidéo voyagent sur le même réseau, offrant des possibilités infinies dont la meilleure occasion est d'avoir des communications réellement unifiées.

- La matrice de l'adéquation relationnelle et technologique démontre que plus la valeur d'un client est élevée dans le temps et plus le niveau de confiance requis pour procéder à l'achat est élevé, plus il faut que l'intensité de la relation soit grande. Dans les entreprises axées sur le client, on dénote une volonté hors du commun de faciliter les communications en tout temps. La communication inclut aussi la circulation de l'information et l'acquisition des connaissances applicables aux défis de la communication interne. Les bons outils pour les défis de communications spécifiques sont maintenant disponibles.

- L'avenir est aux entreprises aux dimensions humaines, et cela n'a rien à voir avec la taille. La Présence a un coût plus faible que l'absence. Le problème réside dans la démonstration d'une équation aussi évidente. Malheureusement, lorsque les clients ne peuvent transiger avec une entreprise présente, ils la quittent, et cette mesure de l'absence a un véritable coût.

- Une entreprise qui prend le virage de la Présence aura l'avantage de prendre le leadership de son marché. Quand les clients sont en confiance, tout devient possible. Certes, il ne faut pas sous-estimer les efforts requis pour offrir la Présence, mais il ne faut pas non plus éviter de l'offrir sous prétexte que la pente est trop forte. Si les interactions sont présentes, votre entreprise pratiquera le véritable marketing relationnel.

CHAPITRE 6

Le premier pas pour offrir la Présence

Les prochains chapitres exigeront plus de travail de votre part. Mais n'est-ce pas là l'objectif de ces prises de conscience, c'est-à-dire changer les choses et faire le premier pas en ce sens? Je ne serais guère cohérente si je m'esquivais, à cette étape, en vous laissant seul face à votre Présence. Je m'engage donc par ma Présence à vous accompagner dans cette excellente décision de faire mieux pour vos clients et vos employés. Ce sont les fruits que l'on récolte qui motivent les semences, n'est-ce pas?

L'état de la situation dans l'entreprise

La première étape consiste à faire l'analyse de la qualité de la relation avec vos clients et vos employés dans l'entreprise. Des dizaines d'indicateurs financiers vous donneront un bon aperçu de la situation, notamment le taux de rétention de vos clients et le taux de rotation de vos employés. Vous contentez-vous des normes de l'industrie? Votre comparaison est-elle basée sur votre compétiteur principal? À quand remonte le dernier sondage client ou employé dans votre entreprise? Avez-vous examiné les préoccupations soulevées par les résultats, ou aviez-vous même posé les bonnes questions, à ce moment-là?

Pourquoi ne pas commencer par refaire cet exercice, mais avec un objectif plus clair en tête et des moyens plus simples et moins coûteux. À partir de maintenant, ajoutez des outils en ligne pour entendre les clients sur une base continue et, surtout, n'hésitez pas à les solliciter en masse par une invitation originale. Une invitation qui leur permettra de croire que cette fois-ci les motivations sont sincères et que leur temps ne sera pas perdu à exprimer leurs opinions. Instaurez un concours pour récompenser les meilleures suggestions, et foncez dans l'aventure de découvrir vos clients. N'ayez pas peur de ce que vous découvrirez. De toute façon, vous le savez déjà, il y a place à l'amélioration. Mettez vos employés à contribution en les stimulant à obtenir de la rétroaction en direct. Vous vous sentez déjà dépassé par ce premier exercice? Demandez de l'aide à des experts, non pas en sondage, mais en expérience client. Il faut savoir ce que l'on cherche pour poser les bonnes questions. Arrêtez de sonder une fois par période déterminée, mais instaurez les mécanismes de rétroaction de manière continue. Ouvrez le dialogue, vous allez être étonné de l'intelligence créative et constructive de vos clients.

La volonté de faire est sous-jacente à cette prémisse. Cela peut paraître redondant de mentionner cet élément à ce stade-ci, mais volonté et motivation sont des synonymes qui déterminent vos chances de succès dans cette quête de Présence. C'est le courant d'énergie qui donne vie à tout cela. C'est ce qui vous permettra de continuer, malgré les embûches. C'est ce qui fera la différence entre les succès et l'échec. La Présence n'est pas une destination, c'est un état d'être dans l'entreprise. Cet état ne peut être que le reflet d'une volonté de la haute direction d'offrir de la Présence. La Présence des employés ne sera jamais plus forte que celle de leurs supérieurs, et surtout de leurs leaders. Alors, sans un modèle de Présence aux étages directeurs de la hiérarchie, tout effort est inutile. Si, comme patron, la Présence se résume pour vous à garder les mains dans vos poches et à faire sonner votre «p'tit change» en anticipant les dollars qui seront générés, j'aime mieux vous dire que votre démarche est inutile. Il y a donc une forte corrélation entre le leadership que les dirigeants exercent dans le quotidien et la Présence. La Présence engage les leaders, et les leaders présents engagent leurs employés qui, à leur tour, donnent le ton aux relations client.

C'est exactement pour cela que nous devons déterminer pourquoi nous voulons offrir la Présence dans notre entreprise. Pour être certains de ne pas perdre l'objectif de vue dès que les actionnaires mettront de la pression sur les résultats. C'est aussi l'occasion de valider notre mission et de nous demander pourquoi nous existons. La réponse ne devrait pas être uniquement «pour générer de l'argent», car c'est le plus mauvais maître. Si nous ne réalisons pas que notre Présence est nécessaire à la réussite de notre mission – laquelle doit être orientée vers la création de valeur pour nos clients –, nous sommes destinés à mourir. Le chaos économique dans lequel la fin de la première décennie de ce nouveau millénaire a plongé le monde a été le constat irrévocable que plus rien ne serait comme avant. «Un gestionnaire sans valeurs n'a pas de valeur[16]» n'aura jamais été une maxime aussi révélatrice pour décrire l'état d'esprit de plusieurs leaders aux prises avec des remises en question dictées par leur conscience. Mais quelles valeurs doivent avoir préséance sur les autres? Lorsque nous sommes à la tête d'une entreprise, nous avons comme responsabilité première de générer de la valeur pour tout l'écosystème de l'entreprise. C'est cette réussite qui déterminera le retour sur investissement des actionnaires pour des années à venir et qui devrait déterminer le bulletin de réussite de son leader. Mais il ne faut surtout pas se tromper sur le mot «valeur».

Si le monde entier est d'accord sur une chose, c'est bien que là gestion à court terme n'a fait que détruire la poule aux œufs d'or jusqu'à maintenant. Il suffit de constater qu'il y a vingt ans les actionnaires détenaient leurs titres en moyenne pendant sept ans et que depuis le début du millénaire, la moyenne a baissé continuellement pour s'arrêter autour de sept mois[17]. Nous sommes tous d'accord également sur le fait que les voleurs de richesse ne seront jamais les héros de ce chaos, mais les responsables. Des leaders absents qui ont failli à leur devoir en mettant leurs priorités complètement à l'envers. Des usurpateurs de Présence qui ont floué des milliers de clients, d'employés et d'actionnaires, certains en toute conscience et d'autres, tout aussi coupables, en toute inconscience. La Présence n'est pas une valeur, c'est un état d'être qui permet de choisir les valeurs les plus représentatives de notre quotient éthique. Un état nécessaire pour comprendre et distinguer ce qui est important et ce qui ne l'est pas pour nos clients et nos employés. Inversement, c'est la Présence qui donnera vie à ces valeurs. Nous sommes tous las des belles valeurs inscrites en lettres dorées dans le grand livre de l'entreprise ou dans un onglet insignifiant de son site Internet. Cessez de crier haut et fort vos valeurs et faites-les vivre. Comme le dicton populaire le dit si bien: «Faites aller vos bottines dans le même sens que vos babines!»

---

16. Louis Roquet, *La gestion par proverbes*, Les Éditions Fides.
17. Yvan Allaire et Mihaela Firsirotu, *Black Markets... and Business Blues*, Éditions FI Press.

Oui, les actionnaires savent mettre de la pression sur les dirigeants pour obtenir de la valeur, mais un vrai leader doit se poser en défenseur des valeurs de son entreprise et donner le ton sur le plan des attentes. Un vrai leader a une colonne vertébrale et n'hésitera pas à remettre sa démission si l'on exige de lui de transgresser ses valeurs et celles de son entreprise. Les valeurs ne paralysent pas, elles mobilisent. C'est facile de faire un *mea culpa* avec des millions dans son compte de banque et de dicter aux autres des leçons de morale, mais la crédibilité s'acquiert seulement si les autres sentent la Présence. Nous constatons que dans le mouvement des scandales à la Enron et à la Madoff, ou, plus localement, au Canada, ceux des commandites, de Norbourg et de son président véreux Vincent Lacroix ou d'Earl Jones, que l'éthique a pris une place plus grande dans nos débats. Nous abordons ce sujet dans les écoles destinées à l'enseignement commercial depuis quelques années. Mais enseignerons-nous la Présence?

La compréhension de l'engagement présuppose que nous prenions le temps de réfléchir à notre capacité de tenir nos promesses. S'il faut de la volonté pour orienter notre entreprise vers le concept de Présence, il faut aussi le serment solennel que nous nous y engageons contre vents et marées. À l'instar du leadership mou, la Présence floue n'apporte que des résultats négatifs. Elle crée des attentes non comblées plus préjudiciables que l'absence habituelle. Tout simplement parce qu'elle rompt le pacte de Présence et assassine la confiance et la crédibilité de la direction. S'engager à offrir la Présence relève plus d'un acte de courage et de lucidité que d'un élan passager pour briller. Les résultats pourraient bien être visibles seulement lorsque le leader qui l'aura instaurée sera parti.

Pour prendre la direction de la Présence, il faut aussi une dose d'humilité pour admettre que nous faisions fausse route. Pour prendre la décision collectivement de faire les choses différemment dans le véritable intérêt du consommateur, il faut comprendre comment nous fixions nos priorités auparavant. La manière dont nous rémunérons nos employés est aussi révélatrice que celle dont nous rétribuons le grand patron. Si nous choisissons d'offrir la Présence, il faudra garder en tête que tous les indicateurs de performance devront être révisés pour encourager les comportements cohérents. Il faudra se rappeler que «la ruse divise alors que l'intelligence unifie[18]». La Présence des

---

18. Eckhart Tolle, *Nouvelle Terre: l'avènement de la conscience humaine*, Éditions Ariane.

uns aux autres commande le respect. Elle exige de mettre notre intelligence à son service.

L'état de notre écosystème de communication

Après avoir fait l'analyse de l'état de la situation dans l'entreprise – en d'autres mots, avoir pris le pouls de la Présence collective –, il faut faire le même exercice d'un point de vue plus technique. Les entreprises doivent analyser la fluidité de leurs communications dans l'entreprise. Cela se fait sur deux volets :

- *L'efficacité des outils de communication en place.* Il s'agit de déterminer si les besoins des employés et des clients sont comblés en matière de moyens de communication. Y a-t-il de longs délais d'attente au téléphone ? Y a-t-il suffisamment de lignes pour soutenir les besoins internes et externes ? La vitesse Internet permet-elle d'être à la hauteur dans la livraison de services ? Le délai de réponse aux clients est-il alourdi par des déficiences dans le soutien technique ? Les employés engorgent-ils le système téléphonique par leurs besoins internes ? Peuvent-ils communiquer aisément avec deux, trois, quatre personnes ou plus en même temps ? Demandez à vos employés ce qu'ils pensent du système téléphonique ou en ligne.

- *L'efficience de tous les systèmes, incluant le Web.* Ou, dit plus simplement, comment se complètent les différentes interfaces client entre elles. La meilleure façon de le découvrir est d'expérimenter le service vu de l'extérieur, tant par le Web que par téléphone, et pourquoi pas en personne. Vous pourrez constater à quel point il est facile de vous joindre et de parler à quelqu'un dans votre entreprise. Analysez les blocages dans le flot des communications ainsi que les occasions d'amélioration. Dites-vous que si vous vivez une mauvaise expérience, ce n'est pas un cas isolé. Même chose si vous en vivez une bonne – assurez-vous que les bonnes soient constantes. Évaluez les temps de réponse pour les questions en ligne ou au téléphone, le temps nécessaire afin de trouver un employé pour vous aider en magasin, bref, mettez tous les canaux à l'épreuve. Les clients doivent-ils répéter continuellement la même information ? Doivent-ils payer pour être servis ? Comment faites-vous pour faire de chaque occasion de relation une occasion de vente ? Avez-vous les bons outils pour soutenir les employés attitrés à la relation client ? En résumé, concentrez-vous sur les bris dans la chaîne de communication et créez des ponts pour ajouter de la fluidité aux communications.

Dépassez le simple cadre d'analyse TI pour faire les choix qui s'imposent. Ne limitez pas cette analyse à l'aspect purement factuel des pannes de système ou d'autres indicateurs de cette nature. Osez pousser plus loin en évitant le piège des administrateurs TI qui, par déformation professionnelle, vous présenteront des rapports de présence du serveur. Ce que vous voulez mesurer, ce n'est pas seulement le nombre d'appels entrants ou sortants, ou le nombre de courriels, mais bien plus les appels manqués et les courriels perdus. Il est facile de dire qu'on a répondu à 100 % des appels en-deçà de cinq minutes, mais un peu moins de dire que 100 % des clients ont abandonné après avoir tenté de vous

Éléments à analyser	À améliorer ou à faire	Optimale ou acceptable
La volonté de la direction.		
La clarté de la mission.		
Vos valeurs sont significatives et partagées par tous les employés.		
Les indicateurs de la Présence sont déterminés et intégrés à la bonification.		
La qualité de la relation avec les clients.		
La qualité de la relation avec les employés.		
L'efficacité des outils de communication internes.		
L'efficacité des outils de communication externes.		
L'expérience de service dans tous les canaux de distribution.		
Les canaux de distribution rejoignent bien tous vos segments cibles, quelle que soit leur situation géographique.		

Figure 7 Grille d'analyse sommaire pour la mesure zéro

joindre sans succès. Êtes-vous capable d'évaluer le temps nécessaire à un client pour aller chez le concurrent? Ou combien d'essais il est prêt à vous accorder avant de mettre fin à ses tentatives pour entrer en communication avec votre entreprise?

Dans le même ordre d'idée, évaluez la couverture géographique de votre réseau; n'hésitez pas à utiliser le géomarketing pour cette étape. Profitez-en pour valider l'expérience client et vous assurer qu'elle est adéquate partout malgré les niveaux de rentabilité différents, sinon repensez votre stratégie. Un guichet pourrait-il mieux servir le client, ou une borne tactile avec un accès à un expert? Votre Présence doit être optimisée. Rien ne doit être laissé au hasard dans cette réflexion.

Ce chapitre est le plus déterminant pour la suite: c'est votre mesure zéro, c'est votre point de départ vers la quête de la Présence. Ce que vous voulez, c'est conquérir le cœur de vos clients et de vos employés. Pour sentir la Présence, il faut établir la relation. Or, il ne saurait y avoir de relation sans moyens pour communiquer et, surtout, sans volonté de le faire. Capitalisez sur ce que vous faites bien et améliorez ce que vous faites mal, mais dans tous les cas, sachez d'abord ce qui entre dans chacune des catégories. Soyez honnête et évitez la complaisance. Cherchez les satisfactions les plus élevées autant que les satisfactions moyennes et inférieures. Surtout, prenez le temps de diagnostiquer la situation correctement et de bien cerner vos motivations. Les employés et les actionnaires devront comprendre votre démarche et saisir toute l'importance que vous y attachez.

Les éléments importants dans ce chapitre qui traite de la préparation nécessaire à l'instauration d'une culture basée sur la Présence

- Il faut d'abord analyser l'état de la situation dans l'entreprise: c'est la mesure zéro. Pour découvrir les possibilités d'amélioration, il faut connaître notre point de départ et saisir l'occasion pour affirmer nos convictions en tant que chef de la Présence. Le signal doit être clair et sans équivoque. Prendre le pouls de la Présence collective est le premier pas.

- Il faut faire le même exercice d'un point de vue plus technique. Les entreprises doivent analyser la fluidité de leurs communications.

Cela se fait sur deux volets, soit l'efficacité des outils de communication en place et l'efficience de tous les systèmes et interfaces client, incluant le Web.

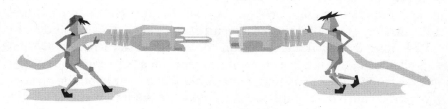

CHAPITRE 7

Que manque-t-il pour établir une véritable Présence avec ma clientèle?

Une fois le diagnostic amorcé et l'engagement à la Présence partagé par tous les membres de l'entreprise, il faut commencer à mettre en place quelques pistes de correction pour donner le ton. Mais que faut-il pour l'établir, cette véritable Présence avec le client? De l'intelligence émotionnelle? Des habiletés communicationnelles ou relationnelles? Des outils technologiques? Je vous dirais que c'est tout cela, en dosage varié selon le poste occupé, mais assurément tout cela. Les grands changements ne se font pas avec l'intelligence brute ou cartésienne, mais avec l'écho du cœur. Le quotient émotionnel gagne en lettres de noblesse, et c'est à mon avis la seule voie possible au tournant de ce millénaire. Faites ce qu'il faut pour le développer pour vous et vos employés, ou, encore mieux, embauchez les quotients émotionnels les plus élevés. Il existe de nombreux tests pour le mesurer.

De petits pas dans la bonne direction

Résistez à la tentation de sauter des étapes et de répéter les mêmes erreurs qui ont conduit à la déficience de votre écosystème de communication actuel. On ne commence pas par la fin, il vaut mieux de petits pas dans la bonne direction que de grands pas sans direction. Prenez la démarche au sérieux, mais ne précipitez pas les choses. Plus votre entreprise est grande, plus le temps requis pour sentir les impacts de la Présence sera long. Cela ne veut pas dire que c'est peine perdue, au contraire. Tout comme on gagne un client à la fois, on les perd aussi un à la fois. Au-delà d'une statistique de rétention se cachent de véritables clients qui ont fait le pari de continuer à vous faire confiance plutôt que de changer de fournisseur. Est-ce uniquement par habitude ou simplement à cause de la paresse? Peu importe, ils sont encore là! Votre clientèle exprime ses malaises de bien des façons, mais tant qu'elle demeure avec votre entreprise, tout est possible.

C'est la même chose pour vos employés. Tant qu'ils sont avec vous, tout est possible. Maintenant, pour donner un coup d'envoi, il faut y aller progressivement. Il serait inutile de déployer l'artillerie lourde à cette étape. Il faut s'ouvrir à la relation client, la véritable relation client. Commençons par établir le dialogue avec notre actif le plus volatil: les clients. Remarquez que dans les entreprises où la Présence est déficiente (mauvais sondage sur la qualité du service, chute du prix de l'action, taux de rétention en chute libre, etc.), il semble y avoir un corollaire: la volatilité ou l'instabilité du capital humain. Il faut donc, là aussi, établir les mécanismes pour installer un dialogue ouvert et continu avec les employés. Certes, il est difficile de savoir si ce sont des employés mécontents qui sont la cause des clients mécontents, ou si c'est la quantité grandissante de clients mécontents des politiques de l'entreprise qui ont découragé le personnel. Mais de toute façon, avec l'engagement à la Présence, le problème sera étudié par les deux voies, car les deux variables sont indissociables de l'équation.

Faites d'abord le pari de devenir présent dans le cœur de vos clients. Traitez-les comme des amis, et vos employés comme des associés. Évitez les recettes à la Walmart, où les associés ridiculisent eux-mêmes ce terme, n'ayant nullement le traitement salarial ou les bénéfices d'un associé. Optez plutôt pour des gestes qui démontrent clairement ce qu'ils sont pour vous. Un ami a droit à un respect sans faille et à des privilèges eu égard à son statut. Il peut vous appeler quant cela lui plaît; sachant que vous êtes très occupé, il le fera avec parcimonie. Un associé est dans le coup et participe aux réunions et aux décisions. Il apporte sa contribution et il en bénéficie équitablement. Au-delà des privilèges, il y a aussi les devoirs du statut d'associé, ce qui donne le goût d'agir aussi comme un partenaire lorsque la nécessité surgit, soit en travaillant plus tard, soit en choisissant d'en faire plus pour un client.

Nous avons un pharmacien populaire au Québec qui se dit notre ami depuis les années 80. Personnage sympathique, le fondateur pharmacien a donné son nom à sa chaîne: Jean Coutu. Si, en 1980, ce choix était naturel compte tenu du fait qu'un pharmacien affiche toujours son nom sur son enseigne, aujourd'hui le message a changé. Ce réseau de franchises est bien loin de la proximité du fondateur, avec un réseau de plus de 2000 succursales et des centaines de pharmaciens propriétaires qui ont des noms bien différents de celui d'origine. C'est un peu comme si deux pharmaciens affichaient systématiquement leurs noms: Jean Coutu et le franchisé. Il est aussi peu probable de rencontrer M. Coutu dans une pharmacie – *le* Jean Coutu, le vrai! Ce qui est fascinant, c'est que malgré la faible probabilité que cela arrive, aux dernières nouvelles il était toutefois possible de l'y croiser. En effet, jusqu'à tout récemment, il faisait encore sa tournée régulièrement dans ses pharmacies propriétaires. Son agence a d'ailleurs capitalisé sur le fait que ce nom d'entreprise soit éponyme. Tout le monde sait que Jean et Coutu sont un prénom et un nom fréquents au Québec, et jouer sur la marque avec l'idée d'un personnage en chair et en os qui vit un calvaire en raison de la popularité de son nom et de la confusion qu'il évoque avec le nom de la chaîne de pharmacies a été une façon originale de ne jamais montrer le visage de son fondateur. Le fondateur n'est pas éternel, il était inutile de trop mettre l'accent sur le personnage.

Par contre, ce qui est encore plus fascinant, c'est que le réseau de pharmacies est tellement bien ancré dans toutes les localités au Québec que sa Présence en fait un véritable ami sur qui nous pouvons compter pour nos petits rhumes, nos dents blanches ou nos médicaments. Alors, la présence physique d'un réseau bien établi, la présence médiatique, la Présence de pharmaciens bien implantés localement tels que Jean Coutu expliquent pourquoi depuis plusieurs années cette chaîne de pharmacies obtient la cote d'amour du public lors d'un sondage sur les entreprises préférées des Québécois. Elle est présente dans l'environnement et, surtout, dans le cœur des consommateurs. Je ne discute pas ici de qualité de service ou d'expérience client, car d'autres chaînes font des efforts plus remarquables en ce sens. Mais la force de Jean Coutu, c'est sa Présence dans le cœur des habitants du Québec. Un exploit difficile à reproduire en dehors de la terre où est né son capital de sympathie, aux États-Unis, par exemple. Ce qui renforce la thèse de la Présence, car Jean Coutu n'a pas d'âme là-bas, encore moins de visage, et nous connaissons les résultats de son aventure américaine.

Qui est ma clientèle?

Avant même la digitalisation des listes de clients, les services marketing avaient déjà une orientation segmentation pour faciliter la compréhension globale des besoins de leurs clients. Ce n'est pas d'hier que nous cherchons à regrouper par variables de tout acabit les clients potentiels et actuels dans un marché donné. C'est la base même du marketing. Héritage d'un marketing de masse, la segmentation se raffine continuellement pour s'orienter davantage vers des marchés de niche. Il est de plus en plus fréquent de voir des entreprises créer ou acheter leur propre compétition en utilisant des incorporations et des noms différents, ou encore des produits différents, pour tenter de conquérir le marché de quelques points. Pensons à Fido, qui a gardé son entité globale, malgré l'acquisition de l'entreprise par Rogers. Cette tactique est maintenant encore plus facile avec le Net, car les coûts sont plus bas et l'anonymat plus facile. Créer deux sites Internet pour un nouveau service, ce n'est guère plus coûteux. Certains consultants vont même jusqu'à proposer à des entrepreneurs en démarrage de créer deux entités pour laisser croire au public que si la compétition, en apparence réelle, se bat pour les parts de marché, c'est de bon augure pour le consommateur qui voit là un élément rassurant pour son pouvoir de négociation. En plus de laisser croire à l'idée qu'il y a déjà assez de clients dans le marché pour avoir éprouvé le service et, surtout, avoir auparavant justifié la naissance d'un compétiteur. Le problème, c'est qu'on peut faire semblant un certain temps et simuler une demande biaisée, mais si au bout d'un moment les revenus ne sont pas au rendez-vous, le pari est perdu. Éthiquement, cela peut aussi rattraper les entreprises fautives, car tout finit par se savoir. C'est ce que j'appelle faire preuve d'une morale élastique, et c'est vraiment très loin du concept de Présence. Mais entre les pôles du marché de grande masse et ceux de petite niche, il y aura toujours les consommateurs: c'est la seule vérité.

Si vous preniez le temps de mieux comprendre les besoins de vos clients en apprenant à les connaître davantage comme des amis, vous pourriez faire un énorme gain de pertinence dans votre offre de services ou de produits, qui se traduirait par une augmentation de revenus. Mais, surtout, si vous demandiez à vos employés d'être plus curieux avec leurs clients, et si vous leur donniez les moyens de collecter les données sur une base continue, il me semble que bien des informations insoupçonnées et pertinentes s'en dégageraient. Au fond, nous sommes à l'ère de la microsegmentation, et si c'était possible d'avoir un segment par client, ce serait la meilleure façon de faire. Je sais que c'est utopique pour certains, mais avec la capacité des outils de gestion informatisés, avec une relation client à son meilleur et une orientation claire pour l'entreprise, c'est possible. Plus facilement qu'on le croit, d'ailleurs. Amazon et Dell le font assez bien à des niveaux différents, mais chaque client est un segment à lui seul. Ainsi, mes achats dans Amazon sont comparés avec ceux de clients qui semblent aimer les mêmes livres que moi, et des suggestions d'amis me sont faites. Quant à l'entreprise Dell, même si elle n'a pas pu résister à la tentation de sortir de la distribution en ligne en mettant des produits *one size fits all* chez Walmart, son modèle de base est simple : un produit sur mesure pour chaque client, et livré à sa porte. J'oserais même dire que devant tous ces choix, le plus difficile pour le client, c'est de savoir ce qu'il veut. Heureusement que l'aide en ligne et le service à la clientèle viennent à la rescousse des clients indécis, car ils peuvent finir par comprendre et décoder leurs propres besoins.

À la fin du processus de microsegmentation, si nous arrivons à partir des segments de clients individuels à créer des segments de groupes, peu importe la variable, nous avons réussi à partir du client plutôt que de la segmentation. C'est donc démarrer sur du solide plutôt que sur une prémisse discutable de segmentation imprécise. Ce n'est pas parce que je suis mère de deux enfants que je suis forcément et uniquement dans le segment «famille», je suis dans bien d'autres segments. En connaissant mes besoins précis et mes attentes, vous pourrez constater que je suis une mère femme d'affaires, proenvironnement, végétarienne et athée. N'essayez pas de me vendre un siège d'auto, je n'ai pas de voiture. N'essayez pas de me convaincre de faire manger à mes enfants des plats surgelés sous prétexte de m'épargner du temps, ou de me faire sentir coupable si mes enfants ne deviennent pas des consommateurs boulimiques de jouets inutiles et polluants. La complexité des individus est grandissante, et sa compréhension est incontournable pour raffiner la segmentation.

Dorénavant, il ne faut plus chercher à diviser les segments pour cibler nos actions marketing. Il ne faut rien tenir pour acquis, mais dialoguer avec nos clients afin de mieux les connaître et, surtout, ne pas essayer de prendre des raccourcis pour gagner du temps ou épargner de l'argent. Il faut que nos bases de données soient évolutives et dynamiques, que les actions de nos clients plutôt que nos hypothèses déterminent la collecte d'informations. Nous pouvons répartir nos amis dans de grands groupes, par exemple nos amis d'enfance, nos amis pour le sport, notre famille, etc. ; mais en fait, nous connaissons nos amis, et c'est cette connaissance qui nous permet de les regrouper, et non l'inverse. Le marketing appuyé par les nouvelles technologies pour mieux dialoguer avec les clients, c'est le paradis des marketeurs innovateurs, qui n'ont de limites que leur imagination.

 **Idée :** Instaurez un forum ou mettez en ligne un questionnaire amusant bâti à partir du profil de chaque client qui participe. Ce qui est irritant dans un sondage, ce sont les questions démographiques et descriptives. Impressionnez votre client et validez seulement l'information que vous avez déjà, et allez droit au but pour découvrir ses besoins.

Le pacte de loyauté

Dans les entreprises typiques, on ne fait pas souvent la différence entre un client fidèle et un client loyal. Pour la plupart d'entre elles, la date d'ouverture du dossier détermine la longévité de la relation. Ainsi, nous dirons d'un client qui fait affaire avec nous depuis 1980 qu'il est fidèle depuis plus de vingt ans. D'après vous, à partir de combien d'années pouvons-nous parler de fidélité ? Dans les synonymes de fidélité, il y a «constance» et «dévouement». À partir de combien de temps peut-on dire qu'un ami est un ami fidèle ?

Pas facile comme réponse, et pour cause, cela ne se mesure pas avec des données factuelles. Nous pourrions constater qu'un client nous a confié tous ses besoins de communication et qu'il serait difficile d'en avoir plus, et ainsi le considérer comme un client fidèle après seulement un mois. Or, le concept de fidélité a été quelque peu galvaudé avec les contrats qui nous lient à l'entreprise et qui forcent la fidélité de manière artificielle. Pour des raisons économiques, certes, mais très mal gérées et antirelationnelles. Force-t-on un ami à demeurer avec soi par une quelconque obligation ? Pas vraiment, sauf dans les relations basées sur la dépendance économique, comme un mauvais mariage. Pourquoi donc ne pas offrir la possibilité de céder les contrats qui ne conviennent plus à un autre client, comme cela se fait dans les transferts de bail auto ? Une idée susceptible de nous faire regarder la relation sous un angle différent. D'ailleurs, bien des compagnies profitent de cet irritant pour séduire les clients avec des offres de cellulaires sans contrat. La nature a horreur du vide, elle tend à le combler ; je le dis souvent, mais c'est tellement vrai. C'est étrange de constater à quel point le sentiment de liberté tend à solidifier les relations quand elles deviennent basées sur la confiance. Le fait de se sentir étouffé n'a jamais aidé la cause de la fidélité. C'est d'ailleurs cette peur qui freine les élans vers le mariage, non ?

Revenons sur le concept de fidélité en analysant un peu plus en détail l'impact du mot «constance». La constance déterminerait donc si un ami ou un client est fidèle. Pour détecter la constance, il faut qu'une répétition se dégage au fil du temps dans le comportement d'achat. Nous pourrions donc dire que la fidélité exige qu'un client ait fait au moins deux cycles de facturation ou plus avec nous. Cela peut être deux ans, deux mois ou deux achats, mais dans tous les cas, il doit y avoir une décision «consentante» de continuer de faire affaire avec notre entreprise avant de considérer la moindre fidélité.

Si nous ajoutons le mot «dévouement» à la compréhension de la fidélité, nous voyons que le concept commence à s'approcher d'une connotation plus intime. À ce compte-là, nous pourrions aussi nous demander si c'est l'entreprise qui doit être fidèle à nous, et non l'inverse. D'ailleurs, cette question a donné naissance à un livre basé sur une enquête Léger Marketing[19]. Le dévouement des entreprises à l'égard de leurs clients est très proche du concept de Présence. Nous disons de quelqu'un de fidèle qu'il respecte ses engagements et tient ses promesses. Nous pouvons donc nous demander quelle sorte de dévouement un client peut bien offrir en retour à une entreprise qui tient ses promesses.

Peut-être d'être toujours prêt à nous donner l'heure juste pour nous aider à mieux le servir. Peut-être de défendre notre réputation, si quelqu'un ose l'attaquer. Peut-être de nous avertir qu'un concurrent le sollicite et qu'il a reçu une offre très alléchante. Un client fidèle annonce ses couleurs, car il préfère éviter la douloureuse séparation. Mais un client fidèle l'est jusqu'à preuve du contraire, ou jusqu'à ce qu'une autre entreprise le comprenne mieux et lui offre son dévouement. Ce sont d'ailleurs les clients fidèles qui sont les plus négligés par les entreprises trop certaines que leur fidélité est acquise. Une cible de choix pour les compagnies présentes à leurs besoins.

S'il n'est pas facile de déterminer le concept de fidélité, imaginez la difficulté de faire la différence entre fidélité et loyauté. Je vous dirais que c'est une différence importante, au point où elle peut déterminer les prévisions de vente pour des années à venir. D'abord, la différence sémantique est plutôt subtile, et les synonymes similaires. Par contre, la loyauté est une droiture ou une rectitude qui trône au sommet de l'engagement par un indéfectible respect de l'autre et par une confiance

---

19. Léger Marketing, *L'entreprise infidèle*, Éditions Transcontinental.

réciproque. Ainsi, un client loyal dépasse la fidélité en devenant exclusif avec votre entreprise. Il n'entretient pas de relation avec d'autres entreprises de votre secteur, car il se sent comblé et engagé avec la vôtre. Il est généralement plus tolérant à l'erreur ; il fera tout pour éviter de faire face à la décision de vous quitter et il plaidera en votre faveur en vous excusant. Ce genre de clients est précieux. Ils sont des ambassadeurs, des défenseurs, le cœur et l'âme de l'entreprise ; ils sont ce qu'on y fait de mieux. Ils n'ont certes pas le sens critique très développé, mais ce sont vos clients champions. Peu importe leur budget, ils le dépensent exclusivement dans votre entreprise, selon la catégorie budgétaire associée. Ce sont ces clients qui font élargir les gammes de produits et services des entreprises au fil des années. Ce sont ces clients qui sont prêts à vous faire confiance les yeux fermés dans vos nouvelles aventures, en tenant pour acquis que si vous étiez bon en téléphonie, vous serez tout aussi génial en services Internet. Mais attention aux clients loyaux ! Quand leur patience atteindra la limite, ils vous feront payer très cher votre manque de loyauté. Ils ne feront pas les choses à moitié, ils s'assureront de couper toute relation avec vous pour être absolument certains que ça fasse mal et que le message soit clair et sans équivoque.

Selon la loi de Pareto, règle générale, 80 % des revenus proviennent de 20 % des clients… loyaux ! Ça, vous le saviez déjà, mais que faites-vous avec cela ? Un client loyal a une confiance énorme envers l'entreprise. Or, la confiance s'établit par la véritable communication qui permet de construire une relation. On ne peut pas être loyal envers quelqu'un avec qui on n'a pas de relation. Évidemment, il ne s'agit pas ici d'une relation banale, mais bien d'une relation de qualité. C'est la seule voie pour gagner la confiance, qui est le pilier de la loyauté.

C'est exactement le même principe avec vos employés. Les employés fidèles font du temps et bénéficient de petits avantages qui récompensent ce temps, comme le *beau* cadeau après vingt-cinq ans de service. Par contre, un employé loyal sert l'entreprise et ses clients avec conviction et avec tout son cœur. Il ne fait pas du temps. Il crée de la valeur pour tout le monde, même ses collègues. Il est le plus engagé socialement pour représenter son entreprise : c'est un membre de la famille. Ses collègues sont des frères et sœurs qui partagent les mêmes valeurs et passions que lui, du moins dans sa conception de la relation avec son entreprise. Tout part de son point de vue d'employé loyal ; il lui est difficile d'imaginer que quelqu'un ne l'est pas tout autant que lui, et il fera tout pour défendre et justifier sa loyauté. Ce sont les employés que vos compétiteurs voudraient avoir. Que faites-vous pour les valoriser ? Vous établissez des politiques salariales et des principes de rémunération qui tuent la loyauté. Une personne loyale n'a pas besoin de politiques ni de principes : elle *est* le principe. Le principe fort simple que plus nous sommes dévoués, et plus notre entreprise nous en sera reconnaissante.

Lorsque je travaillais dans le secteur bancaire, au début des années 90, tous les dirigeants avaient comme mission de réduire les dépenses de façon draconienne. Le principe de base était que les guichets automatiques offraient dorénavant des solutions de rechange aux clients et que nous pouvions dès lors réduire les heures d'ouverture pour les services.

Ce qui s'est passé fut une véritable catastrophe pour la Présence. Non seulement les clients ont crié, avec raison, à la trahison et au bris de contrat moral avec leurs banques (à l'époque, des humoristes firent les gorges chaudes de cette situation), mais les employés à temps plein qui virent leur horaire converti à temps partiel ont eux aussi réagi. C'est ainsi que nous avons constaté de façon brutale que les employés à temps plein et loyaux travaillaient dans les faits plus de 37,5 heures. Leur dévouement de quelques minutes supplémentaires par jour – non calculées – nous permettait d'éviter bien des tracas et des heures supplémentaires. Au bout du compte, en réduisant leur semaine à 20 heures de travail, nous en avions pour 20 heures, pas une minute de plus. Le gain acquis par la loyauté était disparu. Il fallait donc donner le travail supplémentaire à d'autres employés non formés pour cela, qui le faisaient à contrecœur, car pour eux aussi c'était un bris de contrat moral. Les économies furent finalement insignifiantes compte tenu des dommages collatéraux.

Le plus drôle, c'est qu'un peu plus de dix ans plus tard, j'ai mis sur pied et géré un projet spécial pour la banque qui m'employait à l'époque, que nous avons appelé Heures Plus. Un concept « brillant » d'accessibilité dans les succursales qui est devenu une norme dans l'industrie des services financiers. Je dis « brillant », mais au fond ce qualificatif ironique démontre qu'une chose aussi naturelle que la Présence a causé un débat à la haute direction pendant des mois. Avec mon groupe de travail, nous avions dessiné un éléphant, mais la direction a accouché d'une souris. Une petite victoire morale pour tout le monde, car finalement le nerf de la guerre est devenu la Présence – ou du moins l'accessibilité – dans ce secteur. Le thème publicitaire des services financiers depuis la dernière moitié de la première décennie est une variante systématique autour de l'accessibilité ou du confort. Une sorte de demande officielle de pardon aux clients abandonnés. Ça ne prenait pas la tête à Papineau pour penser à cela, mais dans la tête de la direction, il aura fallu un mandat de consultation à fort prix pour valider le bon sens. J'ai appris une leçon d'affaires incroyable : au nom de la Présence, il faut s'armer de chiffres et de statistiques pour donner des munitions à la direction, qui doit avoir l'aval du conseil d'administration. Faute de pouvoir démontrer le coût de l'absence, il faut justifier le prix de la Présence.

 **Idée :** Donnez un nom à tous vos clients loyaux et gâtez-les. Faites de même avec vos employés loyaux. Certains privilèges ne coûtent pas nécessairement de l'argent : leur assurer un accès privilégié à une section du site, créer un programme de reconnaissance automatisé, les mettre en vedette dans votre site, etc. Pourquoi ne pas nommer votre responsable client « vice-président expérience client et loyauté », comme dans les entreprises bien axées sur la Présence, et votre responsable des ressources humaines « vice-président expérience employé et loyauté » ?

Que veut ma clientèle ?

Dans le sillon de la découverte de votre clientèle et d'une meilleure compréhension de vos clients loyaux, il y aura forcément des révélations sur leurs besoins non comblés ou simplement mal comblés. Lorsque je donne de la formation, je constate que les étudiants perçoivent souvent le marketing comme une discipline qui permet de créer le besoin client. Je m'oppose fortement à cette perception : nous ne pouvons pas créer un besoin, c'est utopique. Au mieux, nous stimulons un besoin non priorisé et latent, mais nous ne le créons pas. Par contre, je suis d'accord sur le fait que la ligne est mince. Lorsque les designers créent des tendances mode et qu'ils anticipent ce qui sera *hot* une à deux années d'avance, nous sommes directement dans la stimulation du besoin de se vêtir et de se sentir belles. Mais nous sommes surtout dans leur besoin de faire tourner l'industrie de la mode en stimulant des besoins factices. Dans ce sens, en créant de nouvelles couleurs ou de nouvelles options pour un bidule donné, je stimule la consommation, mais je ne crée par le besoin. Le besoin de base doit être là, sinon aucune stimulation n'inventera un besoin, si superficiel soit-il. Mais oui, le marketeur peut vous donner envie de dépenser pour un besoin qui n'était pas urgent, mais c'est là que votre jugement intervient. Le marketeur s'assure avant tout que lorsque votre besoin surgira, vous choisirez son produit ou son service au lieu de celui du compétiteur. Sinon, il travaille pour ses compétiteurs. Combien de campagnes de publicité avons-nous vues qui stimulent un besoin sans pour autant permettre l'attribution de la marque de l'annonceur, qui paie finalement pour valoriser les besoins indifférenciés de toute son industrie ?

En apprenant à mieux détecter les besoins non comblés, chaque entreprise devra se demander si elle peut ou si elle veut les combler. Si elle choisit de le faire, le fera-t-elle au détriment d'autres besoins auxquels elle répond bien et mieux? Elle constatera également que certains segments sont mal desservis et que la sagesse commande de cesser de trahir la confiance des clients inclus dans ces segments grossiers. L'important, c'est d'être le meilleur dans ce que l'on fait, car c'est la seule voie pour être à la hauteur du pacte de loyauté. Des services et des produits ont fait la réputation de certaines entreprises, mais avec le temps, elles ont migré vers d'autres offres. Elles hésitent à laisser tomber leurs clients loyaux attachés à leur offre initiale, mais elles les laissent tomber de toute façon en cessant d'investir dans l'amélioration de l'offre. Les clients loyaux ne sont pas des vaches à lait. Peut-être pour vos revenus, mais pas pour longtemps, si vous pensez de cette façon. Un ami loyal qui me tient pour acquis en exigeant de moi une loyauté sans offrir son dévouement est un candidat à un statut d'ami parmi tant d'autres.

Une entreprise qui constate qu'elle ne peut pas combler les besoins de ses clients le dira franchement et leur proposera des solutions, ou les dirigera vers un partenaire mieux habilité à les servir. Pour être capable d'admettre un tel état de fait, il faut d'abord être ouvert au dialogue. Ce sera souvent l'occasion d'élever l'offre au rang supérieur en entraînant d'autres clients vers la loyauté. La plupart des entreprises associent les demandes de leurs clients avec des dollars à dépenser, mais un client loyal et même fidèle vous dira ce qu'il est prêt à payer pour ce petit plus. Ainsi, une peur de dépenser davantage pour offrir un meilleur service se traduira peut-être en occasion de générer de nouveaux revenus, pour la plus grande satisfaction de vos clients et de votre patron.

Idée : Installez des zones de suggestions permanentes et mettez en valeur les idées retenues, avec leurs auteurs. Réinventez les boîtes à suggestions en en dévoilant le contenu à tous les participants, qui pourront voter pour la meilleure et améliorer l'idée. Avec les sites Internet, cela devient facile.

Comprendre le terrain de jeu du client

À l'ère des communications digitalisées, il faut bien comprendre l'envergure du terrain de jeu de nos clients actuels et potentiels. Il faut tenter à tout prix de savoir quels moyens de communication seront les plus susceptibles de les faire passer à l'action ou de les garder comme clients. Cet éventail s'élargissant continuellement, nous sommes vraiment à l'ère de l'ubiquité. Pour être à la hauteur, il faut être présent dans toutes les sphères: c'est le prix pour être en affaires. La résistance ne fera que retarder les bienfaits et mettra en péril les acquis auprès de notre clientèle fidèle et loyale.

Nous devons nous demander comment notre clientèle souhaite nous joindre. Ou comment nous devons la joindre. Nous constaterons très vite que tout le monde regarde ce défi à la lumière de ses propres habitudes de communication en dénigrant les habitudes différentes ou en leur donnant un poids négligeable dans la balance. Prenons le cas du mobile, qui semble en voie d'être la prochaine panacée marketing. Personnellement, je ne suis pas trop fervente de l'idée d'être sollicitée partout où je suis par des offres non pertinentes. Je ne suis pas du genre qui a envie d'ouvrir mon cellulaire ou mon téléphone intelligent pour constater que c'est une pub qu'on vient de m'envoyer. Ce n'est plus de la Présence, c'est de l'envahissement, voire du harcèlement. Je ne veux pas être dérangée pour des choses non pertinentes. Par contre, les fils RSS ou Twitter, que j'ai demandés, ou une publicité contextuelle qui m'offre la possibilité de recevoir un coupon de réduction par téléphone, et ce, pendant que je suis en plein processus d'achat et que je choisis de télécharger volontairement, m'apparaissent déjà de meilleures tactiques. L'idée, c'est que vous pouvez être là où votre client le souhaite avec un sens de la synchronicité jamais égalé. Gardez en tête le mot «permission».

L'idée, c'est d'avoir un dialogue continu et véritablement relationnel avec notre clientèle. Les moyens de communication deviennent des outils pour atteindre cet objectif. Vous pouvez vouloir pousser des promotions ou des publicités, mais la Présence exige que vous le fassiez de la manière appropriée, de la manière dont le client le souhaite. Tout compte: le moyen, le moment, le quoi et le pourquoi prennent donc tous une importance cruciale pour déterminer si vous allez combler votre client ou si vous allez l'irriter. Son terrain de jeu n'est pas le vôtre, et entrer sans invitation est une manœuvre risquée. Si vous souhaitez qu'il fasse preuve d'ouverture, commencez par être à la hauteur dans votre réceptivité. Si, chaque fois qu'il a besoin d'aide, il se frappe le nez sur une porte fermée, ou qu'il se butte à une ligne téléphonique occupée ou à un site Internet non convivial et pas à jour, je vous parie que vos efforts pour le solliciter seront vains. Au mieux, vous lui rappellerez par votre insistance que vous n'êtes pas là où vous devriez être. Vous lui rappellerez bêtement que votre pacte de loyauté est rompu, et ce sera une motivation supplémentaire pour prendre la décision qui le rebute tant.

Cette nécessité d'être présent pour votre client présuppose que vous mettiez tous les moyens pour être là où il souhaite vous parler, et non l'inverse. La plupart des marketeurs cherchent des moyens pour atteindre le client là où il est, sans se préoccuper d'être là pour lui. La plupart du temps, ce n'est pas sa responsabilité. Le service à la clientèle, c'est un centre de coûts. Ses agents sont pourtant les mieux placés pour découvrir les besoins du client et pour l'entendre parler de son expérience client. Combien de fois ai-je entendu l'un d'eux, mal à l'aise et muselé, me dire : « Nous sommes désolés » ou « Veuillez accepter nos excuses » sans que je sente un seul instant que cela avait la moindre importance, ou que mon cauchemar allait au moins servir à éviter cela à d'autres clients, ou que ma déception serait une occasion pour l'entreprise de faire mieux et de s'améliorer ?

Cessez les sondages et utilisez le service à la clientèle comme baromètre de votre satisfaction en temps réel et continu. Changez votre site Internet statique en véritable centre de relations et instaurez des mécanismes pour permettre le dialogue. Ne soyez pas uniquement une façade dans la réception des plaintes des clients, faites-en votre meilleure source de données. Remerciez sincèrement ceux qui prennent le temps de s'exprimer, car il est prouvé que la majorité des clients insatisfaits ne le disent pas, ils vous quittent sans avoir engagé le dialogue. Provoquez-le, ce dialogue, en mettant tous les outils de communication au service de la Présence. Célébrez les occasions en donnant leurs lettres de noblesse à vos plaintes. Coupez court à vos discours de langue de bois lorsqu'un client exprime une doléance, admettez que son problème est une situation que vous gérez déjà et à laquelle s'attaque la haute direction. Demandez-lui de parler de son expérience pour aider à résoudre ladite situation, faites-en un complice.

La transparence redéfinie

Il y a un autre pas pour établir la Présence dans l'entreprise : faire preuve de transparence et d'honnêteté dans les communications. Combien d'informations recevons-nous chaque jour dans notre société qui souffre d'infobésité et d'infoxicité ? Combien sont contradictoires ? Les activistes en environnement, en politique et en économie n'auraient pas besoin d'exister si nous pouvions avoir toute l'information par les compagnies elles-mêmes. Nous pourrions douter de sa valeur, mais nous aurions tout le loisir de vérifier ces allégations. Avec le temps, nous aurions confiance dans le fait que la vérité serait dévoilée systématiquement et volontairement. Ce n'est pas un rêve de penser que cela est possible. Une entreprise comme Patagonia montre l'exemple avec son propre code d'éthique à faire pâlir d'envie le meilleur de sa catégorie. Nous appelons cela un leader, un leader de la Présence.

Mais, surtout à l'heure de la communication rapide, les vérités ne peuvent plus rester cachées aussi longtemps. Si vous appreniez que les compagnies de cellulaires savaient depuis longtemps que parler et conduire est risqué pour la sécurité routière, vous vous demanderiez pourquoi elles n'ont pas pris les devants en encourageant les automobilistes à utiliser les écouteurs sans fil. Elles auraient mieux géré la situation et auraient pu faire des campagnes de sécurité en vantant leurs écouteurs sécuritaires ou d'autres solutions pour éviter de tenir le téléphone dans la main. Leurs ventes d'écouteurs auraient été meilleures depuis longtemps. Mais pour cela, il faut avoir de l'humilité et de l'envergure, et bien du courage.

Mais pire, si vous appreniez qu'elles avaient évalué que le risque lié à la sécurité routière est moins grand que celui engendré par les micro-ondes émises par lesdits écouteurs, comment réagiriez-vous devant le silence de toutes les compagnies de téléphones cellulaires face aux dangers de ces ondes sur la santé? Maintenant, comment réagiriez-vous si vous saviez qu'une solution existe, mais que la nécessité d'investir de l'argent pour protéger les appareils et, surtout, le risque de poursuites advenant l'admission d'un tel danger ont freiné les élans? Vous seriez sans doute inquiet de savoir que cela fait des années que votre cervelle surchauffe sans que votre fournisseur vous ait mis en garde contre un tel danger. La collusion de tous les joueurs dans un secteur les protège de la menace de voir les clients floués quitter l'entreprise pour un concurrent, car ils sont tous pareils. Cependant, la vérité finit toujours par éclater. Celui qui a le courage de s'amender avant les autres aura toujours de meilleures chances de limiter les dégâts. Imaginez qu'une telle situation soit possible dans tous les types d'entreprises. C'est la peur du recours collectif qui est devenue un mauvais maître, mais honnêtement peut-on les blâmer? Imaginez maintenant que vous apprenez que le danger des micro-ondes leur était inconnu jusqu'à ce qu'elles découvrent les faits tout récemment, et qu'elles aient pris les moyens pour corriger la situation immédiatement. Auriez-vous envie de les poursuivre? Auriez-vous même une cause devant les faits qui prouvent qu'elles ont pris leurs responsabilités?

La transparence exige de dévoiler les faits, tous les faits. Ne faites pas comme les compagnies de tabac qui ont un avenir guère reluisant si ce n'est de flouer les pays en émergence en utilisant les mêmes tactiques malhonnêtes qui les ont enrichies dans les pays industrialisés avant les lois antitabac. Être un citoyen corporatif responsable exige du courage, mais les employés et les clients le valent bien, n'est-ce pas?

Idée : Dans votre section « Relations avec la communauté », mettez des exemples concrets de votre responsabilité sociale. Ne faites pas uniquement de belles phrases pour bien paraître.

Encourager la participation de vos clients

J'ai beaucoup parlé de la nécessité d'ouvrir le dialogue afin d'obtenir une meilleure compréhension globale de vos clients. Pour arriver à ce résultat, il faut encourager leur participation dans tous vos canaux de distribution. Il faut instaurer des mécanismes qui permettent la rétro-action continue de tous vos clients qui ont envie de le faire. Il faut démontrer à ceux qui agissent que leurs suggestions sont prises en compte. Pourquoi ne pas créer un panthéon des meilleures idées ou suggestions reçues de vos clients, les super-clients qui participent en investissant de leur temps dans l'amélioration de la qualité du service d'une compagnie qui n'est pas la leur. Cela a une valeur, une très grande valeur. Il faut donc stimuler la participation en tout temps pour améliorer ou même révolutionner la prochaine génération de votre produit ou service.

Les petits sondages par courriel ou par téléphone ne sont guère appréciés, car ils ne sont jamais faits au bon moment et notre dernière expérience est souvent déjà oubliée. Par contre, pour obtenir un privilège supplémentaire ou pour avoir la chance d'être reconnue, je pourrais partager mes informations avec mon fournisseur bien intentionné. Mais, surtout, je suis convaincue que le désir de partager une bonne ou une mauvaise expérience doit être encouragé grâce à des outils faciles à utiliser qui n'obligent pas les clients à un rallye parsemé d'obstacles pour réussir à la partager. Est-il nécessaire que chaque besoin de s'exprimer soit traduit inévitablement par le mot « plainte » ? Le service des plaintes a été rebaptisé « service à la clientèle », mais son esprit est demeuré intact. Si chaque client était reçu comme un fournisseur d'idées ou un créateur de meilleures expériences client, nous le dirigerions vers la section « Recherche et développement » dans le secteur des innovations. Est-ce parce que nous sommes convaincus que tous les génies travaillent chez nous et que nous savons mieux que nos clients ce qui est bon pour eux que nous ne le faisons pas ?

Chip et Dan Heath font l'éloge de la puissance des remerciements dans leur livre *Made to Stick*. En lisant un article dans ma revue inspirante *Fast Company*, j'ai découvert que cette tactique de louanger a été mesurée de manière très sérieuse et que les résultats sont extrêmement convaincants. Le halo de bonheur que les mercis engendrent dans une entreprise est un effet direct de la Présence. Un effet boule de neige qui a un impact puissant sur la Présence à long terme. Un employé performant qui reçoit un merci «public» de la part d'un client touché en atteindra des centaines d'autres, et ses collègues imiteront son comportement. Tout le monde rêve d'être reconnu pour ses efforts. Une entreprise qui aide ses clients à féliciter ses employés cultive le terroir de la Présence pour que son personnel émerge en catalyseur d'expériences positives.

Nous devrions également encourager une nouvelle culture de la *grattitude* basée sur le principe de l'abondance. La gratitude est l'inverse de l'envie. En joignant le mot gratitude avec attitude, son sens s'en trouve enrichi. Le principe est simple : plus j'ai une attitude reconnaissante envers ce que j'ai, plus la vie me rendra au centuple ce que je lui ai donné. Lorsque j'étais petite, je devais faire ma prière avant d'aller au lit. Dieu que je trouvais cette cérémonie inutile ! Son sens revêtait un caractère trop religieux, et fut vite rejeté dès la première occasion. Pourtant, c'était le pur principe de *grattitude*. Aujourd'hui, dans un contexte hors religion et avec les moyens technologiques que nous avons, nous pouvons propager la culture de la *grattitude* et profiter de ses bienfaits pour faire du bien, afin d'attirer l'abondance sur tout le monde. Bon, j'avoue que pas un sou ne change de mains, mais c'est là la force de la *grattitude* : c'est gratuit. Son effet est un véritable coup de baguette magique contre la pensée ou la culture négative qui doit céder le pas à la pensée positive, attitude préalable à la circulation de la richesse. Imaginez si tous vous employés et vos clients emboîtaient le pas.

Plusieurs entreprises se servent aussi des clients pour aller chercher des idées afin de faire de l'innovation pure. La ligne éthique est très mince ici, car c'est un peu comme du vol d'idées. Surtout si nous prenons l'idée pour la modifier un peu, ou si nous la rejetons pour la reprendre plus tard. La différence est énorme entre utiliser les clients pour améliorer leur propre expérience client et le faire pour nourrir nos chercheurs en mal d'idées. Par contre, si les règles du jeu sont claires avec vos clients, vous pouvez obtenir de la matière grise à peu de frais avec, en prime, des clients contents de participer à votre succès. L'objectif est de rester honnête avec eux et de ne pas rompre le lien de confiance entre vous. Pensez au cas des essuie-glaces intermittents qui ont fait l'objet d'un film, *Flash of Genius*[20]. Si les géants de l'automobile avaient eu cette ouverture d'esprit pour accueillir les bonnes idées, je

---

20. *Flash of Genius*, avec Greg Kinnear, Lauren Graham et Alan Alda.

---

parie qu'ils auraient négocié une entente fort avantageuse à l'époque, et l'inventeur, Robert Kears, aurait évité de les poursuivre, ainsi que vingt-quatre autres firmes, ayant reçu toute la reconnaissance nécessaire à peu de frais. En tout cas, cela aurait coûté beaucoup moins cher en poursuites et en dédommagements, car ce dernier a finalement récolté 10 millions de dollars avec des excuses après avoir refusé un règlement de 30 millions sans excuses. Il est mort peu de temps après, avec deux voitures sans essuie-glaces intermittents dans son garage.

Idées :

• Pourquoi ne pas prévoir un endroit dans votre site Internet pour encourager la culture de la *grattitude* ? Un endroit pour dire merci aux gens qui font la différence ? Soyez généreux, tout le monde apprécie la reconnaissance, les employés et les clients aussi.

• Mettez un numéro sans frais pour féliciter ou encourager la culture de la critique constructive : 1 800 Bravo ! Dire merci ou féliciter devrait être simple. Les entreprises qui le font n'ont que des retombées positives.

• Créez un formulaire facile à remplir en ligne ou fournissez un numéro sans frais pour partager de bonnes idées. Une plainte pourrait se transformer en désir de partager une idée intéressante parce qu'au fond c'est souvent cela, à la fin.

Démontrer ce que vous faites

Le dicton populaire mentionné au début du chapitre 6 est devenu une de mes expressions de prédilection ; il s'applique bien ici : « Faites aller vos bottines dans le même sens que vos babines ! » Une entreprise qui désire mettre en place une stratégie axée sur la Présence doit faire preuve de prudence dans l'expression de ses promesses. Elle doit s'assurer qu'elle livre plus que ce qu'elle promet. La déception est un souvenir inoubliable qui persiste dans notre esprit. Je me souviens encore des promesses non tenues par mon père ou par ma mère, lorsque j'étais petite – vous aussi, je suis sûre. Je me souviens moins de toutes celles qu'ils ont remplies, mais inconsciemment ce sont probablement mes meilleurs souvenirs. Il faut prêcher par l'exemple, mais surtout démontrer que nos paroles veulent dire quelque chose. Trop d'entreprises sont occupées à faire du bruit médiatique plutôt qu'à dire les vraies choses et à passer un message réaliste. Vos communications doivent vous aider à révéler votre entreprise, et non à la déguiser en une façade à la mode. S'assumer tels que nous sommes est plus prometteur pour attirer des clients qui nous endosseront que de faire croire que nous sommes ce que nous ne serons jamais. Avoir une vision et la partager avec nos employés, c'est une chose; mais faire croire à nos clients que nous y sommes arrivés, c'est autre chose. Les clients sont plus intéressés au présent qu'à l'avenir, dans leurs décisions d'achat. Cela ne veut pas dire que l'attention que vous portez à l'avenir de la société ou de la collectivité n'est pas pertinente. C'est l'attention à votre avenir qui est moins intéressante dans l'immédiat.

Comme je l'ai mentionné à plusieurs reprises, votre Présence se reflète partout. Si vous souhaitez faire du bruit médiatique plutôt qu'offrir une présence médiatisée cohérente avec les habitudes de vos clients, vous partez avec la mauvaise prémisse. Cela voudra peut-être dire que la campagne télé à coups de millions est dépassée et que votre clientèle préfère d'autres médias moins *sexy* à vos yeux. La bataille du capital de marque pour le meilleur résultat de la mention spontanée sans assistance est un mauvais maître, si votre clientèle cible n'est pas judicieusement cernée et interrogée. Il vaut mieux démontrer ce que vous faites concrètement quand vous voulez attirer l'attention de vos clients potentiels, au lieu de jouer au mystère ou à l'humoriste dont tout le monde parle mais à qui personne ne peut attribuer la marque de façon spontanée. C'est une zone sensible et un débat continu parmi les publicitaires et les annonceurs, mais l'objectif de la Présence commande une constance, une cohérence et, surtout, des messages sensés. Si vous avez mon attention trente secondes, faites-en bon usage, sinon la seule vue de votre logo détournera mon attention, la prochaine fois.

Pensez à ce que vous voulez réellement accomplir avec vos dollars publicitaires. Pensez au message et à l'objectif recherché. À court d'imagination? Pourquoi ne pas encourager la participation de vos clients actuels pour aider à faire la meilleure pub, comme certaines compagnies l'ont bien réussi, notamment Burger King avec son Lion d'or, en 2008, pour sa campagne *Whopper Freakout*? La démonstration d'affection pour votre produit ou votre service est le meilleur message que vous puissiez passer. Cessez de faire croire... démontrez!

 **Idée:** Prenez l'habitude du média enrichi avec la vidéo, pour mettre l'action et l'e-*motion* au service de la démonstration.

Passer de la séduction à la demande en mariage

Pour arriver à établir les paramètres optimaux pour la Présence dans l'entreprise, il faut cesser de séduire et passer au véritable engagement. Le marketing a toujours eu cette tendance à jouer avec la séduction pour attirer de nouveaux clients. Un héritage hormonal du chromosome Y, peut-être. Mais quand la séduction est terminée, le plaisir l'est aussi! Le devoir et l'effort requis pour assumer une relation stable sont franchement à l'antipode du plaisir de la séduction. Par contre, c'est très sécurisant pour les parties en cause. Savoir que nous pouvons faire confiance nous pousse à donner le meilleur de nous-mêmes et à nous investir dans une relation à long terme. Les habiletés relationnelles sont mises à l'honneur. Un peu comme le jardinier qui cultive son jardin, le marketeur moderne abandonne le métier de chasseur pour se consacrer à la relation client.

Aujourd'hui, ce sont les clients qui chassent pour nous. Ce sont eux qui ont le plaisir de la séduction avec leur réseau. Ils travaillent pour les entreprises qui tiennent leurs promesses et qui les comblent. Les jeunes sont encore plus sensibles à cette notion de complicité. Ayant évolué dans un univers de communications instantanées, ils ne tolèrent pas les grands détours pour obtenir de l'information ou pour manifester leurs frustrations. Ils s'expriment partout, quand ça leur plaît. Ils sont la génération participation, mais aussi la génération G, pour «généreux». Ce courant de pensée est le résultat d'une conscientisation de l'environnement, et de la globalisation. Nul ne peut ignorer que la moitié de la planète meurt de faim. Les jeunes ne jouent pas à l'autruche et ils souhaitent s'engager dans une relation basée sur le partage des valeurs. Voulez-vous séduire ou faire une demande en mariage?

Idée: Faites le premier pas et faites votre demande aux clients. N'oubliez pas que cela est un engagement.

Les éléments importants dans ce chapitre qui propose des pistes concrètes pour l'instauration d'une culture axée sur la Présence

- On ne commence pas par la fin; il vaut mieux faire de petits pas dans la bonne direction que de grands pas sans direction. Faites d'abord le pari de devenir présent dans le cœur de vos clients. Traitez-les comme des amis, et vos employés comme des associés.

- Il ne faut rien tenir pour acquis mais dialoguer avec nos clients afin de mieux les connaître, et surtout ne pas essayer de prendre des raccourcis pour gagner du temps ou économiser de l'argent. Le marketing appuyé par les nouvelles technologies pour mieux dialoguer avec les clients, c'est le paradis des marketeurs innovateurs, qui n'ont de limites que leur imagination.

- C'est l'entreprise qui doit être fidèle aux clients, et non l'inverse. Un client loyal va au-delà de la fidélité en devenant exclusif avec votre entreprise. Un employé loyal sert l'entreprise et ses clients avec conviction et avec tout son cœur. Le pacte de loyauté avec les clients et les employés est donc une initiative de l'entreprise présente.

- Pour découvrir les besoins de ses clients, l'entreprise doit d'abord être ouverte au dialogue. L'important, c'est d'être le meilleur dans ce que l'on fait, car c'est la seule voie pour être à la hauteur du pacte de loyauté. Les clients loyaux ne sont pas des vaches à lait, et il faut cesser de trahir leur confiance.

- L'objectif est d'établir un dialogue véritablement relationnel en temps réel et continu avec notre clientèle. Cette nécessité d'être présent pour votre client présuppose que vous appliquiez tous les moyens pour être là où il souhaite vous parler, et non l'inverse.

- Il y a un autre pas pour établir la Présence dans l'entreprise: faire preuve de transparence et d'honnêteté dans les communications. La transparence exige de dévoiler les faits, tous les faits. La vérité finit toujours par éclater. Celui qui a le courage de s'amender avant les autres aura toujours de meilleures chances de limiter les dégâts.

- Une entreprise qui aide ses clients à féliciter ses employées cultive le terroir de la Présence, pour que son personnel émerge en catalyseur d'expériences positives. Il faut démontrer aux clients qui agissent que leurs suggestions sont prises en compte. Nous devrions également encourager une nouvelle culture de la gr*attitude* basée sur le principe de l'abondance.

- Une entreprise qui désire mettre en place une stratégie axée sur la Présence doit s'assurer qu'elle livre plus que ce qu'elle promet. Vos communications doivent vous aider à révéler votre entreprise, et non à la déguiser en une façade à la mode. Cessez de faire croire... démontrez!

- Pour arriver à établir les paramètres optimaux pour la Présence dans l'entreprise, il faut cesser de séduire et passer au véritable engagement. Voulez-vous séduire ou faire une demande en mariage?

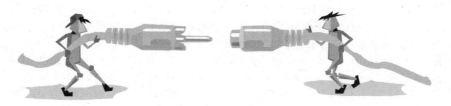

CHAPITRE 8

La Présence, plus qu'une option !

De la même façon que le Web n'est plus qu'une simple option, si nous souhaitons faire des affaires dans ce nouveau millénaire, le concept de Présence ne peut pas être qu'un simple vœu pieux. Dans l'univers de plus en plus accessible des affaires en ligne ou hors ligne, les plus grandes richesses seront acquises par ceux qui auront compris la nouvelle équation des affaires. Il est donc facile de conclure que la Présence n'est plus seulement une option, mais une obligation et une absolue nécessité dans la recette du succès. Je pousserai ce raisonnement encore plus loin en affirmant que le statu quo actuel dans les entreprises, en regard de l'immobilisme ou de la résistance au changement, n'est absolument plus une option pour leur survie.

Le plus difficile dans tous les processus de changement, c'est d'abord d'admettre et d'accepter la réalité. La sagesse populaire affirme qu'admettre le problème équivaut à 50 % de sa résolution. Tout comme on dit que les idées équivalent seulement à 10 % de l'explication du succès et que le reste consiste en 90 % de transpiration, impliquant évidemment la notion du travail acharné pour réussir. Personnellement, je ne remets pas en question la validité de tous ces pourcentages, mais indépendamment des chiffres, j'insisterais plutôt sur la notion d'action.

Si un livre comme celui-ci a la force de l'idée et de la conscientisation, il ne saurait y avoir de succès sans leadership. Le leader montre la voie (ne pas confondre avec «monter la voix») et donne surtout l'exemple. Le premier responsable de la Présence, c'est le patron lui-même. La Présence n'est pas une solution magique ni un thème à la mode qui s'achète comme un modèle miniature à assembler.

Nous avons vu jusqu'ici les étapes préparatoires et le changement de mentalité nécessaires à l'injection de la Présence comme pilier de succès dans l'entreprise. L'ingrédient principal demeure la volonté ferme et continue d'offrir la Présence dans tout son écosystème d'affaires. Si de nombreux auteurs ont traité du thème du changement, peu ont abordé le phénomène de la force de l'inertie comme les auteurs Robert Kegan et Lisa Lahey, avec leur livre *Immunity to Change*. L'idée de cet ouvrage repose sur les résultats d'une étude qui a révélé qu'un seul patient sur sept, opérés pour des problèmes cardiaques, réussit à changer ses habitudes de vie, changement essentiel à sa survie après l'opération. Alors, y compris devant la menace de la mort, l'humain résiste à sa propre survie. C'est phénoménal de constater à quel point le changement, même vital, s'oppose aux forces de l'inertie. Mettre l'entreprise au diapason de la Présence demandera donc des efforts qui exigeront de maîtriser les bases de la gestion du changement. Si la résistance est plus naturelle chez l'être humain que la nécessité de mettre l'effort pour changer, imaginez une entreprise composée d'egos en quantité surpondérée. À mon avis, c'est là que les vrais leaders prennent toute leur valeur. Quand ils sont les premiers à agir dans le sens souhaité et non seulement utiles pour parler. Le symbole du courage manque cruellement dans nos organisations depuis trop longtemps. Je ne parle pas ici du courage de congédier des milliers d'employés, mais bien de celui de les guider dans la bonne direction.

La Présence, un plat de résistance!

Il y a de ces mots dans la langue française qui sont fascinants par leurs multiples significations dans l'usage courant. Alors que le mot «résister» signifie: se refuser à, combattre, freiner, empêcher, gêner ou même contrecarrer, le mot «résistance» peut aussi vouloir dire, plus positivement: solidité, consistance, force, endurance et fermeté. Sa signification profonde vient du mot latin *sistere*, qui veut dire «arrêter» ou «se tenir». Donc, en ajoutant le «re», c'est comme dire: arrêter de nouveau en itération ou se retenir à répétition. Alors, je vous dis: allez-y sans retenue, car la Présence devient magique lorsque utilisée en abondance. C'est le contraire de la résistance, c'est la force de l'action. C'est exactement comme le désormais célèbre sophisme de la saucisse, bien connu au Québec: plus de gens en mangent parce qu'elles sont fraîches, et elles sont plus fraîches parce que plus de gens en mangent. Donc, plus la Présence sera au rendez-vous dans les entreprises, plus les employés seront présents. Et plus les employés seront présents, plus les clients le seront. Une magnifique démonstration que la Présence est contagieuse et que vous devriez être le virus en chef dans l'exercice de la contamination. C'est peut-être d'ailleurs la vraie définition du marketing viral.

Sachez que lorsque vous aurez découvert les bienfaits de la Présence dans votre stratégie d'affaires, il y a fort à parier que vos stratégies marketing – incluant le volet en ligne, vos stratégies de communication et vos stratégies de réseaux – auront comme dénominateur commun la pertinence et la cohérence. Mais si vous amorcez ce virage avec des intentions purement et uniquement mercantiles, c'est-à-dire en sautant les étapes cruciales pour comprendre et mieux servir chaque client, vos employés ne pourront jamais être présents pour les clients. Ils seront constamment déchirés entre des messages dichotomiques provenant de la direction, entre faire de l'argent à tout prix et plaire aux clients aux plus petits coûts, et encore seulement en situation d'absolue nécessité.

Lorsque nous allons dans un bon restaurant qui offre d'excellents desserts ou de très bonnes soupes mais qui ne sait pas cuisiner des plats de résistance au goût délicieux et satisfaisant, nous pensons que cet établissement ne sait pas faire la cuisine. Il vaudrait mieux qu'il se recycle en pâtisserie ou en spécialiste du bol – de soupe ou de café. Nous ne pouvons pas offrir la Présence strictement en mode séduction ou de façon intermittente.

La Présence, c'est exactement comme le plat de résistance autour duquel nous agrémentons l'expérience globale avec des entrées ou des desserts succulents qui font honneur à l'expérience gastronomique sans en altérer la valeur perçue. Lorsqu'un serveur nous bichonne, il contribue à l'expérience globale, mais en aucun temps il ne pourrait remplacer la nécessité de servir un plat principal goûteux et appétissant. Par contre, il peut transformer ce plat en un sublime orgasme gastronomique parce qu'il sait comment rendre le tout unique et inoubliable par son apport axé sur la Présence auprès de ses clients. Imaginez le meilleur serveur dans le pire restaurant; vous admettrez que le mieux qu'il puisse accomplir, c'est de ménager votre colère en vous gratifiant d'alcool pour oublier le cauchemar ou la déception que vous expérimentez. Nous entendons souvent l'expression «ne tirez pas sur le messager»! Mais nous entendons aussi des publicitaires comme Marshall McLuhan dire que le médium est le média. Dans notre cas, si les employés deviennent le message, aussi bien nous assurer que ces derniers soient imbibés du désir de plaire et, surtout, qu'ils soient équipés pour le faire.

C'est ici que je vous propose de bien consolider vos stratégies et vos actions dans l'esprit de la Présence. Il faut réviser tout le système de communication de l'entreprise, certes, mais ensuite il faut aussi s'assurer de ne pas détruire les efforts investis dans la quête de la Présence en lançant des messages contradictoires par des actions anti-présences. Les dollars investis pour attirer les clients vers nous doivent soutenir la stratégie de séduction, mais il faut que les plus grands efforts soient dans les actions qui précèdent la demande en mariage : celles qu'il faut pour construire la confiance. Les plus grands manipulateurs savent quoi dire pour séduire et profiter de la naïveté des gens. Mais je n'en connais pas un seul qui soit bon pour construire la confiance à long terme, et encore moins pour bâtir des relations basées sur la loyauté. Par définition, un manipulateur est habile à séduire, et son obsession est de recommencer ce qu'il connaît le mieux : la séduction. Il consomme les clients comme il consomme les richesses de l'entreprise, pour remplir un bain sans bouchon. Le robinet des dollars coule sans cesse jusqu'à ce que l'abondance s'épuise. Vous pensez que c'est ridicule de croire que des entreprises prolifiques agissent ainsi ? En fait, mon expérience à ce jour me démontre que c'est l'exception qui n'agit pas de cette façon. Qu'ont donc en commun les entreprises qui sont présentes ? Des clients intelligents, bien sûr !

Le consommateur intelligent

À l'heure de l'infobésité et de l'infoxicité, il faudrait franchement vivre sur une autre planète pour ne pas être exposé à l'information bombardée de façon boulimique et souvent toxique. Cauchemar des uns et panacée des autres, la quantité phénoménale d'informations – tantôt générée par des sources crédibles, tantôt par des sources biaisées, et aussi par les usagers eux-mêmes – est une véritable révolution du rapport de force. Dans un tel contexte, la Présence est la seule option pour convaincre un consommateur intelligent, qui sait comment trouver l'information pertinente pour répondre à ses questionnements ou combler ses lacunes de connaissances. Il est de plus en plus naturel de tenir pour acquis que le client en connaît plus que nos employés sur certains produits ou services. Lorsqu'il décide de se rendre sur le lieu d'achat, c'est soit pour voir le produit de ses yeux et le toucher, soit pour s'assurer qu'il a tout compris ce qu'il a lu à ce sujet. Parfois, c'est purement et simplement pour demander au commis dans quelle rangée l'article se trouve ou formuler d'autres requêtes sans lien avec la décision d'achat. Posez la question aux vendeurs d'automobiles et de produits électroniques, ils vous diront que non seulement les clients en savent plus qu'eux sur leurs propres produits, mais qu'ils connaissent mieux ceux de la compétition et leurs prix. Tout un défi pour les employés qui sont continuellement évalués par leurs propres clients. Chez les Future Shop et Best Buy de ce monde, on tente de nous faire croire que les commis sont bien informés, mais c'est plutôt une question de chance lorsque cela arrive. Dans le meilleur des cas, les employés servent à descendre une boîte un peu haut placée, ou encore à vérifier pourquoi l'article en promotion n'est plus sur la tablette ou à quelle date le magasin sera de nouveau approvisionné. À ce petit jeu de connaissances, les entreprises ne gagneront jamais le pari de former de façon adéquate une main-d'œuvre de plus en plus difficile à recruter si les employés ne se transforment pas eux-mêmes en éponges de connaissances. Il faut beaucoup de détermination et de passion pour rester sur la plus haute marche du podium en matière de connaissances. Seule la Présence des employés peut vous aider à gagner ce pari, à condition de leur procurer les outils pour les aider à être les meilleurs.

C'est à cette étape que l'entreprise doit évaluer la différence entre de la connaissance accessible en ligne et les habiletés à comprendre les besoins du client. Si un employé m'explique que je peux très bien utiliser un ordinateur ayant 2 Go (gigaoctets) de mémoire vive et que le prix est d'ailleurs moins élevé que celui qui dispose de 4 Go sans m'avoir demandé au préalable ce que je souhaite en faire à court et à moyen termes, c'est certain que je douterai de sa recommandation. Mais si nous avons parlé abondamment de mes besoins et que sa recommandation s'inscrit dans cette logique, je pourrai faire un choix éclairé et confiant. Le problème est que la plupart du temps, les employés prennent des raccourcis. Trop pressés d'améliorer le nombre de clients servis à l'heure ou trop blasés pour s'intéresser aux besoins répétitifs de la clientèle, ils oublient l'impact de leur contribution dans le processus d'achat. Raison de plus pour que la direction leur rappelle l'importance de leur rôle en les outillant et en les motivant à le jouer le mieux possible. Si une borne de services peut remplir les fonctions de base dans 80 % des cas, laissons les 20 % restants aux experts de l'entreprise qui peuvent apporter la valeur ajoutée dans le processus d'achat. Autrement dit, laissons les machines construire les robots, et sortons les robots des humains. Le même principe s'applique aux interventions en ligne. Prenons les meilleurs pour expliquer les produits et services en les enregistrant sur vidéo, et gardons leur temps disponible pour répondre aux questions laissées sans réponse.

Vers la fin du dernier millénaire, une campagne publicitaire axée sur la Présence des employés en disait long sur la notion de Présence que Saturn inculquait à son personnel. Je ne saurais dire si c'était la réalité partout dans l'entreprise, mais les messages étaient bien convaincants. Sa direction a su dire haut et fort ce que l'industrie de l'automobile n'avait pas compris et que les clients réclamaient : la Présence. Ces publicités montraient tantôt un employé qui a le pouvoir et le devoir d'arrêter la chaîne de production en cas de problème, tantôt une femme représentante des ventes qui explique à une cliente, en langage compréhensible, les avantages de choisir une Saturn ; et une dernière soulignait l'écoute et la sensibilité d'un représentant qui installe un siège pour bébé au moment de la livraison d'une voiture au jeune couple qui attend la cigogne. Saturn n'aura pas survécu à la crise économique et, ironiquement, certains concessionnaires compétiteurs concluent que finalement le service à la clientèle n'est pas payant. Selon leurs propres dires, les employés des concessions dépliaient le tapis rouge pour plaire aux clients. Allons ! il faudrait plutôt analyser la stratégie de GM dans ce choix d'affaires forcé. Les voitures Saturn n'étaient peut-être pas dessinées au goût de suffisamment de clients ou assez *cools* pour attirer une nouvelle génération. En tout cas, le service à la clientèle n'a pas tué l'entreprise, il lui a probablement permis de survivre plus longtemps que prévu.

Cela contraste avec le domaine de l'informatique qui joue avec nos nerfs en prenant tout un pan de la population pour des idiots. Pensons aux *buzz words* – avec des acronymes tout aussi confondants les uns que les autres – que les *tekkies* aiment nous envoyer à la figure pour paraître intelligents ou simplement parce qu'ils ne savent pas comment le dire autrement. Le malheur, c'est que forcément, il y en a toujours un qui se sent moins intelligent, et c'est le client. Je nage dans cet univers depuis le début de l'ère numérique, et il m'arrive régulièrement d'être surprise par certaines nouvelles expressions. Je déteste ne pas savoir, donc je ne me laisse pas impressionner par un vocabulaire nébuleux. J'investigue et je questionne. Le monde digital est aux hommes ce que le domaine automobile a été pendant longtemps. C'est un univers très masculin, et je parie que les compagnies qui se positionneront comme des vulgarisateurs qui peuvent se faire comprendre par les humains normaux sans égard au sexe gagneront le pari. Pour le moment, je vous confirme qu'il y a beaucoup de place à l'amélioration, et ce, dans toutes les chaînes.

Dans ses publicités, en 2008, Best Buy a tenté le positionnement du vulgarisateur qui sait lire entre les lignes. Le problème, c'est que le message dit une chose et que l'expérience client en dit une autre. Mais encore pire, le message de Best Buy s'aliène les consommateurs intelligents puisque personne ne veut se faire prendre pour un nul, et franchement, la manière dont le consommateur type est présenté dans cette campagne frise l'insulte à l'intelligence. L'axe de communication rate la cible. Un gars qui crie comme une fille pour exprimer sa joie, ou des parents qui ne se rappellent plus le nom de la Wii ou du GameBoy qu'ils cherchent, que le vendeur traduit par une expression émotive de joie qui tente de reproduire le son émis par un ado heureux à la vue de son cadeau. Tout cela pour dire que chez Best Buy on comprend vos besoins, même si vous ne connaissez pas les mots. Si l'idée est bonne, l'exécution laisse à désirer et met en péril la crédibilité de l'entreprise. Personnellement, j'ai trouvé cela de mauvais goût, et je ne suis pas la seule. Suis-je représentative des consommateurs intelligents? Peut-être pas, mais sans être la représentante de la race, je peux dire que j'en ai toutes les caractéristiques.

En résumé, savoir adapter son offre et ses messages à des publics différents, c'est partir gagnant. Mais lorsque des choix s'imposent, il faut choisir de traiter systématiquement nos clients cibles comme des clients intelligents qui n'ont pas besoin de lire les petits caractères pour éviter de se faire flouer ou simplement pour comprendre la nature de leur engagement. Entre jeter la pierre aux consommateurs en leur faisant la morale sur la nécessité de s'informer avant de signer un contrat – comme bien des institutions le font lorsque les réclamations surgissent – et prendre le temps de lire les contrats avec eux, il y a l'intention de traiter le client comme un ami. Un ami est intelligent et mérite de savoir, car nous voulons garder nos amis à long terme. Un client intelligent sait ce qu'il veut et prendra les moyens pour l'obtenir, avec ou sans vous.

Idée: Mesurez le QC (quotient consommateur) de vos clients. Posez-leur des questions précises sur leur niveau de connaissance avant de passer en revue une procédure prévue pour l'ensemble des clients sans égard à ce qu'ils savent. C'est très frustrant pour un client de devoir passer par l'infantilisme d'un vendeur avant d'arriver à l'essentiel. Par contre, c'est très valorisant de savoir que nous sommes traités d'avance comme des êtres munis d'une intelligence minimale, et que l'on veut en tenir compte. Même chose avec les techniciens chargés du soutien informatique, qui commencent en nous demandant presque de vérifier si l'imprimante est branchée. Même si dans 20% des cas, c'est nécessaire, nul besoin d'écœurer les 80% des personnes pour qui c'est inutile. Les procédures accentuent l'automate en chaque agent de service. Il faut encadrer une démarche en lui donnant un filet de sécurité, pas une prison qui s'éloigne de la Présence.

 **Idée :** Dressez un questionnaire en ligne pour valider les informations que le client doit fournir, mais à son rythme, et que le technicien peut gérer en mode clavardage, si nécessaire. Pendant que le client répond à des questions de routine, le technicien peut traiter d'autres cas avant de revenir au client dès que le message « prêt » apparaît. C'est la fonction des FAQ, mais améliorée et personnalisée, avec en prime un client traité intelligemment.

L'écho de l'expérience client

J'ai abondamment parlé de la nécessité de gérer notre réputation dans ce monde de réseau, car nous sommes à un seul clic d'être lapidés sur la place publique ou encensés. J'ai aussi parlé de l'impact positif qu'un client loyal a dans son entourage lorsqu'il devient le fervent défenseur de notre marque. Ce que l'on veut, donc, ce sont des clients intelligents et loyaux qui savent communiquer un message clair et crédible. Pour atteindre cet objectif, il faut d'abord savoir qui sont ces clients. Dans une entreprise qui travaille avec le nouveau « P » de la Présence, tous les mécanismes sont mis en place pour reconnaître ce client, le situer géographiquement, lui parler convenablement, mais surtout pour l'habiliter à diffuser notre message. Tout le monde n'est pas né avec le talent de communiquer, et la nature a quelquefois besoin d'aide. Ainsi, nos meilleurs clients, qui sont assurément les ambassadeurs de notre marque, doivent être aidés dans leur mission de transmettre le message. Les réseaux sociaux contribuent en partie à cet effort. Ce n'est qu'un début – un peu comme le médium qui devient le message –, et faire parler de nous dans un site populaire est déjà un signe que nous faisons partie de la vie de nos clients. Ce que nous voulons, c'est que les discussions soient constructives. Nous ne pourrons jamais plaire à tout le monde, mais nous pouvons à tout le moins savoir à qui nous ne plaisons pas, pour nous assurer que nous ne détournons pas les clients potentiels de notre entreprise. Si nous sommes pointés du doigt, nous avons intérêt à savoir pourquoi et à faire savoir tout aussi vite que nous avons corrigé la situation reprochée. Les mauvaises nouvelles ont toujours eu tendance à voyager plus vite que les bonnes. Il faut donc aider les bonnes nouvelles à voyager plus vite, et mieux.

Dans le principe de l'expérience client exceptionnelle, le facteur « Wow » est l'élément clé recherché. Un client très heureux qui souhaite partager la nouvelle n'a pas toujours le temps ni le talent pour exprimer sa joie. Une entreprise qui souhaite faciliter la vie de ses clients afin qu'ils s'expriment pourra leur offrir une foule d'options, par exemple : leur donner accès à un centre de félicitations et de diffusion organisé qui leur permet d'obtenir une simple gratitude, les inviter au prochain groupe de discussion avec les designers du prochain produit, leur assurer une participation à un tirage pour qu'ils soient parmi les premiers à essayer le nouveau jeu à être commercialisé, etc. Faites travailler votre créativité, car tous les types de privilèges de nature à convertir nos clients champions en ambassadeurs assumés et fiers sont permis. Plusieurs entreprises construisent des programmes basés sur ce principe, mais peu donnent des outils pour diffuser la nouvelle. Un peu comme un commentaire préécrit, dont certains mots peuvent être modifiés pour favoriser la personnalisation, prêt à copier et coller dans une multitude de sites. Ce qui se fait en ce moment, c'est un accès ou un raccourci pour joindre des sites de réseaux sociaux dans un groupe créé pour et par l'entreprise. Ce n'est pas totalement inintéressant, mais c'est un peu comme fonctionner à l'envers. Il est préférable que les consommateurs créent les groupes pour en assurer la crédibilité. Ce qui est encore plus important, c'est que les clients loyaux aient envie de parler de nous en dehors de ces groupes qui soulèvent une suspicion immédiate.

Avec tous les moyens technologiques à notre disposition, nous pouvons facilement imaginer que bientôt les sites personnels seront une expression sans détour des choix de vie et de consommation que chacun de nous endosse. J'imagine très bien que les clients champions de Dell ou de Mac aient le choix de plusieurs modèles de publicité à leur image, qui traduisent bien leurs émotions à l'égard du produit visé, pour qu'ils puissent mettre leur pub dans leur site et afficher fièrement leurs couleurs, en échange de rabais ou d'une rémunération. Un système de *Ad Sense* volontaire et consentant géré par l'internaute lui-même en fonction de ses allégeances personnelles et dont les bénéfices lui profitent directement. Selon moi, c'est le reflet de la prochaine génération P, pour «Présence»: au-delà de participation, une génération plus universelle et non limitée à une variable basée sur l'âge. Après tout, le meilleur cadeau qu'un consommateur puisse faire à son fournisseur est de parler de lui à son réseau. Et le summum pour le fournisseur, c'est d'avoir le meilleur message répété chaque fois de la meilleure manière. C'est le principe des produits dérivés pour les entreprises: des clients qui portent fièrement des t-shirts, des casquettes ou qui utilisent des objets promotionnels. Fournir un moyen d'expression à ses *fans* pour qu'ils affichent fièrement leurs couleurs en ligne est une simple extension de la logique d'antan.

Idée : Déclinez plusieurs versions de vos messages publicitaires pour toucher les segments de clients les plus loyaux, et offrez-leur des récompenses pour diffuser vos messages. Gardez l'éthique comme conseillère, car la Présence n'a pas comme prémisse initiale des intentions purement mercantiles, même si nous souhaitons que le résultat produise des gains.

Peut-on mesurer la Présence ?

Pour répondre à cette question, j'en poserai une autre : peut-on mesurer le bonheur ? Il semblerait que oui, selon l'économiste Mark Anielski et auteur du livre *The Economics of Happiness*. Un indice du bonheur serait d'ailleurs la clé pour gérer notre économie afin de mesurer la «richesse véritable», et non simplement la croissance. Mon travail d'écriture était commencé, et voilà que je tombe sur un article sur ce sujet. Je me souviens, je jubilais tellement j'étais heureuse de constater que d'autres pavaient la voie pour changer les indicateurs de succès. Qui plus est, au moment où j'écrivais ce livre, Nicolas Sarkozy, le président français, créait la Commission des indicateurs de bonheur, présidée par le prix Nobel d'économie Joseph Stiglitz, pour déterminer «la mesure de la performance économique et du progrès social». L'idée de cette nouvelle mesure repose sur le principe que le bien-être serait favorable à l'épanouissement collectif, et donc à l'enrichissement. Alors que Mark Anielski tente de trouver une façon de mesurer ce que les gouvernements ne comptabilisent jamais, comme les coûts sociaux et environnementaux, d'autres évaluent le coût du bonheur au travail. Ainsi, des entreprises sérieuses mesurent la valeur perçue de l'amélioration du climat de confiance, de la variation des tâches et de l'impact créé par le fait d'avoir assez de temps pour accomplir une tâche ou de ne pas devoir répondre à des demandes contradictoires. Un magazine et webzine québécois a même créé un indice relatif du bonheur (IRB), pour mesurer le niveau de bonheur parmi des populations ciblées.

Il faut le dire, la notion de bonheur est le fondement de la Présence des gens. Il est difficile d'être présent dans un état d'insatisfaction intérieure. Notre regard devient alors introspectif, et la Présence est un regard plutôt projectif ou réflexif, où le souci du bonheur de l'autre est essentiel. Plus nous sommes heureux, et plus nous voulons le bonheur de l'autre.

Un autre plaidoyer défend la nécessité du bonheur dans la société et en entreprise. Dans la débâcle des marchés financiers, le monde a compris la véritable définition du mot «global». Tous les vases communicants et l'effet domino ont démontré la relation des choses entre elles, même en apparence distantes. Raison de plus pour établir la relation entre bonheur dans la société et bonheur dans les entreprises. Car les entreprises emploient des personnes qui sont aussi des citoyens, et les entreprises elles-mêmes sont citoyennes de notre société et grandes contributrices dans la création de richesse, mais aussi responsables de la dilapidation des ressources. Un employé heureux qui est un citoyen malheureux n'est guère mieux qu'un citoyen heureux qui est un employé malheureux.

C'est d'ailleurs le principe derrière le concept du livre *The Dream Manager*[21], qui propose de nommer un directeur de rêves en entreprise afin d'aider les employés à réaliser les leurs. Si l'idée paraît un peu folle, je vous dirais que j'ai toujours eu l'impression que mon rôle était justement de favoriser chez mes clients l'atteinte de leurs rêves. Que ce soit dans mon univers financier ou dans mon univers d'agence, en consultation et même en formation, mon objectif ultime est d'aider les employés à accomplir leurs rêves et, surtout, d'aider les clients à concrétiser les leurs. Proposer aux dirigeants de s'intéresser aux rêves de leur personnel produit une amélioration instantanée du rapport de force, et une véritable relation peut commencer entre employeur et employés. Imaginez que vous allez travailler et que vous avez un rendez-vous avec votre directeur de rêves, dont la seule responsabilité est de vous aider à atteindre vos rêves et faire de vous la meilleure version de vous-même[22]. Le pari repose sur le fait que si tous les employés sont la meilleure version d'eux-mêmes, l'entreprise ne pourra que devenir la meilleure version d'elle-même. Je suis prête à parier que les entreprises qui deviennent les meilleures versions d'elles-mêmes sont certainement des entreprises présentes.

Je ne peux que me réjouir des efforts faits dans le sens du repositionnement de nos valeurs économiques et financières. Cela ne veut pas dire que nous refusons la création de richesse, bien au contraire. La richesse, c'est d'abord l'abondance; et l'abondance est une notion relative. Pour certains, manger trois repas par jour et avoir un toit sur la tête, c'est beaucoup. Pour d'autres, c'est la misère. J'en connais qui valent plus d'un million et qui se sentent pauvres. Ils ménagent leur argent et profitent de tout ce qui est offert gratuitement. D'autres se sentent millionnaires dès que le remboursement d'impôt arrive.

---

21. Matthew Kelly, *The Dream Manager*, Kindle Edition.
22. Be-a-better-version-of-yourself™, Floyd Services.

Je pense que la notion fondamentale dans toute forme de création de richesse, c'est la nécessité de ne pas appauvrir les autres ou de dilapider les ressources collectives. Or, ces notions sont toujours évacuées des discours économiques et financiers. L'idée de l'économie du bonheur est donc d'ajouter le capital humain, le capital naturel et le capital social au capital bâti et au capital financier. C'est absolument représentatif des aspects que nous avons toujours négligés dans la création de la richesse.

Si mesurer le bonheur est possible et souhaitable, mesurer la Présence devient fondamental. Je tiens donc à mesurer cette dernière en créant un indice de Présence. Cet indice devra évidemment prendre en considération le fait que les actionnaires n'ont jamais tenu compte du moral des troupes, et qu'ils ont toujours pris des décisions à courte vue qui ne préparaient pas l'avenir mais consumaient le présent. Il est triste de constater qu'aucune forme de dilapidation du capital humain ou du capital client n'a jamais été prise en compte par rapport à l'effet à long terme des mauvaises politiques. La notion finale de l'indice de Présence sera peut-être subjective et vertement critiquée, mais à en juger par l'accueil mitigé d'autres économistes devant la théorie d'Anielski, ce ne sera pas la première ni la dernière fois que des propositions nouvelles feront face à de la résistance parmi ceux-là mêmes qui profitent, d'une certaine manière, du statu quo.

Les éléments importants dans ce chapitre qui insiste sur l'importance de faire le choix de la Présence

- Le premier responsable de la Présence, c'est le patron lui-même. La Présence n'est pas une solution magique ni un thème à la mode qui s'achète comme un modèle miniature à assembler. Mettre l'entreprise au diapason de la Présence demandera donc des efforts qui exigeront de maîtriser les bases de la gestion du changement. Le statu quo actuel dans les entreprises, en regard de l'immobilisme ou de la résistance au changement, n'est absolument plus une option pour leur survie.

- La Présence est contagieuse, et vous devriez être le virus en chef dans l'exercice de la contamination. Elle est exactement comme le plat de résistance autour duquel nous agrémentons l'expérience globale dans un restaurant. Nous ne pouvons donc pas offrir la Présence strictement en mode séduction ou de façon intermittente. Les entreprises qui sont présentes ont en commun des clients intelligents.

- Un client intelligent sait ce qu'il veut et prendra les moyens pour l'obtenir, avec ou sans vous. La Présence est donc la seule option pour convaincre un consommateur intelligent, et seuls des employés présents peuvent vous aider à gagner ce pari si vous consentez à leur procurer les outils pour les aider à être les meilleurs.

- Nos meilleurs clients, qui sont assurément les ambassadeurs de notre marque, doivent être aidés dans leur mission de transmettre le message. Ce qui est encore plus important, c'est que les clients loyaux aient envie de parler de nous en dehors de groupes qui soulèvent une suspicion immédiate. Le meilleur cadeau qu'un consommateur puisse faire à son fournisseur sera d'en parler à son réseau, et la génération P, pour Présence, au-delà de la participation, deviendra universelle. C'est ça, l'écho du client.

- Il faut le dire, la notion de bonheur est le fondement de la Présence des gens. Il est difficile d'être présent dans un état d'insatisfaction intérieure. Plus nous sommes heureux, et plus nous voulons le bonheur de l'autre. Les entreprises qui deviendront les meilleures versions d'elles-mêmes sont certainement des entreprises présentes qui ont tout pour réussir. Si mesurer le bonheur est possible, mesurer la Présence devient fondamental.

CHAPITRE 9

Un indice de Présence : quel est votre IP ?

En écrivant ce livre, j'avais une vision en tête : définir un nouvel indice pour aider les entreprises à diagnostiquer l'état de leurs relations globales dans l'écosystème. La première relation à évaluer, c'est celle avec la clientèle. Ensuite, il faudra analyser l'état de nos relations avec les employés. Il serait pertinent aussi de prendre cette mesure avec les fournisseurs, mais c'est à vous de l'inclure. Il est important de préciser que qui dit relations dit interrelations impliquant deux intervenants au minimum. Dans le cas présent, ces relations doivent donc être mesurées entre la direction et les employés, et entre l'entreprise, globalement, et les clients. Ce sujet est assez porteur pour qu'une étude plus approfondie puisse faire naître une thèse de doctorat en marketing. C'est dans ces moments qu'on aimerait avoir vingt ans de moins, uniquement pour refaire ses études avec des objectifs plus clairs. En attendant, l'important est de jeter les bases pour favoriser une telle réflexion, en donnant quelques pistes de questionnements. Du moins, à cette étape-ci, c'est le mieux que je puisse offrir. Par contre, le débat est lancé, et j'espère que vous contribuerez à l'enrichir par vos apports tangibles à la quête de la Présence.

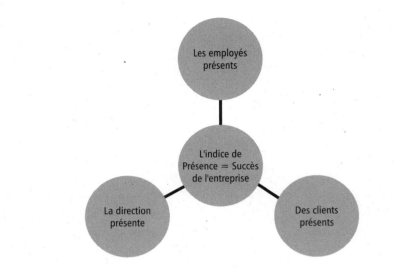

Figure 8 Relations et Présence dans l'entreprise

Vous aurez remarqué que je n'ai pas parlé des actionnaires dans la liste des relations importantes à analyser. Je les exclus de l'analyse, car je suis profondément convaincue que l'attention que les administrateurs et les gestionnaires ont accordée à ces saboteurs de Présence est exactement ce qui a causé la perte ou l'absence de véritables relations des dirigeants avec les clients et les employés. Pour moi, et bien d'autres d'ailleurs, les actionnaires n'ont que deux rôles: encaisser les bénéfices et voter sur les questions qui les concernent de la manière la plus cohérente possible. Tout le reste ne les concerne pas. Ils ont le privilège de quitter une entreprise qui ne performe pas mais le devoir de laisser les dirigeants gouverner dans ce chaos.

Une mesure pour les vrais leaders

Léon Courville, ancien président de la Banque Nationale du Canada et docteur en économie, a écrit dans les années 90 un livre intitulé *Piloter dans la tempête*. Je pense que nous ne sommes jamais sortis de la tempête à laquelle il référait à l'époque. Un peu comme les ouragans et les tempêtes tropicales portent un nom évoquant les lettres de l'alphabet pour qu'on suive leur nombre au fil des saisons, les tempêtes économiques suivent les décennies pour changer de lieu ou d'espace-temps, mais sans jamais s'arrêter. Un dirigeant a comme devoir de choisir les coins de ciel bleu pour profiter des répits, mais en gardant en tête que l'alerte est toujours à l'horizon. Un peu comme dans le principe évoqué par la stratégie de l'océan bleu[23], les répits illustrent le fait que lorsqu'une entreprise fait la bonne chose avec les bons clients et les bons employés, les turbulences sont moins fortes, même quand la nature chaotique de l'économie suit son cours.

Après tout, le rôle des dirigeants n'est-il pas d'assurer à chaque client la meilleure valeur, et à chaque employé une occasion de s'épanouir jusqu'à sa retraite au sein de son entreprise ? Leur responsabilité est donc de guider les brebis vers les oasis, quand la traversée du désert est inévitable. D'ailleurs, les plus belles histoires de leadership sont celles qui évoquent l'héroïsme des capitaines de bateau, des pilotes d'avion ou des chefs d'expédition qui savaient instinctivement, sans se questionner ou en douter, que leur rôle était de protéger les marins, les passagers ou les aventuriers qui les suivaient vers l'inconnu. Je dis : revenons aux choses essentielles, car c'est dans la simplicité que la solution se trouve. Le règne des multinationales est à l'agonie, car l'avenir est aux entreprises flexibles et branchées sur leurs clients et leurs employés. Les économies d'échelle n'ont jamais servi la Présence, mais elles ont bien servi les bonis indécents des chefs de l'anti-Présence et des terroristes de la Présence que sont les actionnaires.

Avec ces mises au point, je me sens un peu comme Michel-Ange devant son immense bloc de marbre... enfin, comme je l'imagine. Je sais que l'ange est emprisonné dans le marbre et que mon rôle est de le libérer. Il faut donc un premier coup de marteau et de ciseau à pierre pour amorcer le découpage des proportions de la forme initiale. Alors, le vrai chef-d'œuvre pourra naître du travail de précision et de polissage que d'autres pourront terminer. Je n'ai nullement la prétention d'affirmer que ce que je vous propose est parfait, bien au contraire. Je veux simplement vous aider à mettre tous les indicateurs importants sur la table de réflexion. Chaque entreprise trouvera ici les pistes les plus porteuses pour l'aider à trouver l'IP (indice de Présence) le plus valable pour suivre adéquatement et objectivement les améliorations de performance.

Prenons une hypothèse de départ. Imaginons que le sondage annuel de Léger Marketing sur les entreprises les plus appréciées des Québécois soit votre IP. Cela voudrait donc dire que si vous êtes dans le top 10, vous seriez parmi les dix entreprises les plus présentes dans le cœur des Québécois, et nous pourrions conclure que vous feriez partie des entreprises les plus rentables. La corrélation serait presque parfaite

---

23. Kim Chan et Renée Mauborgne, *Stratégie Océan Bleu : comment créer de nouveaux espaces stratégiques*, traduction de Larry Cohen, Éditions Pearson.

entre le fait d'être appréciée et celui d'être la plus rentable. Vous imaginez déjà le changement de cap de la direction à la découverte de cette équation magique. Mais un fait ressort clairement, parmi les dix entreprises les plus admirées des Québécois, toutes ont un réseau de succursales très fort ou un rayonnement international, un président connu et un investissement publicitaire considérable. Mais aucune entreprise dont on parle négativement ne s'y retrouve. Année après année, nous pouvons voir des institutions et des entreprises disparaître du palmarès, selon les mauvaises nouvelles de l'année qui précède le sondage. Nous y reviendrons.

Avec votre compréhension de ma vision jusqu'ici, vous aurez deviné que ladite équation magique serait l'appât idéal pour que les terroristes de la Présence cessent leurs activités de sabotage. Comment alors leur démontrer dans un langage financier que leur IP est leur billet pour le paradis de la performance financière à long terme ?

Des indices au service de l'indice de Présence

Je pars donc avec une prémisse de base tout à fait cohérente avec l'ensemble des analyses proposées à cette étape, soit les 5 « P » traditionnels. Je dirais que c'est le volet de l'analyse de l'état de la relation entreprise-client. Commençons donc par faire une liste sommaire des indicateurs importants dans l'IP final. Sortez vos calculatrices, car c'est une section qui vous amène à calculer votre indice de Présence sur le volet externe.

Les « P » de produits et services, et de prix

- *Taux de satisfaction de la clientèle.* Quel bon début pour positionner le débat ! Prenez les résultats des sondages validés pour les trois dernières années, et faites une moyenne. Ajoutez à cela un calcul additionnel du nombre de plaintes moyen par année depuis trois ans, converti en pourcentage de votre clientèle. Il sera toujours possible d'analyser le tout plus en détail, le moment venu. Ensuite, prenez votre taux de rétention, suivi de votre coût de séduction (vos dollars publicitaires, tous sans exception) annuel calculé unitairement pour chaque nouveau client. En prenant le pourcentage de clients perdus converti en nombre de clients absolu, multipliez le coût de recrutement par nouveau client par ce nombre afin de faire ressortir un coût de perte calculé sur l'ensemble de vos dépenses annuelles. Le coût de votre mauvaise performance n'aura jamais eu un goût aussi amer.

- *Parts de marché pour chaque produit ou service.* Encore un indice très révélateur de la cote d'amour du public envers notre offre. Par contre, il faut éviter la complaisance, le but étant de mesurer un indice utile. Alors, pour les trois dernières années, donnez une valeur par point de part de marché basée sur le profit net, et comparez les tendances. En d'autres termes, calculez le profit net par point de part de marché. Le coût annuel d'une part de marché a-t-il augmenté ou diminué ?

Le «P» de publicité, ou promotion

- *Présence publicitaire dans les médias.* Prenez l'ensemble des dollars médias que vous avez investis, et convertissez le tout en coût par point de fréquence et de portée. Annualisez le tout pour tenir compte des périodes sans bruit médiatique. Il y aurait certainement avantage à ajouter une mesure spécifique pour les résultats uniquement sur les mentions spontanées parce que la Présence n'a pas besoin d'assistance, n'est-ce pas ? Les résultats en mention assistée sont donc inutiles dans cet exercice.

- *Présence dans les événements publics.* Même principe, il faut convertir vos efforts de participation dans les festivals, les foires publiques, les salons commerciaux, etc., en valeur annualisée par personne ayant assisté à ces événements. Vous pourrez trouver un pourcentage de pénétration dans vos marchés cibles qui s'ajoutera à votre présence publicitaire. Ce calcul vous permettra également de déterminer le coût par visiteur sollicité.

- *Positionnement dans les moteurs de recherche comme Google.* Cette mesure est plutôt instable, mais quelques exercices vous permettront de conclure si vous sortez en moyenne troisième ou vingtième. Ces résultats sont fondamentaux à l'heure des recherches par Internet. Assurez-vous d'avoir les mots clés dans vos métadonnées, en gardant en tête que ce n'est pas le service TI ou l'agence qui sont nécessairement les plus objectifs lorsque vient le temps de penser en client. Ces mots clés peuvent aussi faire l'objet de recherche parmi les segments cibles afin de ne pas laisser passer des expressions ou des mots importants. Il s'agit ici de ne rien tenir pour acquis ou d'éviter de partir sur des hypothèses non validées. C'est la base d'une bonne stratégie de SEO (*Search engine optimization,* optimisation dans les moteurs de recherche) : comprendre les champs sémantiques utilisés par nos clients et les valoriser pour le positionnement optimal. Il y a des outils qui sont fort utiles pour être en meilleur contrôle de son positionnement, mais aucun ne pourra penser en client.

- *Couverture médiatique, aspect relation avec le public.* Cette mesure est tout à fait pertinente pour savoir si nous suscitons des émotions positives ou négatives chez nos clients. D'ailleurs, c'est dans cet indice que vous allez pouvoir découvrir si vous parlez le même langage que vos clients, notamment sur des sujets qui les préoccupent, comme l'environnement, l'éthique, le développement durable, le commerce équitable, etc. Si la méthode de calcul peut différer d'une entreprise à l'autre, l'objectif est le même : prendre le pouls de l'opinion publique. J'ai assisté en 2001 à une présentation faite par Léger Marketing sur une méthode de calcul de l'opinion publique qui démontrait de façon stupéfiante la corrélation parfaite entre les articles à caractère négatif et la valeur descendante de l'action à la Bourse, et vice versa. Je me souviens d'avoir été impressionnée par cette présentation avec les graphiques évocateurs du cours de la Bourse et de l'humeur du bruit médiatique. Avec le recul, l'idée de la corrélation n'est pas étonnante pour moi, sachant que l'opinion publique compte pour beaucoup dans l'indice de la Présence positive. Bien sûr, il y aura toujours une part subjective dans l'attribution de la valeur de l'humeur, mais l'important, c'est que l'évaluateur reste constant dans ses critères pour établir ladite cote. Cet indice se mesure, et c'est le message clé. Que vous le fassiez de manière maison ou que vous payiez un spécialiste, il faut absolument mesurer cet indicateur.

Le «P» de place

- *Nombre de succursales.* Dans l'équation de la Présence, le réseau de succursales est un élément important (rappelez-vous les dix entreprises les plus admirées), non seulement en termes de nombre de points de vente physiques, mais surtout en ratio par personne. Ce calcul indique le nombre d'habitants par lieu de vente mais ne révèle en rien la couverture géographique. C'est pourquoi il faut y ajouter tous les lieux de distribution qui revendent nos produits ou nos services, en découpant le marché en zones géographiques (codes postaux ou régions administratives) avec un nombre moyen de lieux de vente par habitant sur le territoire couvert ; l'indice reflétera alors mieux notre présence physique. Ainsi, des secteurs non couverts sur le territoire abaisseront considérablement la moyenne puisqu'ils compteront pour zéro.

Il y aurait aussi une possibilité de prendre en considération les flottes de camions de livraison qui circulent sur le territoire couvert. Ces véhicules habitent le paysage et influencent d'autres variables, comme la publicité et aussi la perception du service. Un camionneur d'UPS qui ne fait pas ses arrêts obligatoires envoie un message négatif dans son entourage. Un camion de livraison d'une entreprise quelconque, stationné dans la rue pendant plusieurs minutes, est aussi l'équivalent d'une publicité mobile. Partant de ces constatations, la valeur intrinsèque des camions qui circulent dans le paysage doit être incluse dans l'analyse globale. Pourquoi pas dans le «P» de la place puisqu'il s'agit ici de distribution.

Le «P» de personnel

- *Taux de roulement du personnel.* Voici un indice qui fait couler beaucoup d'encre à l'heure de la rareté des ressources spécialisées dans certains secteurs en croissance. N'empêche que la relation que le personnel entretient avec la clientèle est cruciale. Si nos meilleurs employés nous quittent en nombre anormal, il est clair que le taux de satisfaction des clients en est directement affecté. Il suffit d'entendre les discussions de salon pour comprendre l'irritation aiguë des clients dans le monde bancaire et ailleurs à l'égard du roulement excessif des conseillers personnels ou de leur directeur de compte. Donc, il y a urgence dans les entreprises qui voient le taux de satisfaction des employés descendre année après année. Ce phénomène est une conséquence de dizaines d'années d'arrogance des gestionnaires plus habitués à gérer en conquistadors qu'en bons pères de famille ayant des desseins positifs pour leurs employés plutôt que des intérêts purement personnels. Le retour du balancier frappe, et ne soyez pas étonné de voir le poids relatif de cet indicateur peser fort dans le calcul de l'IP final. Personne n'argumentera sur la nécessité de corriger le tir, mais je peux vous affirmer que tous les consultants en ressources humaines que je connais sont embauchés comme des diachylons sur des plaies béantes. Tous veulent des remèdes express pour réparer des années de je-m'en-foutisme; la réponse est selon moi dans la Présence. Préparez-vous à entendre parler de l'expérience employé.

- *Temps de réponse à un appel ou à un courriel (état du système de communication).* J'hésitais à parler de cet indicateur dans le volet «personnel», mais très honnêtement c'est un symptôme assez révélateur de la quantité de travail et de l'intérêt que les employés ont envers la qualité du service à la clientèle. Pour mesurer cet élément, il faut être prêt à faire face aux résultats. Il faut aussi demander à ses meilleurs clients quels sont les délais acceptables et faire preuve d'objectivisme dans les délais véritables. Je dirais encore mieux: faites le test. Jouer au client vous apprendra peut-être que tous les courriels que votre clientèle vous envoie sont dans le cyberespace depuis que l'employé attitré à la tâche a quitté votre entreprise. Un peu gros, vous me direz, mais c'est un cas vécu. L'adresse *ventes@votrecie.com* est redirigée dans la boîte d'une ou de plusieurs personnes. Si personne ne fait les changements, les clients croiront simplement que vous n'êtes pas intéressé par leur clientèle, car la réponse ne viendra jamais. Enfin, dans la quête de la Présence, il faut être là, si possible, en temps réel ; alors, dès que la notion de délai s'immisce, si court soit-il, c'est déjà mauvais signe. C'est donc un effet de levier important puisque cette lacune est relativement facile à corriger et qu'elle peut vous aider à faire de grands pas dans la bonne direction rapidement.

- *Situation géographique de votre centre d'appels.* Cet élément est plus sensible, mais il faut absolument nous assurer que si nous avons décidé d'impartir notre centre d'appels, ce soit totalement imperceptible pour le client. Les langues française et anglaise se parlent peut-être chez plusieurs peuples dans le monde, mais le Français de France a de la difficulté à comprendre les Québécois francophones, et les Anglais d'Angleterre peinent aussi à comprendre les Américains – c'est tout dire. Imaginez maintenant un Indien qui parlotte l'anglais avec un fort accent ! (Je vous invite à revoir la rubrique « La nécessité de la Présence : le véritable "Wow" », au chapitre 1.) Cet élément sera pénalisant dans votre indice de Présence.

- *Stabilité de la direction.* Un gestionnaire qui passe plus vite que l'éclair n'a pas le temps de faire un bon travail relationnel avec ses différents groupes d'intérêts. Une direction qui change trop souvent a un problème évident, lequel en amène un autre : il y a certainement matière à réviser les méthodes de bonification si un bref passage suffit pour enrichir les gestionnaires. L'idée de la gestion stratégique est aux antipodes de la notion de court terme, même si le long terme se construit avec les efforts quotidiens. Lisez l'autobiographie de Carla Fiorina, l'ex-PDG de HP, et vous comprendrez mieux la notion de long terme. De toutes façons, son successeur aurait eu beau contester (ce qu'il n'a pas fait), ce ne sont certainement pas ses efforts qui ont propulsé HP dans l'année qui a suivi son embauche. Il serait donc pertinent de calculer le taux de roulement spécifique à la haute direction.

- *Visibilité de la direction.* S'il y a une chose que j'ai apprise dans le monde bancaire, c'est l'importance de l'implication sociale. C'est non seulement vital pour le rayonnement de l'entreprise, mais ce l'est surtout pour la communauté qui en profite. Pendant des années, je me suis promenée d'une association à l'autre en réseautant et en m'impliquant dans de multiples causes et organisations. Mes années fastes en implication sociale ont généré une identification à moi si forte du logo de mon employeur que des années après avoir quitté celui-ci, je croisais des gens qui m'y associaient encore. Pour eux, j'étais la banque! Combien cela vaut-il pour une entreprise, des employés dévoués? Quel message cela envoie-t-il à la clientèle? Tout cela est inestimable pour l'image d'une entreprise. Si vous y ajoutez un patron bien en vue, dont l'opinion compte parce que ses propos sont articulés et pertinents, vous avez un programme de relations publiques sans frais. Alors, pourquoi ne pas encourager les gestionnaires et les employés par des récompenses tangibles pour compenser les sacrifices familiaux ou personnels nécessaires? Surtout, pourquoi payer un président des centaines de milliers de dollars (pour ne pas dire des millions) alors qu'il ne sait pas dire deux mots devant une caméra? Investir dans les habiletés de communication est une absolue nécessité quand on sait que chaque parole prononcée par les dirigeants a le potentiel d'améliorer ou d'aliéner la motivation des employés ou la satisfaction des clients. Un leader sait parler, un point c'est tout! Sinon, investissez dans la correction de cette lacune. De nombreux coachs pour apprendre à parler en public existent; choisissez-en un qui maîtrise parfaitement la notion de Présence et d'authenticité.

Pour déterminer la formule finale de l'IP externe, il faudrait convertir tous les éléments qui composent chaque indice en un seul chiffre, qui serait inclus dans la formule finale selon une pondération spécifique. Essayons un exercice. Prenons l'hypothèse que nous avons une entreprise ayant les ratios combinés suivants:

- Indicateur Produit/Service et Prix (Ip1). Valeur finale: 50 %
- Indicateur Publicité/Promotion (Ip2). Valeur finale: 15 %
- Indicateur Place (Ip3). Valeur finale: 25 %
- Indicateur Personnel (Ip4). Valeur finale: 40 %

Il est important de saisir que ceci est un effort de synthèse issu des propositions expliquées plus tôt. Est-ce que le chiffre final sera un pourcentage ou un autre type de donnée? Cela a peu d'importance, si nous comprenons que l'élément clé est que chaque indicateur soit converti dans le même format numérique. En effet, la prochaine étape consiste à pondérer la valeur de chaque indicateur sur 100, pour en faire un seul indice global de Présence. Continuons l'exemple ci-dessus.

$$\text{IP ext.} = [(\text{Ip1} \times 0.2^*) + (\text{Ip2} \times 0.15^*) + (\text{Ip3} \times 0.3^*) + (\text{Ip4} \times 0.35^*)]$$
$$\text{IP ext.} = [(0.5 \times 0.2) + (0.15 \times 0.15) + (0.25 \times 0.3) + (0.4 \times 0.35)]$$
$$\text{IP ext.} = 0.3375$$

* Pondération hypothétique

J'entends déjà les puristes critiquer cette méthode. C'est exactement pour cela que j'ai préféré ne pas trop insister sur la question de la formule, car il y a des éléments importants à prendre en considération. Je crois que je jette simplement les bases d'une recherche plus poussée de la question de l'indice de Présence. Une méthode qui serait acceptée et partagée par tous ceux qui souhaitent prendre le virage du seul et unique «P» qui soit important: la Présence. Dans l'exercice que nous venons de faire, la pondération revêt un aspect critique et révèle l'importance de chaque indicateur au service de la Présence. Dans notre exemple, le personnel s'est avéré de loin le poids le plus important dans l'équation. Un indice de 0,3375 est peut-être le meilleur de sa catégorie, mais vous conviendrez que l'on imagine sans le moindre effort que cela peut s'améliorer et que l'objectif est de tendre vers 1.

Mesurer l'absence pour raffiner le calcul de l'indice de Présence

En début de chapitre, j'ai abordé l'aspect des relations entre les différentes parties prenantes au succès de l'entreprise. Mesurer l'état de ces relations est un élément crucial pour connaître l'état de notre IP et surtout valider ce qui fait le plus défaut dans l'entreprise. Après avoir analysé des pistes pour établir l'indice de Présence à partir de la relation entreprise-clients, il faut maintenant étudier l'aspect de la relation gestionnaires-employés.

J'oserais presque affirmer que toute personne ayant un peu de Présence serait capable, sans le moindre élément de mesure, de vous dire quelles relations sont déficientes dans l'entreprise. De la même manière que tout le monde peut prétendre et affirmer que son ami et sa conjointe ont une relation boiteuse. Nous pouvons souvent être bernés individuellement, mais quand l'ensemble des personnes de l'entourage du couple développent une sagesse collective en combinant toutes les informations, c'est fou à quel point la perception de la situation change tout à coup. Une relation de couple apparemment sans faille devient soudain une relation qui bat de l'aile aux yeux des autres. Le pouvoir de lire entre les lignes est la clé pour détecter ce qui ne va pas. Il est curieux aussi de constater le pouvoir du déni dans une relation.

Lorsqu'une rupture survient, c'est presque toujours le principal intéressé qui ne voyait pas les choses pour ce qu'elles étaient vraiment.
En d'autres mots, il est plus facile pour les autres de voir ce que nous
ne voyons pas ou ne voulons pas voir nous-mêmes.

C'est la même chose en entreprise. J'ai rarement vu des gens être
surpris à l'annonce du départ d'un employé épuisé ou frustré, mais j'ai
vu des gens surpris et déçus de voir partir des employés performants
qui paraissaient heureux. Le bonheur n'est pas dans le paraître, il est
dans l'état d'être. Si un employé performant n'est pas heureux, c'est
signe que sa performance est offerte sans sa Présence. Alors, soit la
performance est mal mesurée dans l'entreprise, soit cet employé fait
des actions visibles et à court terme. Dans tous les cas, nul ne peut
performer véritablement s'il n'est pas présent. C'est exactement comme
si l'on demandait à un acteur d'être véritablement amoureux de sa
protagoniste dans un film. Il peut jouer l'amoureux et faire semblant,
mais dès que la caméra s'arrête, il retourne vers sa véritable bien-aimée
ou à la recherche de celle qui le deviendra.

Dans le livre *The Experience Economy: Work Is Theater & Every
Business a Stage*, les auteurs[24] parlent abondamment de la nécessité de
personnaliser le service et, surtout, du drame pour une entreprise quand
son produit devient une commodité. Ce qui est fascinant par-dessus
tout, c'est que l'analogie relative au monde du spectacle nous révèle
un aspect fort prisé dans notre monde superficiel: le jeu. Je dois dire
que c'est souvent la seule façon de passer à travers des moments difficiles lorsqu'on est responsable du service à la clientèle. N'ayons pas
peur de le dire, il y a des consommateurs qui ont toutes les caractéristiques de tyrans ou d'empereurs[25]. C'est dans ces moments précis de
mauvaise foi que la plupart d'entre nous choisissons de nous déta-
cher de la situation et de tenir un rôle. Un rôle qui consiste à jouer à
l'employé modèle qui vient chercher son salaire et qui regarde le temps
passer en attendant patiemment que la fin de son quart arrive enfin.
L'objectif ultime est de faire semblant pour endurer et de jouer au mieux
son rôle dans une pièce de théâtre dont le metteur en scène est le client.

Et si la Présence était simplement la meilleure façon de savoir
quand il faut jouer et quand il faut s'impliquer passionnément? De
toute manière, ce serait déjà un début. Pour l'entreprise qui doit habiliter ses gestionnaires à mieux gérer les ressources humaines et financières, l'aspect relationnel devient crucial dans la quête du succès. La

---

24. B. Joseph Pine et James H. Gilmore.
25. Voir l'annexe 1: «La petite histoire du marketing insipide».

base de la gestion est maintenant plus axée sur l'habileté à connecter les gens entre eux qu'à diriger. Les connecteurs sont par définition plus présents, c'est la base de leur secret: le pouvoir d'analyser de l'information disponible seulement à ceux qui s'intéressent aux gens. Les employés doivent faire de même avec leurs clients, et ils l'apprennent de leur gestionnaire. C'est exactement comme les enfants qui imitent le comportement de leurs parents. Comment alors mesurer la propension à connecter les gens entre eux et la qualité des résultats?

Après avoir observé le problème sous tous ses angles, je pense que nous devons procéder par l'analyse des signes et des symptômes, pour établir le diagnostic de la Présence. De la même façon que nous dirons que quelqu'un est en santé simplement parce qu'il n'est pas malade. Après tout, ne disons-nous pas qu'il suffit d'être malade pour réaliser à quel point nous tenons notre santé pour acquise. C'est donc par l'apparition de signes précis que nous décidons de consulter un médecin. C'est la raison pour laquelle les maladies graves ou fatales, qui n'ont pas de symptômes préalables, sont presque impossibles à soigner: quand elles apparaissent, il est déjà trop tard.

L'analogie en entreprise est la même. C'est souvent par le négatif que l'on peut détecter la maladie. Ce sont donc les gestionnaires présents qui peuvent agir le plus rapidement avant que la maladie dégénère. Ici, nous comprenons que l'analogie commerciale de la maladie, c'est la baisse des résultats, l'augmentation du nombre de plaintes et de démissions, etc. Soigner ses relations devient aussi fondamental que le sang qui coule dans nos veines. Apprendre à détecter les relations malsaines est donc une façon d'éviter que la mauvaise circulation ne bouche les artères du cœur. La circulation de l'information est un peu à l'image du sang artériel: tant que les artères sont dégagées, le flot informationnel alimente le cœur de l'entreprise, soit les employés et, par extension, les clients. Je disais à la blague à une cliente qui fait de la consultation en développement organisationnel qu'elle est comme un cardiologue d'entreprise. Son rôle est de déboucher les artères bloquées et d'améliorer le cardio collectif pour qu'elle soit plus performante. Après tout, elle travaille au cœur de l'entreprise, là où tout commence et tout finit.

Le marketing axé sur la Présence implique un duo ou un tango avec les experts du capital humain. Leur rôle, entre autres, est d'établir le diagnostic de la Présence concernant l'aspect relationnel. Le marketeur pourra vous dire si les employés sont efficaces dans leur rôle auprès de la clientèle par l'analyse de la relation client, mais les cardiologues de l'entreprise pourront vous dire si les gestionnaires sont efficaces en se basant sur l'état de la relation gestionnaires-employés.

Voilà donc une piste intéressante pour la mesure de l'IP axée sur l'état des relations gestionnaires-employés.

C'est aussi une façon d'ausculter l'entreprise afin d'y détecter quelques signes ou symptômes annonciateurs de la maladie organisationnelle qu'est l'absence de Présence.

Une organisation doit savoir lire entre les lignes

- *Sondages internes.* C'est certainement la mesure la plus objective si l'intention est de mesurer le taux de satisfaction des employés. Les grandes entreprises participent aussi à des mégasondages, dont un de la firme Watson Wyatt, à travers une enquête faite auprès de leurs employés afin de se classer au titre de meilleur employeur. À l'heure du capital de marque employeur, c'est une activité qui devrait également occuper des entreprises plus petites. La nature objective des questions est suffisamment fiable pour prendre très au sérieux les résultats. Le problème est plutôt l'inertie devant les actions à prendre face à des complications soulevées et, évidemment, nuisibles à l'atteinte des résultats.

- *Taux de roulement des employés.* C'est une mesure évidente pour déceler les signes et symptômes qui dénotent un IP déficient. Décortiquez votre mesure par cycle de ventes qui définit votre réalité. Si le nombre de démissions est plus élevé durant une période spécifique, essayez de comprendre ce qui se passe concrètement. Le stress est-il trop intense chez les gestionnaires qui empoisonnent la vie des employés ? Les clients exigent-ils beaucoup à des moments précis où le personnel est insuffisant ? Bref, analysez le tout, car vous avez dans ces chiffres des pistes de solution pour améliorer votre IP. Évaluez aussi le nombre de départs selon le nombre d'années d'expérience, et cherchez des tendances. Vous pourriez découvrir que votre processus d'accueil des employés est critique si la majorité de ceux qui partent le font avant d'atteindre six mois d'ancienneté.

- *Participation aux avantages sociaux.* Nombre d'entreprises ont instauré le principe des avantages sociaux de type «cafétéria» pour que chaque employé puisse choisir la formule qui lui convient le mieux. Bien entendu, je suis d'avis que cette formule devrait être la norme dans toutes les entreprises étant donné le sens évident de la qualité relationnelle qu'elle sous-tend. Mais imaginez que vous avez un fort pourcentage d'employés ne prenant aucun avantage qui les aide à préparer leur avenir ou à construire à long terme avec vous ! Vous avez un programme de participation à l'actionnariat et, curieusement, les employés n'y participent pas... Un autre signe que leur sentiment d'appartenance n'est pas fort et que leur lien avec l'entreprise est temporaire. Cela peut permettre de déceler un manque de confiance en l'avenir.

- *Nombre de demandes de congé.* Dans une entreprise, nous consignons les congés, mais jamais les demandes de congé refusées. Ainsi, le nombre de demandes est inconnu et confère au gestionnaire un pouvoir qui lui permet de cacher de l'information importante pour la mesure de l'IP. D'abord un indice évident que les employés sont épuisés psychologiquement ou physiquement, les demandes grandissantes sont un signe qui doit être pris au sérieux. Mais surtout les pourcentages de refus. C'est dans la mesure du refus que l'on peut détecter les symptômes qui révèlent quels sont les gestionnaires qui ont les plus grands problèmes de personnel. Je ne compte plus les démissions dont j'ai été témoin, causées par le refus d'un congé important par un gestionnaire zélé ou simplement en excès de pouvoir.

- *Flexibilité des horaires.* Il m'est arrivé à quelques reprises de passer des entrevues avec de grandes entreprises dont une, en particulier, qui recherchait une personne douée pour la gestion du changement. Une grande entreprise en télécommunications qui offrait un poste rêvé en termes d'objectifs et de mandat: remettre en question toute l'offre de services et de produits, et repenser tout le service à la clientèle. Ceux qui me connaissent savent que l'innovation pour moi, c'est non seulement un stimulant de premier ordre, mais aussi une condition *sine qua non* pour m'engager dans un projet. Piétiner des sentiers battus ne me ressemble pas du tout. Alors, je dois dire que l'intérêt était bien là et que mon objectif était de mettre à l'épreuve leur ouverture aux changements. L'occasion me fut donnée de partager ma vision de l'innovation avec la future gestionnaire. Très intéressée par mes compétences, elle discute rapidement avec moi des conditions que je recherche. Je m'empresse de mentionner que je souhaite travailler quatre jours semaine afin de me garder une journée exclusivement pour mes projets personnels, notamment l'écriture de ce livre. Ce fut très évident que la demande ne convenait pas du tout aux politiques de l'entreprise. Malgré mes suggestions qui démontraient ma flexibilité, rien à faire: dans cette entreprise à la recherche de l'innovation, on ne comprenait pas la nouvelle réalité Le malheur est que cette entreprise est tout à fait similaire aux autres de sa taille. Un jour ou l'autre, l'une d'entre elles osera bousculer ces notions de flexibilité d'horaire. Les autres seront alors à sa remorque. L'innovation commence par une ouverture d'esprit qui permet de remettre en question les politiques internes.

Vérifiez si vos gestionnaires sont prêts à faire preuve de flexibilité sur ce plan. En gardant vos priorités en tête, est-ce possible de vous adapter aux demandes des employés dans votre entreprise? Si vous ne le faites pas, une autre le fera. Le télétravail peut entrer dans cette mesure. Best Buy ou des hôpitaux comme celui du Sacré-Cœur laissent les employés préparer leur horaire de travail. Loin de l'anarchie et du chaos, ces entreprises attirent des employés en abondance et, surtout, ont des taux de rétention plus élevés que la moyenne de leur industrie.

- *Nombre de congés de maternité.* Je sais que je marche sur des œufs avec cet indice, mais toutes proportions gardées, par rapport au nombre de femmes qui travaillent dans votre entreprise, quel pourcentage part en congé de maternité? Que veut dire un grand pourcentage? Les lois sont maintenant plus sévères pour les entreprises concernant la protection de l'emploi pour les femmes au retour d'un congé de maternité. Par contre, une entreprise peut bien dire qu'elle favorise la maternité, mais si dans les faits les femmes se voient imposer un frein dans leur carrière, au retour (oui, je l'ai vu autour de moi), elles y penseront à deux fois. Je me dis que c'est très sain que les femmes aient envie de vivre les joies de la maternité. Elles deviennent ainsi encore plus motivées à construire un avenir avec votre entreprise et elles vous le rendront bien. En d'autres mots, composer temporairement avec les départs en congé de maternité, c'est investir à long terme dans la loyauté de vos employés, si vous ne leur faites pas payer ce départ temporaire.

- *Gestion en silo.* De quelle manière se répartit le pouvoir dans l'organisation? Qui informe-t-on avant les autres? Qui est responsable des dossiers les plus cruciaux pour l'entreprise? Généralement, cela est un bon indicateur des priorités de la haute direction. Le Service du marketing et celui des ressources humaines travaillent-ils de concert pour l'atteinte des résultats axés sur la Présence? Le service des TI fait-il cavalier seul ou est-il véritablement axé sur les besoins exprimés par ses clients internes? Combien faut-il de temps pour mettre un plan d'action en branle? Mais surtout, combien d'intervenants doivent s'impliquer pour régler des dossiers petits? Grands? Importants? La maladie de la réunionite aiguë paralyse-t-elle l'avancement des dossiers importants? Qui est valorisé ou priorisé dans les choix d'affaires? Pour comprendre le phénomène de la gestion en silo, il faut voir comment la hiérarchie formelle est organisée, mais surtout comment l'informelle opère.

Dans les grandes entreprises, la recherche de glorification personnelle ou sectorielle est monnaie courante et la rivalité entre secteurs d'affaires trop fréquente. Cela engendre des performances contre-productives et, souvent, du sabotage. Les indicateurs de la gestion en silo sont directement en lien avec les valeurs qui sont récompensées dans l'entreprise. Si nous souhaitons éliminer la gestion en silo, il faut récompenser les joueurs d'équipe plutôt que les egos en mal de reconnaissance.

Les employés absents

- *Taux d'absentéisme.* Lorsque le taux d'absentéisme augmente, il faut sonner l'alarme. Il y a de ces signes qui sont plus graves que d'autres, et celui-ci est vraiment un mauvais signe de l'état de bien-être des employés. Outre une «véritable» épidémie de grippe ou de gastro, la plupart des épidémies partent de malaises qui n'ont rien à voir avec le physique, sauf dans les cas où la dégradation du physique devient elle-même le résultat d'un mental mal en point. Il faut d'abord être capable de mesurer adéquatement l'absentéisme et de décortiquer toutes les tendances. Si l'absentéisme est le lot d'un petit nombre d'employés, c'est une chose en soi à régler. Mais quand les employés les plus performants manquent à l'appel, c'est signe que le problème est grave. Il y a deux écoles de pensée : ceux qui prônent le contrôle rigoureux, et ceux qui jugent que la meilleure façon de contrôler l'absentéisme est de récompenser la Présence. Or, il est évident que la seconde méthode a le seul mérite d'encourager les gens à la Présence physique et de pénaliser ceux qui sont vraiment malades. Récompenser la Présence, dans ce cas, revient à pénaliser les vrais malades. Le message clé : soyez alerte, il n'y a pas de fumée sans feu.

- *Taux de participation aux activités sociales.* Si vous voulez mesurer le plaisir que les employés et les gestionnaires ont au travail ensemble et la force relationnelle qui habite l'entreprise, regardez le taux de participation aux activités sociales et leur succès dans votre organisation. À l'heure de la qualité de vie familiale, choisissez des activités qui permettent à tous d'être présents tant pour leur famille que pour leur employeur. Cela étant dit, si vous voulez une participation sans faille, prenez du temps sur les heures de bureau. À partir de là, mesurez l'indice de plaisir que vos employés refléteront. Mais le plus important est : y a-t-il des employés qui se portent volontaires pour organiser de telles activités? Si la réponse est non, posez-vous des questions sur l'ambiance et la motivation des employés à contribuer au plaisir.

- *Taux d'implication dans la communauté.* Un employé qui prend le temps de s'impliquer dans la communauté et qui agit ouvertement en tant que représentant de votre entreprise, c'est une mine d'or pour votre IP. L'inverse est un symptôme qui démontre que la générosité de vos employés n'est pas au rendez-vous. Avons-nous le goût de redonner dans notre communauté si notre employeur nous traite comme un numéro? La réponse est évidente, mais sous une explication simpliste se cache une nature plus complexe et tout à fait révélatrice d'un état d'âme malade dans l'entreprise. Souvenons-nous que des employés et des gestionnaires heureux sont plus enclins à redonner à la société et, notamment, à s'impliquer dans les causes qui touchent aussi leurs clients. Une entreprise qui valorise le comportement altruiste et qui réussit à faire rayonner son organisation grâce au bénévolat de ses employés révèle le fort sentiment d'appartenance qui règne en son sein. Cela a tendance à rendre l'entreprise plus attrayante aux yeux de ses clients potentiels. Les gens préfèrent les «bons gars» plus que n'importe qui. Cultivez l'esprit communautaire, et vous cultiverez votre IP. Mais surtout, donnez le ton en ce qui concerne l'importance de l'esprit de partage en permettant à vos employés de participer ensemble, annuellement, à une cause bénévole pendant un ou deux jours de travail payés. Non seulement permettrez-vous d'améliorer votre bilan social, mais vous créerez les conditions favorables pour construire un esprit d'équipe solide. De plus, cela fera un bien fou à des gens dans le besoin, mais surtout cela permettra aux employés de se connaître dans d'autres contextes et de se sentir fiers de travailler pour un employeur généreux. Des entreprises comme Aldo ou KPMG ont bien compris les bénéfices pour toutes les parties impliquées dans une telle pratique. Allez, osez: l'essayer, c'est l'adopter.

Le gestionnaire absent

- *Temps requis pour pouvoir parler avec son patron.* Cette mesure s'ajoute à la précédente comme une précision encore plus importante pour savoir si, dans les faits, le patron pratique vraiment une gestion de style portes ouvertes. Outre le fait qu'un gestionnaire puisse être très occupé ou que sa porte soit ouverte, il y a des gestionnaires qui ont les mots «ne pas déranger» tatoués dans le visage. Donc, si la porte fermée est un signe, le temps requis pour obtenir un moment de qualité avec son patron est un symptôme. Faites des tests, vous découvrirez que sous les apparences se cachent des gestionnaires absents ou qui privilégient certains employés au détriment de certains autres. En fait, des gestionnaires qui pèchent par procrastination en repoussant la discussion qui les rebute tant avec un employé qui a pourtant besoin de son gestionnaire.

- *Nombre de portes fermées.* Ce critère est plutôt un clin d'œil à la gestion de style portes closes. Il est évident qu'une entreprise qui oblige tous ceux qui ont un bureau fermé à laisser leur porte ouverte envoie un message clair : soyez accessible et transparent. Je me souviens d'avoir rencontré un chef d'entreprise qui disait à qui voulait bien l'entendre qu'il avait fait enlever toutes les portes dans l'entreprise, y compris la sienne. De quoi surprendre, mais ce symbole en dit long sur l'impact négatif d'une porte fermée. Alors, pourquoi ne pas mesurer dans votre entreprise, sur une base régulière, combien il y a de portes fermées et pendant combien de temps ? Les gestionnaires qui travaillent en mode portes ouvertes sont beaucoup plus accessibles aux yeux de leurs employés.

- *Portée de gestion.* Si la capacité pour un gestionnaire de mettre un nom sur le visage d'un employé (ou vice versa) relève plus de l'exception que de la réalité, c'est peut-être que sa portée de gestion est trop large pour être efficace. Un gestionnaire présent à ses employés doit investir du temps pour les connaître et les encadrer adéquatement. Je connais des entreprises qui ont réduit la portée de gestion à sept ou huit employés au maximum. Pour en avoir géré davantage, je peux dire que douze est un chiffre très acceptable. Mais nous comprenons que la mise en place de telles politiques internes est un plaidoyer ouvert pour la nécessité de rapprocher les gestionnaires de leurs employés. Il faut de la volonté et une réorganisation du travail pour aborder cette question.

- *Nombre d'évaluations par année.* Plus un gestionnaire échange avec ses employés au sujet de ses attentes et de la mesure des résultats, plus il crée la relation et l'environnement propices à l'atteinte des résultats. Dans les entreprises qui ne pratiquent pas l'évaluation au minimum une fois par année (oui, il y en a) ou qui font l'exercice de manière bâclée et en se basant sur des critères inconnus et subjectifs, les employés sont inquiets. Ils ne savent jamais si, oui ou non, ils font la bonne chose et se questionnent continuellement sur leur performance. Le sentiment d'insécurité est une plaie pour la Présence. Changez les évaluations en mode d'accompagnement vers le succès, et vous en verrez les bénéfices immédiats.

Comme l'objectif est de mesurer l'IP en fonction des différentes relations qui prévalent dans l'entreprise, il est primordial de valider, avant toute chose, l'état des relations de la direction avec ses employés. Les signes et symptômes mentionnés précédemment sont des indicateurs de l'urgence d'agir. Je les qualifie de signes d'absence. Toute détérioration de ces résultats est à prendre avec sérieux pour améliorer l'IP. Comme vous avez pu le constater, la majorité des indicateurs de l'absence sont sous la responsabilité du secteur des ressources humaines. Si l'information n'est pas disponible, il faut prendre les moyens pour l'obtenir: c'est vital.

Je souhaite donc raffiner le calcul de l'IP global en y ajoutant la mesure de l'absence. Tout comme l'IP externe que nous avons établi à la rubrique «Des indices au service de l'indice de Présence», en combinant les indicateurs de la relation avec les clients et de l'état des relations de la direction avec ses employés, nous obtenons une mesure de Présence interne: l'IP interne. En fait, c'est un indice d'absence (IA) que nous mesurons dans l'IP interne pour l'organisation, les gestionnaires et les employés, comme nous l'avons que vu dans les pages précédentes. Nous obtenons donc un véritable IP interne qui tient compte de la notion d'urgence évoquée dans les IA.

Prenons un calcul hypothétique de l'IP interne:

IP int. = [(IA org. × 0,25) + (IA gest. × 0,50) + (IA emp. × 0,25)]

IP int. = [(0,30 × 0,25) + (0,70 × 0,50) + (0,40 × 0,25)]

IP int. = 0,525 (Avec le temps, nous pourrions avoir des balises qui nous indiqueraient que l'indice idéal étant 1, le seuil de 0,75 ne doit pas être franchi.)

Établissons l'IP global, qui tient compte de notre Présence aux yeux des clients (IP externe) et de notre Présence aux yeux des employés (IP interne). Il faut aussi agglomérer l'IP interne en lui accordant un poids relatif plus grand, car comme nous l'avons vu, la Présence des employés est un élément crucial dans la projection externe de notre Présence. Combinons maintenant l'IP externe obtenu précédemment avec une pondération de 40 % et de 60 % pour l'IP interne:

IP global = [(IP externe × 0,40) + (IP interne × 0,60)]

IP global = [(0,3375 × 0,40) + (0,525 × 0,60)]

IP global = 0,45 (Un IP global en bas de 0,50 nécessiterait un appel à la mobilisation.)

Si je continue avec mon analogie médicale, je pourrais comparer l'IP externe à l'état de la forme physique et l'IP interne à la santé mentale, donc la volonté et la motivation à rester en bonne forme physique grâce à une bonne alimentation et à une bonne circulation sanguine.

Donc, si l'IP interne est déficient, il faut le soigner rapidement, car alors l'IP externe ne pourra jamais rester en bonne forme physique. L'IP global aurait donc le facteur combiné de deux mesures très importantes mais dont les responsables sont différents, en général. Si une entreprise a la ferme intention d'améliorer son IP global, il faut qu'elle puisse savoir sur quel levier agir ; et peu importe la manière dont nous calculons l'indice de Présence, un constat est clair : c'est une action combinée de toutes les forces de l'entreprise. Le marketing s'occupe de la relation client, mais il doit d'abord avoir des employés motivés pour le faire. Leur Présence est inévitable pour le véritable succès de l'entreprise. C'est peut-être le début de la fin de la gestion en silo.

C'est là que je vois le rôle des actionnaires, qui devraient simplement analyser cet indice et intervenir pour s'assurer que la direction s'occupe des choses importantes. Je sais qu'à la fin ce sont toujours les mêmes ratios financiers qui dictent les décisions, mais si nous ne trouvons pas une manière de mesurer la Présence, même imparfaitement, nous n'aurons jamais de leaders intéressés à s'en occuper. Il y a un vieux dicton en affaires qui dit : « On accorde de l'attention seulement à ce qui se mesure ! » (« What gets measured gets done ! ») Je dois malheureusement confirmer cette maxime, car c'est tout à fait la réalité. À vous de trouver la façon la plus éloquente d'exprimer vos préoccupations, mais je peux imaginer que ce nouvel indicateur (l'IP) fera un jour l'unanimité parmi les entreprises les plus compétitives ou les plus engagées dans la performance. Nous pouvons changer l'attitude des leaders, mais nous ne changerons pas la nature des investisseurs : montrez-leur des résultats et ils seront satisfaits !

Les éléments importants dans ce chapitre qui construit tous les paramètres de l'indice de Présence

- L'indice de Présence mesure les relations entre la direction et les employés, et entre l'entreprise, globalement, et les clients. Les actionnaires, ou les terroristes de la Présence, n'ont que deux rôles : encaisser les bénéfices et voter sur les questions qui les concernent de la manière la plus cohérente possible. Ils ne seront donc pas considérés dans l'indice de Présence.

- L'indice de Présence n'est pas une équation magique pour que les terroristes de la Présence cessent leurs activités de sabotage. Par contre, il peut servir à leur démontrer dans un langage financier que l'IP est leur meilleure garantie pour le paradis de la performance financière à long terme.

- Pour mesurer l'IP global, il faut d'abord mesurer l'IP externe. Les éléments qui composent la portion externe de l'IP sont évalués en fonction du modèle des 5 « P » proposé tout au long de ce livre. Il s'agit, avant tout, de pistes de réflexion, et chaque entreprise pourra enrichir cet indice en fonction de sa réalité. Il faut cependant résister à la tentation d'évacuer des éléments fondamentaux de ce calcul, si nous souhaitons instaurer une culture de la Présence.

- L'IP global se complète avec la mesure de l'IP interne. Contrairement à l'IP externe, la mesure interne est basée sur des indicateurs pouvant refléter l'absence des employés et des gestionnaires. Cette approche par l'absence de la Présence a l'avantage de pointer rapidement les zones potentielles d'intervention. De plus, la nature subjective de la Présence requiert des moyens créatifs pour la mesurer et, surtout, en raffiner la précision.

CHAPITRE 10

L'avenir du service à l'heure du numérique

Bien heureux le leader qui sera né à l'ère des nouvelles technologies, mais béni celui qui sera éveillé à la notion de Présence dans ses stratégies d'affaires et de marketing. Non, ce n'est pas un nouvel extrait de la Bible, mais disons que cela pourrait être le premier commandement du nouveau leader. Ce constat est aussi vrai pour plusieurs fonctions dans l'entreprise, et particulièrement pour les marketeurs. Pour certains, il y a loin de la coupe aux lèvres, mais comme l'expression populaire le dit si bien : un éléphant se mange une bouchée à la fois. Il est évident que la responsabilité du chef de l'expérience client est de sonner l'alarme lorsque la relation client vacille. Son obsession est d'augmenter continuellement les parts de marché, et l'indice de la mesure du bonheur des clients est son meilleur guide. L'équation est simple : des clients heureux égalent une meilleure pénétration de marché.

Verrons-nous la naissance du VP au bonheur client ou du chef de l'expérience client qui aura la responsabilité de choisir les outils technologiques pour le plus grand bonheur de ces derniers ? Une nouvelle espèce de VP au marketing et aux technologies combinés, qui aura la tâche de travailler dans un seul but, soit l'efficacité tant dans la prestation de services que dans la livraison de l'offre client? Nous convenons que l'architecture informatique et l'administration du réseau sont des tâches tout à fait spécialisées qui doivent être attribuées aux experts de l'informatique. Par contre, lorsque le choix des outils technologiques s'impose pour le bénéfice ultime du client, nul doute que la décision finale devrait être entre les mains du VP au bonheur client qui relèverait directement du chef de la Présence.

De la même façon, un nouveau poste combiné pour les ressources humaines et la gestion de leurs rêves pourrait donner naissance au VP au bonheur employé ou au chef de l'expérience employé. Utopique, cette vision? Permettez-moi cependant d'y croire. D'ailleurs, il y a déjà des signes évidents que cette tendance est là. J'ai vu le titre de vice-président expérience client dans une grande entreprise aux États-Unis, en 2008. Des entreprises canadiennes joignent la parade. J'ai moi-même adopté ce titre pour mon entreprise. Il est dommage de constater que la plupart des entreprises attendent d'être en gestion de crise pour réaliser l'importance de faire un virage à 180 degrés. Donc, vive les crises, si cela permet d'amorcer le changement! La priorité ultime, pour toutes les entreprises, a toujours été de survivre, et elle le sera toujours. Par contre, les enjeux montent, et ce n'est plus la même guerre que jadis: elles devront apprendre à s'occuper plus adéquatement des ressources à connotation humaine. L'IP global pourra aisément devenir un excellent outil de gestion pour les entreprises intéressées à réussir ce défi.

L'essoufflement du marketing insipide

Faute de trouver une solution définitive ou une recette à succès garantie pour relever le défi, la proposition a le mérite de jeter les bases d'une réflexion qui dépasse l'argumentation de la mesure. C'est la fin du marketing traditionnel, le marketing insipide, au profit du marketing lucide. C'est la fin d'une ère, et ce, à tous les échelons de l'entreprise. À la fin de la formation marketing pour les entrepreneurs en démarrage, que je donne depuis plusieurs années, plusieurs entrepreneurs viennent me voir pour partager leurs impressions au sujet du cours. Ce qui me frappe le plus, c'est que ma vision du marketing a été baptisée, à plus d'une reprise, «marketing humaniste». Je ne peux que sourire, car la formation consiste justement à démontrer l'importance de traiter les clients comme des amis et de comprendre la vraie signification du marketing relationnel. Je ne suis pas la Che Guevera du marketing, mais je peux vous dire que l'opinion publique à l'égard de l'ensemble de la profession est plutôt associée à des images négatives, voire aux limites du diabolique. L'idée de faire des profits demeure un objectif absolument non négociable pour toute entreprise ayant un but lucratif. Mais conquérir les poches des clients sans d'abord investir dans la qualité relationnelle avec eux est un acte de trahison qui ne peut pas rapporter à long terme. J'insiste sur la nécessité de combattre les terroristes de la Présence, les actionnaires, non pas pour les faire fuir, mais pour s'assurer que les récompenses sont offertes seulement lorsque la mission est accomplie. La technique qui consiste à toujours augmenter les attentes d'un bon résultat à l'autre, en pressant le citron, est révolue. La Présence est comme le soleil et l'eau : il en faut beaucoup pour que les arbres donnent des fruits. La nature a toujours su mieux que nous comment s'autogénérer sans s'épuiser. La source ne se tarit jamais quand on respecte les règles universelles.

Un VP au bonheur client ne peut pas réussir son combat tout seul. Il a besoin du chef de la Présence et du VP au bonheur employé. Il a surtout besoin d'évoluer dans une entreprise qui n'a qu'un seul objectif : bâtir des relations véritables avec ses clients. Les actionnaires pourraient servir à créer des effets de levier pour la Présence en exigeant ce virage, au lieu de le freiner. Après tout, ce sont eux aussi des clients, non ? Enfin, cela serait déjà un bon indice de Présence de s'assurer que les actionnaires sont d'abord des clients heureux et présents.

Le pouvoir de changer, et changer le pouvoir

Nous sommes dans une société en évolution, et même en révolution. Le changement ne viendra pas de ceux qui ont dilapidé les richesses et qui attendent patiemment leur retraite, ou qui la savourent déjà. Non, il viendra de la mentalité de ces futures personnes âgées qui devront faire des choix différents devant le retrait des services de l'État. Ces dernières n'auront plus l'option de dire que la société leur doit tout ce qu'elles ont investi dans leurs années actives. Les mentalités doivent changer face au nouvel ordre économique, c'est inévitable.

Le dernier quart de siècle a vu passer les évolutions à la vitesse grand V. Il est facile d'imaginer que le rythme des inventions qui facilitent nos vies s'accélérera ; en tout cas, il ne ralentira pas. La beauté avec les nouvelles inventions, et particulièrement les nouvelles technologies, c'est que ce sont les humains qui décident de l'usage qu'ils en feront. L'eau fait pousser les tomates aussi bien que les mauvaises herbes. La peur des technologies ou la critique à leur égard révèlent une profonde incompréhension de leur véritable utilité. Quoi qu'il en soit, ce n'est pas à la société de décider quel usage faire du progrès, c'est à nous, personnellement, de choisir d'en faire un usage constructif. Nous sommes la société. Participer au développement de notre société, c'est d'abord agir en citoyens consommateurs responsables. Tout le monde a horreur des gens qui critiquent sans cesse sans faire le moindre effort pour changer les choses. Le président américain Barack Obama a gagné sa campagne avec le thème «Oui, nous pouvons!». Ce n'est pas un thème qui repousse la responsabilité sur les autres mais qui pointe le doigt sur chacun de nous. Il a gagné son pari en misant sur le citoyen participatif. Il a mis en place tout un ensemble de moyens technologiques pour parler avec le peuple afin de créer la relation. En ce qui me concerne, c'est un exemple désormais classique de Présence ainsi que d'usage intelligent des réseaux sociaux et du pouvoir de la connectivité. Tout le monde le perçoit comme un héros des temps modernes, mais c'est simplement un humain qui a su comment créer la relation avec ses électeurs en utilisant les technologies et l'écoute active. Il a été cohérent dès le début, et il maintenait encore le cap au moment où j'écrivais ce livre.

Plus la force collective s'organise autour du changement, et plus le pouvoir de modifier les choses prend son sens. Une étude effectuée par l'America's Research Group a permis d'étudier quatorze entreprises, dont Johnson & Johnson, Re/Max, les hôtels Four Seasons, Mary Kay, Chubb, Lexus, les casinos Harrah's et le transporteur aérien NetJets. Les résultats ont mené à la publication d'un livre[26] qui démontre clairement que l'art du service à la clientèle est payant pour ces leaders dans leur industrie. Sans connaître tous les détails de ces organisations, je parierais que leur IP global est meilleur que celui de leurs compétiteurs. Que ce soit la notion d'indice du bonheur, que Mark Anielski tente de promouvoir, ou l'augmentation du nombre d'entreprises championnes qui travaillent déjà dans l'esprit de «mon ami le client», chaque petit geste vers la Présence est un gain. Si nous ajoutons à cela la pression généralisée du public, les choses peuvent vraiment changer, si nous y croyons. Il ne s'agit pas d'une campagne politique à mener, sinon d'une campagne du gros bon sens. Il ne faut pas douter que la table est mise et que nous sommes prêts pour dépasser nos propres limites. Les moyens sont là et l'accès aux solutions n'a jamais été aussi facile. Entretenir une relation avec ses clients coûte moins cher que le coût pour les conquérir, et cette notion de base est comprise depuis longtemps dans les entreprises allumées.

---

26. C. Britt Beemer et Robert L. Shook, *The Customer Rules: The 14 Indispensable, Irrefutable, and Indisputable Qualities of the Greatest Service Companies in the World*, Kindle Edition, 2008, 272 p.

Cependant, si des leaders de la pensée économique pouvaient réussir à changer la mesure du PIB du Canada et qu'un IP était accepté comme une nouvelle norme pour mesurer le succès dans les entreprises, notre économie ne s'en porterait que mieux. Il ne s'agit pas ici de vivre dans le rêve – même si le marketing se convertit en *dreamketing* –, mais plutôt de comprendre que ce sont les rêves de nos employés et de nos clients qu'il faut réaliser, car c'est le nouveau travail des entreprises connectées sur leur environnement.

Le nouveau calcul de la valeur d'un client

Si nous pouvions ajouter une information inestimable dans la base de données clients quant à la valeur relative du pouvoir du réseau de chacun et à sa capacité de diffuser le message, il est évident que la notion de Présence trouverait encore plus d'oreilles attentives. Peut-être aurions-nous une nouvelle façon de traiter notre clientèle ; mais surtout, il y a fort à parier que nos clients importants ne seraient plus les mêmes. Dans mon rôle de directrice de succursale bancaire, il m'a fallu confronter des cas plutôt délicats de clients qui, justement, avaient de forts réseaux et peu de valeur au sens financier du terme. Lorsqu'on sert un client dont la profession est journaliste économique et qui est en retard de trois mois dans les versements de son prêt hypothécaire, on doit peser chaque mot et surveiller tous ses faits et gestes afin de ne pas heurter son ego. Le summum, c'est quand, en plus d'un caractère exécrable piqué à vif par une situation qu'il a lui-même créée, il en rajoute en menaçant de parler contre nous à chaque occasion. Cela est de nature à nous rendre plus conciliants qu'à l'habitude, même si en principe faire du recouvrement n'est pas synonyme d'émotion. Tout cela est simplement la démonstration éloquente de l'origine du pouvoir des réseaux, donc de l'influence.

Je sais que la notion de valeur des réseaux existe depuis longtemps, mais certains citoyens ont eu amplement de privilèges que d'autres n'avaient pas, de par leur rayonnement unique. De manière plus positive, si une Oprah parle de vous et de votre produit, vous pouvez être certain que votre avenir est embelli. Les réseaux sociaux ont donc transformé tous nos clients en journalistes potentiels, connus ou pas. C'est pourquoi la capacité d'analyser la valeur d'un réseau dans le poids de la valeur d'un client est devenue la quête de bien des petits malins en marketing. Au moment où j'écrivais ce livre, une grande agence de publicité québécoise et pancanadienne inventait une modélisation pour analyser le chemin des courriels viraux afin de découvrir qui sont les connecteurs en chef dans la diffusion de messages courriels. Autrement dit, un algorithme qui permet de suivre le chemin des courriels en mode viral, le principe étant de découvrir quels sont les diffuseurs les plus actifs. Ainsi, ces connecteurs en chef seront par le suite utilisés pour organiser le bouche à oreille virtuel d'une nouvelle campagne publicitaire, tester un produit ou toute autre activité de nature à aider les publicitaires à faire leur travail. Si l'idée a le mérite d'être tout à fait dans l'esprit de l'utilisation de la valeur des réseaux, elle est très loin du concept de Présence. Ce sont des initiatives aussi malicieuses que désolantes. Parce que la vérité est que ce sont des tactiques pour utiliser des connecteurs en chef qui ne seront même pas au courant qu'ils ont été ciblés pour être les messagers d'une campagne marketing.

L'agence en faute veut simplement exploiter leurs réseaux, ne sachant même pas au préalable s'ils sont clients ou non de l'entreprise, ou une source crédible ou non. Enfin, nous verrons si le projet voit le jour concrètement, mais j'anticipe déjà que cette méthode aura toutes les caractéristiques du marketing sans permission. Tous ceux qui reçoivent des pourriels savent que certaines relations dans nos carnets d'adresses sont plus actives que d'autres pour transférer tout ce qui tombe dans leur boîte de courriels (blagues, invitations et promotions virales). Imaginez que ces pseudo-connecteurs deviennent des courroies de transmission pour des messages ou des offres marketing de votre entreprise. J'aime mieux ne pas penser au résultat pour votre réputation.

Aborder l'idée d'estimer la valeur d'un client présent (au sens de la Présence) prend tout son sens avec de telles pratiques qui risquent d'aliéner le pouvoir de la force du réseau des vrais clients. Il vaut mieux chercher dans votre entreprise les connecteurs qui sont présents, et les cibler un à la fois, plutôt que de tenter de séduire dix clients absents. L'impact sur la valeur finale est difficile à mesurer, mais il est certain que vos clients champions auront toujours plus de valeur que des connecteurs non clients. À l'extrême limite, des non-clients qui sont transformés en diffuseurs de votre message et qui ne pratiquent pas la nétiquette pourraient être très mal perçus par de véritables clients potentiels. Il m'apparaît important de résister à la tentation de gaspiller vos bonnes stratégies avec les mauvais porte-paroles.

En clair, il faut ajouter un poids élevé à la force du réseau de nos clients si nous pouvons le mesurer, mais il faut éviter de les utiliser à mauvais escient ou de penser que nous pouvons profiter du réseau des non-clients sans en payer un prix au passage. Rappelez-vous que le client téflon s'immunise contre l'abus des mauvaises communications. Il faut nous discipliner collectivement pour ne pas contribuer à notre propre désuétude en asséchant la marre. À ce stade-ci du livre, le message devrait être clair quant à la nécessité de la pertinence et de la cohérence pour augmenter l'efficacité de la stratégie axée sur le seul «P» du marketing: la Présence.

Le porteur du message : qui doit prendre les risques ?

L'innovation fait couler beaucoup d'encre, à en juger par le nombre d'ouvrages qui en traitent. Les journaux d'affaires abordent aussi le sujet, et pour certains, cela semble être devenu le remède à tous les maux relatifs au statu quo et la solution à notre épanouissement collectif. En effet, l'innovation est vitale, particulièrement dans les entreprises axées sur les nouvelles technologies ou sur la recherche médicale. Dans ces industries, la recherche et le développement sont sacrés et font loi. Les chercheurs ou les programmeurs y règnent en rois et maîtres. Lorsqu'on sait combien valent certaines découvertes ou certains logiciels, il est plus facile de comprendre pourquoi le *star system* est si fort dans ces milieux. Les dollars et les conditions de recherche servent à la séduction des meilleurs cerveaux. Dans le domaine des nouvelles technologies, les conditions de travail ont même dicté une nouvelle ère du rapport employeur-employé. L'abandon du style vestimentaire rigide est parmi quelques idées issues de l'univers plus débridé des entreprises technologiques. Grâce aux idées avant-gardistes de ces entreprises qui comprennent l'importance du capital humain, il y a belle lurette que les cravates ont pris le chemin de la boîte à souvenirs dans plusieurs emplois, comme chez les représentants au service à la clientèle dans les banques.

Alors que l'innovation dicte les règles d'affaires dans certains types d'entreprises, elle apparaît malheureusement moins cruciale dans d'autres. Généralement, lorsqu'on ne peut pas déduire les frais de recherche et développement pour les idées et les changements dans l'entreprise, cela a tendance à ralentir les ardeurs. Pourtant, l'innovation, c'est le moteur qui propulse toutes les entreprises vers l'avant. Lorsque l'innovation est négligée, ou simplement inexistante, nous ne sommes pas à préparer l'avenir, mais à consommer le fruit du passé. Certaines recherches ne conduisent pas toujours vers un nouveau produit ou logiciel, mais elles peuvent déboucher sur un nouveau service ou une amélioration de nos pratiques d'affaires, et cela, c'est crucial pour la productivité et la compétitivité de nos entreprises.

L'idée de l'innovation, quel que soit son objectif, est cruciale dans l'évolution des entreprises, qui doivent savoir prendre des risques qui répondent aux attentes du client. Qui d'autre que le marketeur lucide pour détecter les pistes de recherche? Ce dernier guide la recherche et le développement pour que les besoins de ses clients soient comblés. Les risques sont mieux gérés et plus faciles à justifier lorsque le point de départ est le besoin du client. Nous ne parlons pas ici de marketing intuitif basé simplement sur le flair d'un marketeur qui, comme le dirait le Dr Clancy, a assez de «couilles» pour assumer les conséquences de ses mauvaises décisions. Le marketing intuitif est d'ailleurs très bien décrit dans le livre[27] du Dr Kevin Clancy et de son coauteur Peter Krieg. Ils y décrivent l'importance d'éviter le marketing intuitif et celle d'apprendre à lire les données de l'entreprise avant d'en dilapider les ressources.

À l'heure de la Présence, il suffit d'ajouter quelques indicateurs pour guider les besoins d'innovations afin qu'ils appuient les efforts de développement de l'IP. Le marketing a le devoir de guider les innovations, particulièrement dans les entreprises où la RD n'est pas une activité naturelle. La nature de l'innovation implique de la recherche, donc des essais et des erreurs. Même si votre entreprise n'en retire aucun avantage fiscal, il est important d'instaurer une culture de l'innovation et d'encourager les responsables du marketing axé sur les besoins client à expérimenter, pour favoriser l'amélioration de l'IP. Le danger réside davantage dans le fait de laisser l'imagination débridée de certains marketeurs en quête de leur prochaine prime au rendement travailler contre la Présence.

Donc, le marketeur agit à titre de messager de l'innovation, tant du client vers l'entreprise que dans le sens inverse. Il suffit de se rappeler que le début de la chaîne de l'innovation doit partir du client, et non de l'entreprise. Ainsi, un marketeur qui a la certitude que le produit ou le service est attendu par ses clients pourra élaborer un plan de commercialisation basé sur les principes de la Présence. Imaginez le marketeur qui a eu la chance de travailler à détecter le besoin du client, qui a réussi à convertir ce besoin en projet d'innovation, et qui, à la fin, a le plaisir de travailler à diffuser la bonne nouvelle. Il n'y a pas de récompense plus excitante professionnellement pour un marketeur lucide. Alors oui, quelqu'un doit prendre des risques, et c'est le marketeur qui est tout désigné. Par contre, il doit surtout marginaliser ledit risque avec sa connaissance du client, pour que les résultats positifs soient très hautement probables. L'innovation n'est pas l'effet du hasard, et son guide est certainement la personne qui interface

---

27. *Counter-intuitive Marketing: Achieve Great Results Using Uncommon Sense*, Free Press, 2000.

avec les clients et les marchés. Son rôle dans le processus d'innovation est crucial, et le chef de la Présence aurait avantage à clarifier ses attentes et à axer les bonis de performance aussi dans ce sens. Il faut un responsable de la création de valeur, et le marketing stratégique est la discipline idéale pour réaliser ce défi.

Ne pas confondre évangélisateur et marketeur

Le premier pas de la Présence est d'abord d'être conscients que les méthodes actuelles ne fonctionnent pas ou que nos résultats déclinent, sans tenir compte de la situation économique exclusivement. Le marketeur ne peut pas assumer le rôle d'évangélisateur dans l'entreprise, car à moyen terme, il sera le seul à porter l'odieux de l'échec si le soutien de l'entreprise n'a pas été suffisant pour assurer la réussite. Si le flambeau de la Présence doit être porté par quelqu'un, c'est bien par le chef de la Présence. Par contre, le flambeau peut être allumé par le marketeur lucide, qui doit savoir mieux que quiconque ce qui est bon pour ses clients. Le choix de servir des clients intelligents revient à celui qui a la responsabilité de leur bonheur. À celui qui comprend ce avec quoi les employés du service à la clientèle doivent composer et qui leur donne des moyens tangibles pour exercer leur Présence avec fierté. Il a la responsabilité d'élever le client au rang d'humain et d'égal à lui-même. Il doit veiller à enlever l'étiquette «consommateur» accolée à ses clients pour camoufler leur existence d'êtres humains. Il doit transformer le rapport avec le client dans toutes les sphères de l'entreprise.

Dans son rôle, le marketeur doit aussi rééquilibrer les actions visibles dans le marché de ses clients actuels ou potentiels et la mission de l'entreprise. Si nécessaire, il peut clarifier la mission et collaborer à la rendre plus pertinente à l'objectif de la Présence. En fait, il peut, en toute simplicité, revenir aux choses essentielles grâce à des moyens technologiques extraordinaires afin de créer des choses extraordinaires. Avec une telle approche, tout cela ne peut donner que des résultats extraordinaires. Il n'a pas besoin de se transformer en évangélisateur pour accomplir ces actions, mais simplement de jouer son rôle de marketeur lucide et passionné par son implication de première importance dans l'entreprise à succès. Il doit être l'agent contaminateur de ce virage, et ce, pour tous les gestionnaires, et collaborer particulièrement avec le VP au bonheur employé. Il est évident qu'il devra faire preuve de conviction, mais il devra aussi savoir quand il doit s'arrêter. Parfois, il vaut mieux changer de jardin pour cultiver avec abondance. Il est toujours préférable de s'investir dans une terre fertile.

La Présence : un conte de fées ?

Si tout cela vous apparaît comme un conte de fées, c'est peut-être parce que le sens profond de la Présence vous effraie. Or, la peur est la manifestation incontestable de la perte de contrôle. Maintenant que tout le monde comprend réellement la théorie des vases communicants et l'effet domino de notre économie globale, les règles du jeu doivent être redéfinies, et elles le seront. Toute une génération née après la Seconde Guerre mondiale devait changer le monde. Ils entrent maintenant par centaines de milliers dans la retraite, certains mieux préparés que d'autres. Chaque époque enterre ses dinosaures, et chaque époque croit mieux faire que la précédente. Mais avouons que le rêve des *hippies* des années 1970 s'est plutôt transformé en un cauchemar, le pire de l'histoire de l'humanité. Nous n'aurons jamais connu une période aussi destructrice de nos ressources, une période aussi aliénante pour nos valeurs personnelles et de société, et une époque au summum de l'égocentricité.

Cette génération de pseudo-leaders a complètement manqué son objectif. Nous pouvons trouver toutes sortes d'excuses, mais la réalité est que d'autres générations allaient les suivre dans la cupidité et l'inconscience, du moins jusqu'à l'épuisement des ressources. La revanche a sonné avec l'effondrement de l'économie. La vérité, c'est que la génération qui les suit doit nettoyer les dégâts. Malheureusement ou heureusement, l'objectif évident des *baby-boomers* retraités est encore de vivre une retraite dorée, avec tous les avantages en or, et payée évidemment, en partie, par les taxes de ceux qui les suivent. Mathématiquement, ce rêve est de moins en moins sûr. Par contre, il est évident qu'ils sont là pour demeurer des clients exigeants, particulièrement si leur sentiment d'insécurité est accentué par les incertitudes économiques ou leur état physique et mental en déclin. Avant de faire sortir un dollar de la poche d'un retraité, il vaut mieux montrer patte blanche. Si ce n'est que pour servir ce segment populeux, la Présence sera récompensée au centuple, car ils seront les premiers à l'exiger après des années à nous en avoir privés lorsqu'ils gouvernaient le monde.

Conte de fées ou décompte de fées? La fée représente l'enchanteresse, la charmeuse, la séduisante ou l'ensorceleuse. Il est évident que tout le monde voudrait avoir sa bonne fée qui, d'un seul coup de baguette magique, exauce nos souhaits les plus fous. Mais ce n'est pas un conte de fées dont il s'agit ici. Nul besoin de baguette magique pour insuffler de la magie dans vos stratégies d'affaires et de marketing. Par contre, vous pouvez décider de demeurer dans une idée plus mathématique des affaires qui vous garantit que tous les employés malheureux de votre entreprise vous quitteront tour à tour. À ce moment-là, votre seule certitude sera de devoir injecter des dollars pour simplement remplacer les ressources qui partent.

Mon souhait, avant de clore ce livre, est d'avoir réussi à semer un grain de Présence dans une terre fertile. Si une seule entreprise adopte une stratégie axée sur la Présence grâce à cet ouvrage et que les résultats sont prodigieux, le pari de l'écrire et d'articuler une vision d'avenir pour les entreprises aura valu l'effort. Si une seule entreprise à succès éveillée à la Présence enclenche le mouvement, ce sera le début d'un nouveau pacte entre les clients et les entreprises. Que le chef de la Présence se lève! L'audience est ouverte!

Les éléments importants dans ce chapitre qui propose une réflexion sur l'avenir du marketing à l'heure du numérique

- Lorsque le choix des outils technologiques s'impose pour le bénéfice ultime du client, nul doute que la décision finale devrait être dans les mains du VP au bonheur client, qui relève directement du chef de la Présence.

- C'est la fin du marketing traditionnel, soit le marketing insipide, au profit du marketing lucide. Conquérir les poches des clients sans d'abord investir dans les relations avec eux est un acte de trahison qui ne peut pas rapporter à long terme. Par contre, un VP au bonheur client ne peut pas réussir son combat tout seul. Il a besoin du chef de la Présence et du VP au bonheur employé.

- Participer au développement de notre société, c'est d'abord agir en citoyens consommateurs responsables. Plus la force collective s'organise autour du changement, et plus le pouvoir de changer les choses prend son sens. Le nouveau travail des entreprises connectées sur leur environnement est donc de comprendre que ce sont les rêves de leurs employés et de leurs clients qu'il faut réaliser.

- La notion de Présence trouverait encore plus d'oreilles attentives si nous pouvions mesurer la valeur du réseau de chacun de nos clients. C'est pourquoi la capacité d'analyser la valeur du réseau d'un client dans le poids de sa valeur globale est devenue la quête de bien des petits malins en marketing. Rappelons-nous tout de même qu'il vaut mieux chercher les connecteurs qui sont présents (au sens de la Présence) dans notre entreprise et les cibler un à la fois plutôt que de tenter de séduire dix clients absents.

- Même si votre entreprise n'en retire aucun avantage fiscal, il est important d'instaurer une culture d'innovation et d'encourager les responsables du marketing axé sur les besoins des clients à expérimenter pour l'amélioration de l'IP. Il suffit de se rappeler que le début de la chaîne de l'innovation doit partir du client, et non de l'entreprise. Alors oui, le marketeur doit prendre des risques, mais il doit surtout marginaliser le risque avec sa connaissance du client, pour que les résultats positifs soient très hautement probables.

- Le choix de servir des clients intelligents revient à celui qui a la responsabilité de leur bonheur. Le marketeur n'a donc pas besoin de se transformer en évangélisateur pour accomplir ses actions, mais simplement de jouer son rôle en toute lucidité et passionnément. Il doit être l'agent contaminateur de ce virage, et ce, pour tous les gestionnaires, et collaborer particulièrement avec le VP au bonheur employé. En fait, en toute simplicité, revenir aux choses essentielles grâce à des moyens technologiques extraordinaires afin de créer des choses extraordinaires.

- Si une seule entreprise adopte une stratégie axée sur la Présence grâce à ce livre et que les résultats sont extraordinaires, le pari de l'écrire et d'articuler une vision d'avenir pour les entreprises ainsi que pour le marketing aura valu l'effort. Si une seule entreprise à succès éveillée à la Présence enclenche le mouvement, ce sera le début d'un nouveau pacte entre les clients et les entreprises. Que le chef de la Présence se lève! L'audience est ouverte!

Le futur présent

J'ai rêvé à un futur présent tout au long de ce livre. La capacité de rêver, c'est assurément ce qui nous permet de créer. Ceux qui peuvent le faire de façon éveillée ont un capital créatif abondant, et les entreprises doivent chercher ces rêveurs et ces créateurs. Mon comité de lecteurs a été ravi par une première lecture de cet ouvrage. Après avoir fait entrer leurs commentaires en ligne de compte, j'ai choisi de répondre à la suggestion de partager ma vision du futur tel que je l'imagine dans les prochains vingt-cinq ans. Je dois dire que cela m'inspire beaucoup, car les idées énoncées avec le concept de Présence me permettent d'imaginer ce futur et de laisser libre cours à mon imagination. Alors, je me permettrai de faire une anticipation sans susciter trop d'attentes quant à l'exactitude de mes prévisions. Personne n'a de boule de cristal, et même les personnes qui prétendent lire l'avenir demeurent plutôt imprécises dans les détails. Cependant, comme je sais que nous avons le pouvoir d'inventer le futur, je porterai une attention particulière à imaginer seulement ce que je veux. Le risque de voir arriver quelque chose d'indésirable est trop grand. Je ferai de la Présence mon guide.

D'abord, je peux affirmer, sans l'ombre d'un doute, que les prochaines années connaîtront des bonds quantiques en matière d'évolution. Je pense que même une imagination fertile peut difficilement concevoir le quotidien dans une journée typique de 2035. Il n'y aura guère de grandes découvertes technologiques ou techniques, mais des consolidations et des améliorations de concepts déjà sur les planches à dessin actuellement. D'ailleurs, paradoxalement, si de grandes découvertes peuvent émerger, nous les verrons dans l'infiniment petit. Là où justement réside la Présence. La nanotechnologie est la prochaine conquête. Prenons, par exemple, les recherches en génétique qui avancent si vite que bientôt (c'est déjà commencé), nous aurons très certainement le choix de faire naître des bébés génétiquement parfaits.

Peut-on imaginer des employés qui seront génétiquement parfaits? Les débats éthiques concernant le génome humain sont déjà d'actualité. Je vous invite à visionner le film *Gattaca*, avec Ethan Hawke et Uma Thurman, vous comprendrez l'ampleur des questions que soulève la question de la sélection génétique, et ce, dans un style très divertissant. Les débats qui font rage concernant l'éthique en général, et particulièrement ceux touchant l'avortement et l'euthanasie, ne sont qu'un petit aperçu du grand débat de société à venir à propos de la manipulation génétique. Il est d'ailleurs déjà débuté, timidement, parmi les initiés. Dans une société qui aura vu naître les plus grandes possibilités, la place de Dieu et de l'homme sera un débat de longue haleine qui durera des années. Tous devront prendre position: en tête de lice, les politiciens.

Ceci étant dit, au-delà des débats concernant les territoires sacrés, j'imagine facilement que nous trouverons des solutions à de nombreuses maladies et que nous pourrons en prévenir des dizaines d'autres. Une solution parfaite pour des employés présents physiquement qui auront peu d'excuses pour s'absenter. D'ailleurs, auront-ils besoin de se présenter physiquement au travail? J'en doute, franchement le télétravail aura sûrement pris le pas sur les résistances nourries par le besoin de contrôle. La mesure de la Présence physique sera simplement une équation des résultats obtenus. Car le pacte de rémunération sera entièrement basé sur les tâches effectuées, pour certains, et pour d'autres, uniquement sur les résultats. Peu d'employés seront payés pour faire du temps devant un poste de travail. Les rôles seront tellement bien définis que nul ne pourra échapper à la nécessité de contribuer positivement aux objectifs de l'entreprise. Dans un tel contexte, les clients seront les complices d'un groupe ciblé de fournisseurs avec qui ils cultiveront la loyauté. Ils auront trop à perdre en avantages. Ils seront avisés dès que leurs responsables de service principaux seront absents et les responsables secondaires prendront la relève en connaissant tout aussi bien leurs clients. De toute façon, l'autonomie des clients sera tellement grande qu'il n'y aura que très peu d'interventions humaines en matière de services. L'intelligence artificielle aura pris peu à peu le pas sur les tâches à faible valeur ajoutée. Par contre, si le nombre d'interventions a diminué, leur complexité aura toutefois atteint des niveaux d'expertise plus complexes. Heureusement, les outils technologiques seront enfin utilisés à leur juste mesure pour faire converger toutes les communications en un seul endroit. La majorité des relations d'affaires s'effectueront sans déplacement, et ce, de façon intégrale.

Ajoutez à cela la quête de la jeunesse éternelle dont les *baby-boomers* auront certainement légué les fruits. Cela nous laisse donc présager une vieillesse très longue pour tous, employés et clients. Au point où la mort sera un concept qui intégrera finalement le principe de l'euthanasie de façon tout à fait naturelle. Tout le monde se demandera pourquoi nous avons eu tant de réticences à la légaliser et à légiférer en la matière. Ainsi, vous déciderez de mourir, soit parce que vous n'avez plus ni amis ni famille, ou pire, parce que vous avez épuisé vos économies. Ce sera donc une belle occasion pour organiser vos propres «funérailles-party» ou des «funérailles-partez»! Évidemment, la liste des invités risque d'être courte, si vous avez choisi de quitter ce monde pour cause de solitude! La mort est une réalité qui deviendra un concept plus terre à terre. Le multiculturalisme exigera aussi une grande discrétion quant à nos choix personnels et à nos valeurs. La religion sera reconnue comme un acte de foi entièrement individuel; certains décideront de la cultiver à huis clos ou en groupe, mais s'abstiendront de la promouvoir en société.

Vous pourrez également permettre la diffusion de vos funérailles en direct. Vos invités pourront, à l'aide de leur holomontre (bracelet-montre muni d'un petit écran qui projette un hologramme dans l'espace), transmettre le visionnement en trois dimensions dans leurs réseaux. Chaque holomontre réceptrice pourra alors permettre à tous ceux qui voudront être présents d'éviter un déplacement. L'appareil servira à matérialiser une scène à distance, et ce, peu importe l'endroit de la diffusion souhaitée. D'ailleurs, tous les déplacements seront limités et contrôlés afin d'épargner l'atmosphère. Tout le monde aura eu l'occasion de s'adapter graduellement. Seuls les véhicules à énergie propre seront autorisés à circuler dans les rues.

Les diffusions privées dans le Net se populariseront tellement que les rencontres virtuelles seront les principaux lieux de rassemblement pour rester en contact avec nos réseaux. Les rassemblements publics seront parcimonieux et auront plus que jamais les allures de grandes occasions. Les clients seront branchés directement avec les employés, qui auront appris à s'exprimer clairement et à tisser des liens en touchant le cœur de leurs clients. Des milliers d'informations seront ainsi partagées en temps réel et les correctifs appliqués immédiatement. Les sondages de service à la clientèle seront un lointain souvenir, car nous aurons évacué le mot «sondage» de notre vocabulaire. Il sera remplacé par le dialogue permanent puisque nous n'aurons plus besoin de procéder par échantillonnage aléatoire.

Ce sera la fin des écrans physiques dans la maison, seul un espace blanc sera nécessaire. Car nous pourrons projeter à partir de notre holomontre sur toute surface libre. Pour compléter le tout, selon nos besoins, nous pourrons porter en tous lieux et en toutes circonstances des lunettes-écran. Elles deviendront notre surface de projection personnelle et privée, soit l'équivalent d'un écran de 21 pouces sur le bout du nez. Nous aurons banni écrans, claviers et souris. Seules les technologies tactiles et vocales seront d'usage. Les opérations les plus courantes pourront être activées par de petits gestes simples reconnus par notre avatar de service, comme un claquement de doigts ou un son vocal. Les fils seront histoire du passé, et je vous parie que vous sourirez à la vue de vos CD, de vos clés USB et de vos babioles à fils retrouvés dans vos boîtes de déménagement, en vous demandant si les musées accordent une valeur à ces objets désuets ou si vous pouvez les recycler.

De plus, nous aurons des robots personnels qui veilleront à la surveillance et aux menus travaux. Ils pourront exécuter des tâches répétitives et ennuyeuses. *L'homme bicentenaire,* avec Robin Williams, dresse un portrait crédible de ce futur robot, juste avant qu'il devienne autre chose. D'ailleurs, il y aura plusieurs profils de ces machines à l'aspect humain qui exécuteront des tâches répétitives ou dangereuses dans moult secteurs. D'ailleurs, l'ère de l'intelligence artificielle annonce probablement, avec les nanotechnologies, les percées les plus importantes à venir.

Enfin, puisque nous devons souhaiter le meilleur pour nous, nous aurons inventé tous les procédés pour assurer la gestion intelligente de nos déchets et des rejets dans l'atmosphère. Nous aurons maîtrisé le vrai recyclage des composés avec un retour intégral à leurs matières d'origine. Ainsi, nous pourrons vivre en harmonie avec la nature et nous assurer de l'abondance de nos ressources pour les générations à venir. Les criminels du futur seront certainement tous ceux qui ne respecteront pas l'environnement. Les autres crimes seront en déclin étant donné que les vols seront rendus presque impossibles à commettre, la sécurité s'étant raffinée sur tous les plans. Les homicides seront également très rares, car les enquêtes permettront un taux de résolution de presque 100 %. Le débat sur les droits et libertés individuelles sera clos, car le bien-être de la collectivité aura préséance sur l'individu. Des limites seront tracées, mais de façon générale tout individu s'assumant de façon honnête n'y verra que des avantages. Le débat aura toutefois provoqué bien des tensions auprès des groupes criminalisés. Chacun se verra attribué en échange de ce contrôle plus serré un seul numéro de téléphone à vie relié à une adresse courriel ou à une autre adresse virtuelle, ainsi qu'une puce pour contenir toutes les informations pertinentes concernant sa santé, ses affaires et tout ce qui est important. Tout l'aspect administratif de nos vies sera à toutes fins utiles une simple formalité. Les fonctionnaires de l'État seront réduits proportionnellement. Les survivants de l'appareil étatique seront attitrés à des tâches extrêmement critiques pour le bien collectif. Leur sélection sera rigoureuse et y travailler sera un privilège, et non un contrat à perpétuité.

Ceux dont la santé pourrait connaître quelques défectuosités passagères seront examinés par le HoloDoc, sur demande et sans contact physique. La première étape consistera à parler au programme de base activé avec votre holomontre. « Dites deux mille trente-trois ! » Il prescrira le remède, qui vous sera immédiatement livré chez vous et administré par votre robot ménager. Votre facture sera débitée tout aussi rapidement. En outre, la nanotechnologie fera son œuvre dans tous les sens. Les microrobots combattront les virus et les cancers aussi simplement qu'une aspirine pour le mal de tête. Si votre problème s'avérait plus grave, le HoloDoc vous mettrait en contact avec un vrai docteur en chair et en os, qui serait heureux de vous aider en débitant immédiatement votre compte bancaire.

J'anticipe avec joie mes 80 ans, car je ferai sûrement des activités physiques que je ne faisais pas à 45 ans, grâce aux miracles de la technologie ! Mes « funérailles-partez » seront encore loin ! J'aurai du travail à profusion, car la retraite sera programmée pour les personnes âgées... de 90 et plus ! D'ailleurs, les résidences pour personnes âgées auront évolué en centres de matière grise qui foisonneront d'activités de consultation. Ils seront des endroits prisés par les jeunes en quête de réponses et de soutien. La société aura compris que la richesse se trouve dans son savoir collectif. Chacun aura son mentor ou son mentoré. De toute façon, il vaudra mieux travailler, car il faudra payer ce confort. Le capital créatif de toute la société sera mis à contribution de façon continue. Nous aurons tout pour être autonomes individuellement, mais nous serons organisés en communautés fortes et liées. La solitude des personnes âgées sera une notion évacuée des centres de matière grise, car elles seront en contact avec toute la communauté en temps réel.

Enfin, nous aurons finalement réalisé que la quête de l'espace était plutôt une idée stérile comparativement aux miracles que la nanotechnologie offrira. Les navettes spatiales seront recyclées en lunotouristes. Il n'y aura pas que Guy Laliberté pour se payer un tel voyage. Je m'offrirai donc une escapade lunaire à bord de la navette spéciale une fois tous les cinq ans, pour aller me régénérer et remettre mes os en place. J'en profiterai pour regarder la Terre, qui sera devenue un immense village où seuls les continents auront des frontières.

Je partirai l'esprit tranquille, car toutes mes affaires, de quelque nature qu'elles soient, seront entre bonnes mains. Mes fournisseurs seront les alliés de mon bonheur, voire des amis, qui voudront vraiment que je me concentre sur les choses importantes. Ils comprendront la valeur réelle de leurs services parce qu'ils m'offriront exactement ce dont j'ai besoin. Cela aura pris plusieurs années, mais toutes les entreprises qui auront survécu au chaos économique seront celles et seulement celles qui auront pris le virage de la Présence. Les autres seront reléguées dans des musées économiques relatant le passé peu glorieux de la consommation de la fin du siècle et du début de l'autre.

Fiction ou réalité? Faites vos paris!

La petite histoire du marketing insipide

Comme l'univers du marketing est moins familier à certains d'entre vous, il m'apparaissait important de permettre à chacun des lecteurs de bien comprendre ma vision du marketing. Il est très probable que les plus érudits d'entre vous, qui n'auront pas résisté à la tentation de lire ce supplément, soient heurtés ou même choqués par la lecture de certains passages, mais ce cri du cœur appelle une recentralisation des objectifs et, surtout, des méthodes du marketeur d'antan. Le marketeur lucide est une nécessité née de décennies de marketing insipide. J'ai choisi «insipide», car si ce mot réfère aux aliments ou aux boissons sans saveur, je crois que l'analogie est presque parfaite... sauf si l'amertume est une saveur, évidemment.

C'est un appel à la mobilisation d'une industrie qui ne sait pas vers où elle va et qui a bien des *mea-culpa* à faire pour regagner la confiance du public. Si certains seront égratignés au passage, d'autres entendront de la véritable musique à leurs oreilles ; c'est pour eux que cette petite histoire est écrite. Il y en a d'autres de mon espèce, et c'est eux qui doivent poursuivre les efforts amorcés par ce livre.

L'ère du « nouveau et amélioré »

Le marketing ne se contente pas de créer des vogues à la remorque des designers et des faiseurs de tendances, il crée dans son arrogance sa propre désuétude et la nécessité de se renouveler. Ainsi, nous avons vu au cours des années 70 et 80 l'utilisation de la méthode marketing – encore utilisée par quelques dinosaures de notre siècle – que je qualifie de «nouveau et amélioré». Pour vous aider à mieux visualiser cette méthode, je rappellerai à votre mémoire les publicités des champions toutes catégories dans ce type de marketing: Procter & Gamble. Votre souvenir est encore un peu trop flou? Le nouveau Tide amélioré, cela vous rappelle assurément quelque chose. Je me souviens que dans les années 80, à l'époque de mes études de premier cycle en marketing, le rêve d'un marketeur était de devenir chef de produits chez le géant P & G, un paradis pour les ambitieux. Le problème était que ce choix nécessitait quelques années dans le «champ», c'est-à-dire le terrain des représentants, dont la mission était de gagner la guerre de l'étalage, communément appelée «la guerre des tablettes» dans les magasins. L'arme ultime: la nouvelle gamme de produits élargis et de qualité inégalée.

Ainsi, d'une visite à l'autre, les représentants de niveau universitaire gagnaient la bataille des pieds linéaires, un à la fois, grâce à la version du nouveau Tide amélioré ou du Colgate amélioré, meilleur pour des dents plus blanches. Comment un marchand pouvait-il refuser d'ajouter ces «nouveaux» produits sur ses tablettes alors que la publicité inondait littéralement les ondes télé et radio, et que les incitatifs financiers étaient franchement alléchants. Tous les médias imprimés et les panneaux d'affichage étaient également de la partie. À cette époque, les plans médias étaient construits pour envahir le quotidien de la masse et faire en sorte que le nombre d'impressions et la fréquence d'exposition atteignent le niveau de saturation, le niveau du subconscient. Ce n'est pas une légende urbaine: à une certaine époque, l'usage des publicités subliminales était une pratique courante dans les cinémas. Tout le monde avait tout à coup une envie irrésistible et incontrôlable de manger du maïs soufflé ou de boire une boisson gazeuse. Nous ne saurons jamais si nous étions exposés au «lave plus blanc» de Tide pendant le visionnement d'un James Bond ou de *L'exorciste*, mais qui s'en soucie maintenant, à l'heure des savons sans phosphate? De toute façon, il semble que tout cela soit mieux contrôlé aujourd'hui et qu'une telle pratique serait presque impossible. À moins que nous n'aimions mieux y croire uniquement pour dissiper tout doute.

Ce furent les années de gloire de la publicité média, où le seul fait de placer des annonces pendant les pauses publicitaires suffisait à influencer les comportements. Il n'y avait pas de fractionnement des médias, et les audiences étaient faciles à repérer. La publicité de masse se jouait sur les heures de grande écoute et chaque annonceur trouvait son créneau horaire pour marteler son message. Ainsi, durant les *soaps* de l'après-midi, une ménagère typique pouvait être bombardée de publicités sur le produit M. Net, plus qu'il n'en fallait pour croire que sans lui, le ménage ne pourrait être fait. Je soupçonne d'ailleurs que M. Net a permis à plusieurs d'entre elles de passer quelques heures au pays des fantasmes interdits. Nous ne pourrons jamais le prouver, mais avouons que toutes les femmes à la maison auraient bien aimé un tel homme à leurs côtés pour les aider dans cette tâche pour le moins aliénante. Bref, les marketeurs avaient bien compris que les ménagères avaient besoin d'aide, et c'était bien là l'essentiel de leurs messages.

Dans cette foulée, le marketing a contribué à sa propre ironie. À force de nous servir du «nouveau et amélioré», les entreprises ont finalement alimenté le scepticisme et la méfiance que le consommateur a développés envers elles. Comment pouvions-nous servir cette promesse sans penser qu'on aliénait aussi le produit que nos clients consommaient depuis longtemps? En tant que consommateur, il était devenu légitime de conclure que votre produit était donc de piètre qualité, ou de qualité non optimale, et que vous aviez accepté de le vendre malgré tout.

Il faut avouer que cette tactique a fini par miner la confiance des consommateurs envers la publicité, qui a commencé à être parodiée de plus en plus. Reflet de ce que tout le monde pensait tout haut, mais que personne n'osait dire ouvertement, les humoristes ont toujours bien exploité cette recette. Mais au-delà de la méfiance, les piètres résultats d'un trimestre à l'autre deviennent le véritable pouls de l'opinion du consommateur. Et s'ensuit un questionnement prévisible: comment se fait-il que nos tactiques habituelles n'apportent pas les résultats habituels? Il y a la réponse complexe, qui oblige une remise en question de l'entreprise, et il y a la réponse facile: l'embauche d'un nouveau responsable du marketing. Trop d'entreprises aiment encore croire, et ce depuis longtemps, qu'un nouveau vice-président ou directeur du marketing est très certainement la solution commode. Dans certains cas, c'est la rupture avec l'agence, qui est reléguée aux oubliettes pour être remplacée par une nouvelle au goût du jour. Pour utiliser leur propre médecine, une agence «nouvelle et améliorée».

Jusqu'à maintenant, je n'ai pas abordé le rôle des agences de publicité qui, généralement, travaillent sur un seul «P», celui de la publicité, et qui agissent comme porte-étendard du public. À l'époque du «nouveau et amélioré», elles savaient mieux que quiconque quoi dire, comment le dire, à qui le dire et où le dire. Avec toutes leurs recommandations se tenait systématiquement au sommet une campagne publicitaire. Avec elle, un budget souvent colossal permettait de vendre à toute âme qui vive, sans distinction. Un grand-père assis devant la télé pouvait devenir accro de M. Net sans trop comprendre pourquoi.

C'était l'ère de la publicité de masse, que nous aurions pu ironiquement appeler «publicité marteau», parce qu'après tout c'était exactement comme de marteler un message. Même si ces fournisseurs externes travaillaient du mieux qu'ils pouvaient, il n'y a pas une seule agence qui ne travaillait pas pour vendre un plan médias; cela leur permettait de rentabiliser substantiellement le profit du mandat sans trop d'efforts. Quinze pour cent sur un budget de 2 ou 3 millions, c'est beaucoup d'argent, imaginez sur le budget de Procter & Gamble! Les détaillants sont devenus complices de cette stratégie, car ils ont fini par faire la corrélation directement proportionnelle entre budget de publicité et ventes en magasin. Ce qui a favorisé les géants des produits de consommation qui, en élargissant continuellement la gamme de produits, pouvaient gagner des pieds linéaires en magasin et les meilleures places sur les tablettes.

Si nous voulons être honnêtes, il est difficile de ne pas blâmer un peu les agences pour la méfiance et une hostilité certaine des directions et du public à l'égard de la publicité. Complices des médias, ces agences se sont présentées comme des experts qui savaient mieux que quiconque comment influencer les comportements d'achat. À cette époque, la valorisation d'une entreprise se mesurait à la capacité qu'un client avait de la citer sans assistance (*top of mind*). Ainsi, la science du capital de marque se construisait peu à peu, l'objectif étant d'être nommé le premier et d'être le premier dans le cœur du client lorsqu'il serait prêt à acheter. Si l'objectif de fond est resté le même, les stratégies, aujourd'hui, sont plus étoffées. Ce furent les années fastes des publicitaires et l'enfer des marketeurs professionnels. Heureusement, les rapports entre les annonceurs et les agences sont continuellement remis en question, et une étude menée par le Dr Alan C. Middleton[28] pour le compte de trois organismes du milieu a permis de tirer parmi les grandes lignes de ses conclusions la nécessité pour les agences et les annonceurs de formuler des objectifs et des stratégies clairs.

L'explosion du mimétisme et du jetable

Force est de constater que la période du «nouveau et amélioré» a coïncidé avec une tendance de fond qui peut s'apparenter à l'explosion du mimétisme et du jetable. Le jeu de la chaise musicale du poste de di-

---

28. Rapport commandé par l'Association des agences de publicité du Québec (AAPQ), l'Association canadienne des annonceurs (ACA) et l'Institut des communications et de la publicité (ICP), et paru en septembre 2008.

rection du marketing en est le premier signe. La méthode est simple et encore trop d'actualité : nous apportons une vision nouvelle et améliorée grâce au regard d'un nouveau responsable en qui nous plaçons tout notre espoir. Normal après tout, c'est la nouvelle star recrutée à grand coût chez le compétiteur. Par la même occasion, le glas sonne pour l'ancien, dont nous nous débarrassons parce que nous le jugeons trop usé. Sa créativité est épuisée et ses nouvelles idées ne se traduisent plus par de bons résultats. Une véritable épidémie de marketeurs jetables qui, pour les uns, deviennent de véritables héros et, pour les autres, de véritables zéros.

Tout bien considéré, il faut un coupable. Dans ces «entreprises autruches», les mauvais résultats de vente ne sont jamais la conséquence d'une promesse non tenue, d'un réseau de distribution déficient, d'une qualité de service boiteuse ou, pire, d'un produit ou d'un service médiocres. La faute est au responsable du «P» de la publicité, ou de la promotion, univers restreint souvent attribué exclusivement aux responsabilités du marketeur. Pour le néophyte, le marketing est la partie visible et amusante, c'est-à-dire la publicité et la promotion. Pas étonnant que les pseudo-marketeurs mettent toute l'énergie dans ce volet.

La vérité, c'est que cette chaise musicale donne aussi des stratégies musicales : elles suivent le marketeur sur sa nouvelle chaise. Au bout d'un moment, rien ne se renouvelle, tout se déplace. Toutes les entreprises finissent par appliquer les mêmes stratégies et tactiques dans le temps. Bienvenue dans l'ère du mimétisme qui a donné naissance à l'amélioration de la qualité et à la guerre des prix, guerre qui elle-même a propulsé l'ère du jetable. Un vrai cercle vicieux qui a marqué les années noires pour l'environnement et qui continue de sévir dans certains marchés.

Les impératifs économiques ont aussi fait naître le concept de développement durable, à force de nous servir du jetable. Tout est éphémère aujourd'hui. Les électroménagers ne survivent pas à leur garantie, alors qu'il y a quelques années nous les transmettions d'une génération à l'autre ; et les appareils électroniques deviennent désuets avant la fin des paiements de crédit. Les relations amoureuses sont elles aussi plus éphémères. La tolérance a passé le relais à l'impatience, et la culture populaire valorise plus le courage de quitter que celui de rester. C'est l'antithèse du développement durable, un legs des plus grands consommateurs au monde : les *baby-boomers*.

En raison de leurs exigences, nous avons vu les Japonais entrer dans le marché de la voiture et révolutionner les règles du jeu. À un point tel que les Américains, un quart de siècle plus tard, doivent jongler avec un endettement qui a mis en péril leur survie ; ils sont devenus des géants aux pieds d'argile parce qu'ils n'ont pas su s'adapter et faire preuve de modération. Au moment où j'écrivais ce livre, le sauvetage de Chrysler, GM et Ford était réalisé par une intervention coûteuse de la Maison-Blanche et, dans la foulée, le Canada – nous ! – est devenu coactionnaire de GM avec les Américains et les investisseurs. Une industrie complète qui a fait la fierté des Américains pendant un siècle est devenue la risée du monde entier, entraînant des milliers d'emplois dans sa déconfiture. Une grande leçon pour tout le monde, qui a découvert la vraie valeur de ses dirigeants. Non seulement ont-ils encaissé des bonis non mérités pendant des années, mais jusqu'à la fin ils ont essayé de faire passer prioritairement le paiement de ces sommes indécentes avant les employés et les fournisseurs, alors que l'industrie s'écroulait. L'argent du public, dans leur esprit, leur était dû.

Nous avons aussi vu les Chinois nous imposer *Made in China*, signe de bas prix et d'incapacité à faire mieux pour les concurrents. Une redéfinition des axes de communication qui a fini par faire de toutes les entreprises une mare de produits et services indifférenciés qui se battaient toutes sur le même terrain et pour les mêmes clients. Une revanche du «P» de produit, et un défi pour le «P» du prix. La seule façon de résister aux forces extérieures était de réduire continuellement les coûts de fabrication et de distribution, pour rester profitable dans la guerre de prix. L'ère du *just-in-time* a commencé et, du même coup, les stratégies de commandes automatisées et planifiées sont devenues la norme pour la gestion efficace de l'inventaire. Les stratégies de prix sont alors devenues plus axées sur la négociation des conditions avec les clients, puisque dans un contexte de guerre de prix, les marges avaient presque disparu. Ainsi, plus un client acceptait de s'engager dans le temps pour des contrats à moyen et à long termes, plus il se montrait flexible et bon payeur en regard des modalités de paiement, meilleures étaient ses chances d'obtenir un bon prix. C'est encore le cas, d'ailleurs.

C'était donc les balbutiements du marketing relationnel, qui avait commencé à se manifester par la simple compréhension du fait que le coût d'acquisition d'un nouveau client était nettement plus élevé que le coût de rétention d'un client. Cela a fait naître des tactiques de fidélisation. Dans le secteur du détail, par exemple, les cartes de fidélité sont nées grâce à quelques marketeurs innovateurs, mais en moins de temps qu'il n'en faut pour le dire, le mimétisme a fait en sorte que l'avantage de la fidélité est devenu un véritable casse-pied pour les clients qui, maintenant, ne savent plus quoi faire de toutes ces cartes dans leur portefeuille. En plus, les résultats visés sont dilués par l'épidémie de cartes, et l'entreprise ne voit que rarement le retour sur son investissement. Enfin, des études tendent à prouver l'inefficacité de cette tactique usée. Une autre preuve que les stratégies basées sur le principe de la chaise musicale tuent la créativité et la pertinence d'une bonne idée. Dès que le voisin nous copie, nous devons innover. C'est cela être en affaires: être condamné à innover dans un processus permanent et continu, et non réactionnaire.

Bref, un véritable remue-ménage s'est opéré dans toutes les entreprises pour tenter de sauver les meubles. En période de très forte compétitivité causée par l'ouverture des marchés, les comités de direction devaient démontrer leur pertinence et sécuriser leur rémunération, faute de pouvoir justifier leur valeur. À l'heure de la globalisation, la pression sur les résultats s'est accentuée de façon continue, et irréversiblement. Il a donc fallu, devant la menace commerciale des pays émergeants, protéger et valoriser la notion de qualité qui avait toujours défini les pays du G8. Pour ce faire, il fallait créer un système de mesure de la qualité qui soit associé à des valeurs mesurables plutôt que subjectives. Inspirée par certaines entreprises qui semblaient avoir de bons résultats en misant sur une qualité optimale, l'ère ISO a ainsi vu le jour et, avec elle, le mouvement de la qualité. La réingénierie a suivi pour optimiser les coûts dans cette quête de qualité coûteuse. Les mises à pied massives qui s'en sont suivies ont marqué le début de la méfiance des employés, qui ont cessé de croire aux vertus de la loyauté envers leur employeur. Une situation qui s'aggrave toujours, au point où la majorité des campagnes d'image corporative que nous avons vues à la télé depuis le début de l'an 2000 visent à présenter l'entreprise comme un employeur de choix, afin d'attirer les employés chez soi. Signe incontestable que la rareté des ressources qualifiées est devenue un enjeu considérable pour les entreprises, qui maudissent le jour où ils ont bafoué la loyauté.

Disons-le franchement, nous avons échoué comme collectivité. Nous avons péché par excès de confiance et d'arrogance, et nous avons péché par manque d'humilité et de créativité. Les Chinois, que nous aimions ou non leurs pratiques d'affaires, se sont approprié tout le marché de la reproduction à faible coût. Leurs valeurs permettent d'honorer un auteur en le copiant. Pratique, non? Mais que pouvons-nous faire? Comme on dit: *If you can't beat them, join them!* Ainsi, des alliances ont commencé à se former sur tous les continents, et ce n'est que le début.

Parfois, je me demande ce qu'il adviendra lorsque toutes les industries seront devenues des oligopoles. Regardez autour de vous et vous constaterez que bien des industries ont déjà atteint ce stade (selon les marchés). Le pétrole, les banques, les minerais, les produits forestiers, les fabricants d'ordinateurs, les télécommunications, la gestion des rebus, etc. La collusion pour fixer les prix est presque inévitable, et ce, même si les organismes de protection veillent du mieux qu'ils peuvent; il n'y a pas beaucoup de clients qui croient au véritable marché libre dans un tel contexte. L'avenir du «P» pour prix m'apparaît plutôt terne, dans le sens où les occasions de se différencier ne viendront pas de là, c'est certain.

Quels seront donc les véritables leviers pour se différencier et continuer à croître? Le marketing est au cœur de ce défi.

La naissance de la personnalisation

L'ère du *e-business* a débuté lentement dans les années 90. À mesure que les entreprises s'informatisaient et que le Web s'introduisait dans nos vies, les nouvelles panacées du marketing ont pris le pas sur la période aseptisée du marketing de masse. Lorsque les entreprises ont commencé à organiser leurs données internes de manière que les bases de données soient utilisables pour des offensives de marketing ciblées, nous avons vu naître le marketing direct, ou personnalisé. Cette nouvelle manière d'envisager les choses semblait dessiner un avenir prometteur aux budgets marketing et, conséquemment, les résultats attendus étaient aussi élevés. Il faut avouer que le mot «personnalisé» était plutôt une hérésie compte tenu du fait que les nouvelles tactiques utilisées étaient au mieux des offres regroupées par segment. Si cela avait l'avantage de nous faire découvrir enfin la véritable utilité de la segmentation, ses fondements, qui prenaient finalement tout leur sens, n'en donnaient guère aux principes de la personnalisation. La personnalisation, dans ce contexte, était donc dans le meilleur des cas un effort pour ne pas envoyer une offre décousue aux clients potentiels. Cela améliorait les chances de ne pas trop dilapider le budget marketing inutilement.

À cette époque, nous avons commencé à parler de marketing *one-to-one*. Encore une réalité un peu exagérée, mais la volonté de faire des offres mieux ciblées augmentait au fur et à mesure que les moyens technologiques évoluaient. Nous avons vu naître des professionnels de la gestion des bases de données qui pouvaient optimiser le croisement des ces informations afin d'atteindre des niveaux de ciblage de plus en plus précis. C'était un peu comme le Klondike pour les compagnies de services postaux, car une telle recrudescence d'envois adressés personnellement leur procurait une nouvelle source de revenus inespérée. Avec la menace que les courriels annonçaient pour l'avenir des envois postaux, cette nouvelle ère du marketing personnalisé arrivait à point. C'est d'ailleurs ce qui a sauvé plusieurs sociétés postales converties en complices du marketing direct.

Je me souviens de mes premières sollicitations personnalisées, j'étais vraiment impressionnée de voir mon nom sur une publicité. Au début, ces envois étaient rares et originaux. Nous n'avions pas encore acquis l'acuité visuelle pour les reconnaître avant de les ouvrir. Mais cette lacune ne fut pas très longue à corriger. Je me souviens que, à l'époque où je travaillais dans l'industrie bancaire, le marketing direct était une solution à tous les maux. Les marges de crédit sont en déclin, hop! une petite campagne de marketing direct. La campagne REÉR arrive, hop! un envoi ciblé à nos épargnants. Ce ne fut pas long avant que les gestionnaires des bases de données se mettent à empiler les requêtes de listes d'envois comme un caissier chez McDonald's prend les commandes de trios.

Encore une fois, nous avons réussi en un temps record à détruire la valeur de cette tactique par l'abus de son utilisation. La majorité des entreprises se mirent à acheter des listes pour solliciter de nouveaux clients, les leurs étant épuisées. Ainsi, les consommateurs extrêmement sollicités pour tout et pour rien ont commencé à devenir tellement futés pour détecter ce courrier indésirable que la plupart ont fini par ne plus ouvrir les lettres de marketing direct. Heureusement que tout cela a coïncidé avec le recyclage, car personnellement, j'ai peine à imaginer ce que j'aurais fait de tout ce papier. À une certaine époque, je gardais les offres de cartes de crédit préapprouvées pour voir combien de temps l'escalade durerait. Je peux vous affirmer que l'expression «friser le ridicule» a pris tout son sens avec la quantité d'offres que j'ai reçues pendant des années. Il est très compréhensible que les consommateurs aient fini par être complètement horripilés par ces offensives dérangeantes et invasives, et surtout non pertinentes.

Ce marketing direct, quoique toujours une tactique utilisée, n'est plus la solution miracle. D'ailleurs, à son apogée, il n'a jamais donné de résultats convaincants. Des taux de réponse de 5 %, et le directeur du marketing jubilait, c'était une réussite au-delà des espérances. Alors, le calcul était simple à faire: pour aller chercher 100 nouveaux clients, il suffisait de trouver une liste pertinente de 20 000 noms, considérant que chaque client potentiel intéressé est converti en client. Les ratios sont en réalité plus bas, et la qualité et la pertinence de la liste les influencent beaucoup. Le marketing direct est une tactique coûteuse qui complète bien une stratégie méticuleusement orchestrée, mais elle requiert beaucoup plus d'attention qu'un simple envoi postal bêtement adressé par une machine. Plusieurs auteurs ont soulevé les défis liés à la gestion des bases de données, un notamment, le Dr Kevin Clancy, que j'ai eu le bonheur de découvrir en conférence lors de son passage dans un colloque, ainsi que son livre sur le marketing contre-intuitif[29] qui fait l'éloge de la compréhension de l'information dans l'entreprise, surtout la compréhension des données clients. Ainsi, le marketing ne serait pas un art, mais une science de plus en plus complexe dans laquelle la compréhension des données est essentielle à l'usage optimal des dollars marketing. Un message clair aux improvisateurs qui appliquent, au mieux, des recettes, au pire, la méthode nasale, pour ne pas dire le pif!

Le retour du balancier

Le marketing direct non sollicité a toutefois pavé la voie au marketing de permission. Lorsque les entreprises ont commencé à découvrir le merveilleux outil qu'est le Web, elles se sont mises à remplacer les envois postaux par des envois de masse par courriel. Ce fut une véritable catastrophe pour les marketeurs professionnels et pour les internautes. En effet, l'accessibilité d'outils aussi puissants au service de petits futés sans vergogne était une quasi-tragédie. Voilà que depuis ce temps, des milliers d'internautes se font envahir par des publicités non sollicitées. Les boîtes de courriels se transforment en véritables boîtes de pourriels. N'en jetez plus, la cour est pleine! Il y a certes quelques solutions de filtres, mais le mal est fait. Il fallait agir pour ne pas anéantir à jamais l'efficacité de tels outils. Les réactions les plus intelligentes sont venues des entreprises ayant de bonnes pratiques d'affaires. Elles eurent la politesse de demander la permission aux internautes d'être incluses dans leurs listes d'envois. Aujourd'hui, cette pratique est non seulement la meilleure qu'une entreprise puisse adopter, mais la seule, la réglementation sévissant de plus en plus contre les «pourriellistes».

L'idée du marketing de permission est aussi issue d'une volonté de gagner de la crédibilité auprès de son public cible. Il ne faut pas être expert pour comprendre que la méfiance a converti le consommateur crédule en consommateur téflon. Ainsi, plus rien ne colle sur lui, et

---

29. Kevin J. Clancy et Peter C. Krieg, *Counter-intuitive Marketing: Achieve Great Results Using Uncommon Sense.*

bien malin le marketeur qui réussira à le berner. Il est le résultat de plusieurs années de promesses non tenues et d'une manipulation aux limites de l'escroquerie. Le mot «valeur» commence alors à prendre tout son sens dans cette nouvelle ère de marketing. Les marketeurs doivent d'abord demander la permission aux consommateurs pour engager la relation. C'est dire que les choses changent et que l'on peut parler d'une véritable révolution du marketing, du moins pour les nouvelles règles du jeu qu'elle établit.

Imaginez passer de l'ère du «je tire sur tout ce qui bouge et sans invitation je m'introduis dans votre foyer» à celle du «je choisis ma cible et je lui demande si je peux engager une communication avec elle, et ensuite la relation débute». C'est peut-être la naissance du véritable marketing. Celui qui passe par la réflexion et qui s'aligne sur les véritables besoins du consommateur. Mais en toute honnêteté, la pression législative a largement motivé les marketeurs à changer de comportement, et les organismes de protection du consommateur continuent de mettre des limites très claires sur les bonnes et les mauvaises pratiques de sollicitation.

Je pense également que ce sont aussi les premières graines du marketing émotionnel qui furent plantées avec ces bonnes pratiques. En comprenant et en respectant les valeurs des consommateurs, le marketing moderne considère que la véritable relation avec le client passe par la connexion émotionnelle avec ce dernier, qui inclut le respect et la reconnaissance de ses droits fondamentaux. C'est peut-être la meilleure récompense pour les plus innovateurs d'être capables de comprendre par eux-mêmes ce que le client souhaite plutôt que de se le faire imposer par la loi. Nul doute que le consommateur est sensible au respect, et les marketeurs qui le comprennent plus vite que les autres ont un avantage indéniable.

Un vrai marketeur, svp

Les nouveaux objectifs du marketeur aguerri sont donc de créer la relation avec un client, de l'inviter à participer à la création du produit ou du service – ou mieux, de l'expérience –, de lui demander son avis régulièrement, de le récompenser, de le dorloter, et j'en passe. Pour certains, cela est le nouveau marketing 2.0, ou le marketing de participation, ou le marketing interactif, ou le marketing social, ou le marketing relationnel; et la liste est aussi longue que celle des auteurs qui traitent de ce sujet. Au fond, c'est peu important de nommer ce nouveau type de marketing, si ce n'est que de le qualifier de marketing lucide ou évolutif. Sommes-nous prêts à affronter cette nouvelle réalité?

Je me rappelle que deux ans avant le début de ma présidence à l'Association Marketing de Montréal, en 2002, mon comité et moi avions organisé un colloque de formation sur le marketing et les petites et moyennes entreprises. Nous avions commandé une étude sur les PME au Québec afin de mieux connaître leurs pratiques en matière de marketing et leur attitude à cet égard. Je me souviens que les résultats m'avaient réellement inquiétée pour l'avenir de notre croissance économique. Les firmes Léger Marketing et CROP avaient fait de cette première collaboration un moment historique à bien des égards. Non seulement avions-nous découvert que la perception du marketing était négative chez plusieurs entrepreneurs, mais, de façon encore plus brutale, que 16 % d'entre eux n'y croyaient simplement pas. Ces entreprises dites incrédules étaient probablement le simple reflet des années usées du «nouveau et amélioré» ou de celles du mimétisme et du jetable. L'accumulation sans doute de mauvaises expériences au fil du temps avec des budgets qui n'ont pas rapporté le retour sur investissement anticipé. Peut-être simplement des directeurs du marketing inexpérimentés qui ont fait du marketing intuitif et qui se sont trompés, faute de moyens ou de connaissances. En tout cas, ne pas croire aux activités marketing en dit long sur leur opinion ou leur expérience à ce sujet. C'est drôle de dire «ne pas *croire*» au marketing, comme si c'était un acte de foi.

Il y avait bien la moitié d'entre elles qui faisaient du marketing dit appliqué, mais encore de façon très inégale, et souvent avec un Service du marketing sous la direction du propriétaire. Il est toutefois intéressant de noter que ces entreprises appliquées figuraient parmi celles qui avaient les meilleures performances financières. Pour le reste – environ 36 % –, c'était la pratique du marketing intuitif ou instinctif, un mélange de toutes sortes de tactiques marketing décousues et non organisées. Plusieurs années plus tard, je parierais que les résultats seraient plutôt similaires, même avec un nouveau sondage. C'est simple, la variation du pourcentage d'entreprises incrédules ou appliquées serait une simple question de chance. Selon que les décisions des marketeurs intuitifs ont donné des résultats positifs ou négatifs, il y aurait plus ou moins d'entreprises dans une catégorie ou l'autre. Comme si les entreprises incrédules ou intuitives se forgeaient leur opinion du marketing sur le simple fait qu'une tactique décousue fonctionne ou ne fonctionne pas.

Jusqu'à maintenant, j'ai donc observé tous les extrêmes dans les pratiques de marketing, durant ma carrière. J'ai vu défiler des directeurs du marketing jetables, et croyez-moi, ils défilent à la même vitesse que les mauvais résultats. Mon réseau en est la preuve : je connais peu de responsables du marketing qui demeurent longtemps en poste. Évidemment, la taquinerie est de rigueur lorsqu'un collègue annonce un nouveau poste ou un nouveau rôle de consultant, car tout le monde en conclut que c'est encore le marketeur jetable qui a payé. Il est facile d'entendre la question ironique «Encore?» au lieu des traditionnelles félicitations, ou alors d'un minimum de compassion pour cette nouvelle épreuve. En fait, les seuls directeurs du marketing qui traversent l'épreuve du temps sont ceux qui sont copropriétaires, associés ou coactionnaires, ou qui ont accumulé beaucoup de récompenses au nom de l'entreprise. Leur visibilité les soude à celle-ci.

Dans de trop nombreuses entreprises encore, il y a des directions qui réduisent le marketing à la fonction «miracle». Elles croient à tort que malgré une stratégie globale déficiente, la promotion devrait être en mesure de pallier les diverses lacunes de l'offre. Il n'est pas rare qu'un directeur du marketing se voie comme le sauveur de l'entreprise, car c'est littéralement ce que l'on attend de lui. C'est souvent avec cette idée que la décision d'embaucher un responsable du marketing prend racine. Malheureusement, faute de livrer lesdits miracles, il arrive souvent, devant de piètres résultats et malgré que leur origine incontestable soit rapportée par un sondage, que le sauveur inapte à combler les attentes démesurées de l'entreprise soit sacrifié par la direction.

La stratégie de l'autruche est largement pratiquée, tant dans les entreprises au sommet des palmarès que dans celles qui se retrouvent au bas de ceux-ci. Il serait impensable de remettre en question un produit qui fait ses preuves depuis cinquante ans, ou un service qui compte des milliers de clients satisfaits. Ce n'est certainement pas un directeur du marketing qui dira au grand patron comment mener sa stratégie de vente et de marketing. Et ainsi font les petits directeurs du marketing annihilés: trois petites promotions et puis s'en vont! Peu de réflexion émerge dans les entreprises inconscientes, et dans l'urgence, il ne faut donc pas s'étonner de certaines décisions hâtives et expéditives.

Ironiquement – ou simple question de survie –, les directeurs du marketing ont développé leur propre *star system*. De sorte que les entreprises accordent maintenant une valeur démesurée aux exploits passés d'un directeur du marketing dans une entreprise dont la conjoncture était favorable, et vice versa. Cela explique en partie pourquoi les attentes sont si élevées et parfois si démesurées. Les résultats de vente, bons ou mauvais, ne sont jamais le fait d'un seul individu, qu'il soit un héros ou un zéro. Cela est pourtant facile à comprendre. Comment un super-directeur du marketing pourrait-il pallier les lacunes d'une entreprise ou accomplir seul des miracles? Mais surtout, comment imaginer que le directeur récompensé réussira le même exploit dans votre entreprise, si les conditions sont différentes ? Rappelez-vous que le mimétisme et le jetable sont des périodes révolues.

À l'autre extrême, il y a les entreprises qui comblent simplement des sièges. Pour affronter cette nouvelle réalité, nous aurons donc besoin d'un peu plus que des marketeurs improvisés qui, à partir d'une formation en physique, en génie informatique ou, pourquoi pas, en ressources humaines, pensent connaître le marketing. La profession est franchement malade. Triste constat, mais trop vrai. Les marketeurs n'ont pas d'ordre professionnel, donc pas de tests pour y entrer et y rester. Ils peuvent naître un bon matin, à leur propre insu, selon le poste à combler et le plan de carrière concocté par la haute direction.

Uniquement au cours de ma propre carrière, j'ai vu de nombreux candidats qui n'avaient jamais étudié le marketing et qui n'avaient jamais montré un quelconque intérêt pour le sujet se voir attribuer un poste de direction du marketing. L'idée sous-jacente dans les entreprises qui agissent de cette façon est que peu importe qui est dans le siège du marketeur, s'il a une bonne équipe ou une bonne agence, et un minimum de leadership, les dégâts potentiels seront limités. Il est certain que tout le monde peut comprendre le marketing, nous sommes tous des consommateurs après tout. C'est plus facile que de comprendre la comptabilité ou la finance, selon cette prémisse. De toute façon, dans ces entreprises, c'est l'agence qui évalue le directeur du marketing et qui peut influencer son avenir. La crédibilité de l'agence ou de la firme de consultants agit sur la haute direction comme un palliatif des lacunes dans la connaissance de la profession pour évaluer adéquatement un bon directeur. Comme celui-ci a été nommé pour occuper une chaise, sa propre crédibilité ne peut compenser en cas de doute, donnant ainsi un pouvoir indu au fournisseur externe.

Au cours des dernières années, j'ai vu des vice-présidents et des directeurs du marketing sans qualifications spécifiques recourir systématiquement à leur firme de consultation marketing ou à leur agence pour toute décision, importante ou non. Grandes banques, sociétés d'État et PME, peu importe leur grandeur, les agences et les consultants font leurs choux gras avec le syndrome de l'usurpateur. Une vraie honte pour les marketeurs qualifiés et professionnels !

Pour ajouter à ce manque de crédibilité, la confrérie ne s'accorde même pas à l'intérieur de sa communauté. Les uns critiquent les autres pour tous les maux de leur industrie, quand ce n'est pas un scandale qui ternit la profession. En plus, les rois d'hier sont en voie de disparition, et les jeunes ambitieux de l'ère du marketing Internet règnent de plus en plus en rois et maîtres sur les entreprises totalement dépendantes de leur savoir en apparence critique. Ainsi, la queue brasse plus souvent le chien que l'inverse. Le jeune branché qui croit savoir mieux que le vieux dinosaure peut donc étourdir tout le monde avec son charabia et impressionner la galerie. Un phénomène qui ressemble étrangement au pouvoir du consommateur moderne, comme un renversement des pyramides du pouvoir, une nouvelle espèce de terrorisme du marketing technologique.

Cette situation durera le temps que tous aient rattrapé la vague des nouvelles technologies et compris ce nouvel ordre. En attendant, ils seront les otages de leur propre ignorance. Je me souviens que, à une époque pas si lointaine, les budgets du marketing Internet étaient si faibles que les postes dans ce service n'étaient guère convoités, ils étaient considérés comme peu glorifiants. Nous commençons à peine à conclure qu'une marque annoncée sur eBay ou sur Facebook est un symbole de grande marque. En effet, si nous évaluons le tout en nous basant sur le coût de plus en plus élevé pour y être présent, nul doute qu'il faut être une marque prestigieuse pour apparaître en priorité. Quant à certaines marques dont l'existence même est née du Web, comme Expedia ou Dell, c'est plutôt leur capital de marque qui a de quoi faire pâlir d'envie des compagnies établies depuis longtemps. Elles ont bien prouvé la force du média Internet en devenant des marques fortes et reconnues à partir du Net. La situation a nettement évolué, pour ne pas faire de jeu de mots. Les budgets dans ce secteur ne cessent d'augmenter, ainsi que la valorisation de ceux qui en tiennent les rênes. Aujourd'hui, les agences ont finalement récupéré pour leurs plans médias les budgets d'achat de mots clés qui peuvent représenter des montants assez astronomiques. Par exemple, le mot « REER » dans Google se transige à plus de 100 $ par clic, selon la période visée. Alors, quand on parle de gros chiffres, tout le monde est au rendez-vous pour prendre sa part du gâteau.

Le fossé se comble donc peu à peu et le défi est maintenant plutôt dans la création de contenu adapté pour le Web. Ce sont d'autres budgets à gruger sur le plan médias, et les résistances sont encore fortes. La preuve en est que les agences récompensées pour des innovations publicitaires dans le Web n'ont guère de compétition féroce, vu que nous sommes encore aux balbutiements de la créativité dans ce système et que même les petites idées paraissent lumineuses.

Avouons que le chaos est une trame de fond bien présente dans l'industrie du marketing. Les vrais marketeurs se retrouvent donc piégés dans l'image et la perception inégale de ce qu'est le marketing et de ce qu'il n'est pas. Un marketeur professionnel est avant tout un stratège qui sait s'entourer de spécialistes de la communication et de l'image. La situation inverse crée une incapacité de s'approprier la stratégie afin de la faire évoluer. Un vrai marketeur connaît aussi ses limites, mais il voit plus loin que le bout de son nez. Il est surtout le chef de la zone hors confort et de l'esprit ouvert. Il pave la voie au changement et il se pose en leader de la défense des besoins du client. Il place ses besoins personnels au second plan, et ceux de ses clients et de leur entreprise au premier plan. Il doit jouer un rôle central en partageant la connaissance et en coordonnant les activités liées à la création de valeur ajoutée. Il pourra un jour devenir le chef de la Présence ou, à tout le moins, le gardien de l'expérience client.

Pour terminer l'analyse de l'état de la profession de marketeur, disons qu'il est un fait que l'industrie est le parfait univers pour les egos en mal de nourriture où la comparaison *benchmarking* est la norme : mes ventes sont plus élevées que les tiennes ; ma base de donnée est mieux organisée et plus grosse que la tienne ; mes stratégies sont plus originales que les tiennes ; mon capital de marque est meilleur que le tien, etc. À voir comment certaines entreprises perçoivent le marketing, nous comprenons mieux pourquoi le *star system* de cet univers existe. Être reconnu par ses pairs est peut-être la seule voie crédible pour gagner ses lettres de noblesse auprès de ses collègues ou du milieu des affaires. Quoi de plus glorifiant que de savoir que les autres nous admirent pour notre génie créateur !

Peut-être aussi que dans le sillon de cette quête de reconnaissance surgit la nécessité de se faire entendre haut et fort par les membres de la haute direction. Chaque marketeur a ressenti à un moment ou à un autre dans sa carrière le besoin viscéral de simplement recevoir la considération nécessaire soulignant l'importance de son travail. Importance démontrée par des gestes concrets soit dans la rigueur du processus de sa propre dotation, soit dans le respect de son budget, qui est souvent coupé prioritairement en cas de difficultés. Il n'y a rien de pire pour un professionnel que de ne pas avoir les bons outils de travail ou de ne pas être considéré à sa juste valeur pour son expertise et son rôle. Même si l'écart de perception du marketing est très variable, à en juger par les pratiques d'un pôle à l'autre des PME et des grandes entreprises, des anomalies criantes existent dans les deux univers, qu'il soit petit ou grand, et le dénominateur commun est le marketing.

Curieusement, ce cercle vicieux que les marketeurs ont créé en restant dans leur zone de confort et en s'appuyant sur des recettes éprouvées les a tenus à l'écart des conseils d'administration et, souvent, des conseils exécutifs. Une tendance démontrée par la rareté des nominations de vice-présidents au marketing dans des rôles prestigieux de chef de la direction ou de directeur général. Traditionnellement, ce genre de nomination est plus souvent attribuée à la personne assise dans le fauteuil du responsable des finances. Il est évident que si les marketeurs étaient jugés / emblée aptes à prendre plus de leadership dans les entreprises, ce g ire de promotion serait perçue comme tout à fait normale, voire sou iaitable et naturelle.

Notre industrie est donc sérieusement dans une remise en question, et les équipes de direction ont besoin de réévaluer et de réajuster leur propre jugement quant au pouvoir du marketing sur les revenus. À force de réduire les budgets, nous finissons par faire des stratégies décousues qui, faute de moyens, perdent toutes leur pouvoir.

Les marketeurs internationaux n'aiment guère citer les États-Unis, mais il faut avouer qu'ils ont bien compris la valeur du marketing. Si, en matière d'économie, ils n'ont plus de leçons à donner à personne, ils peuvent se le permettre en matière de pratiques marketing. Il va sans dire qu'ils n'échappent pas aux questionnements qu'impose la nouvelle ère du marketing, mais ils savent rebondir. Prenez, par exemple, le secteur de l'innovation. Des rapports révèlent que pour chaque dollar investi en recherche, il y en a dix pour le développement et cent pour la commercialisation. Au Québec, j'ai vu et vécu personnellement des ratios pratiquement inversés, c'est-à-dire que pour chaque cent dollars de recherche ou de développement, il n'y avait qu'un dollar pour le marketing. J'aimerais vous dire que j'exagère, mais croyez-moi, le marketing est trop souvent l'enfant pauvre de notre économie.

Ce qui se passe concrètement, c'est que contrairement aux autres pays, les Américains n'attendent pas d'avoir le produit parfait pour amorcer la commercialisation : ils lancent le produit et comptent sur les clients pour orienter les améliorations à apporter. En technologie, nous appelons cela la «version bêta». En outre, le financement est souvent plus important pour la commercialisation, et tout le monde s'engage dans une stratégie de pénétration extrêmement agressive, sans économie de bout de chandelles. L'objectif est de pénétrer le marché avant les autres.

C'est dire qu'au fond les marketeurs du Québec et du Canada sont probablement plus créatifs pour réussir avec des budgets aussi limités, en comparaison. Mais c'est aussi constater que nos innovations ont moins de chance de pénétrer le marché avant celles des autres. Et tout le monde sait qu'en matière d'innovation tout est une question de *timing*. Le leadership appartient au premier, parce que le premier impose ses standards.

Maintenant que la petite histoire du marketing insipide est positionnée dans le contexte de mon propos, la table est mise pour aborder une nouvelle ère. Il faut relever le nouveau défi du marketing, c'est-à-dire créer de véritables relations client afin d'assurer la pérennité de l'entreprise et la compétitivité de notre économie, et ce, si possible, sous la gouverne d'un vrai marketeur qui se préoccupe plus des courts-circuits que des coups de circuit.

À propos de l'auteure

Marketeur passionnée, Sylvie Bédard s'intéresse depuis les années 80 aux nouvelles technologies et à l'innovation visant l'amélioration des stratégies marketing. Véritable partisane de la créativité commerciale, elle explore de nouveaux horizons afin de découvrir des moyens de mieux séduire les clients et de gagner leur cœur. Après de nombreuses années dans l'industrie bancaire au service des clients dans les rôles de gestionnaire et de professionnelle du marketing, elle fait un détour dans le milieu des agences. Au terme de cette expérience, elle découvre les technologies audio et vidéo sur IP et décide de devenir une entrepreneure à plein temps. À une époque où la majorité doutait de l'avenir de la vidéo sur le Web, elle avait déjà saisi le pouvoir de cette technologie pour l'avenir de la relation client. Elle a été présidente de l'Association Marketing de Montréal. Diplômée de l'Université de Sherbrooke en administration des affaires et de l'UQÀM pour sa maîtrise en administration des affaires, spécialisée en études sur la petite et moyenne entreprise, elle a été double médaillée (or et argent) de l'Institut des banquiers canadiens. Elle a cofondé un concept original de toilettage haut de gamme, SPA Bêtes VIP, en 1999.

Avec son entreprise Mind Drop, elle est aujourd'hui stratège marketing et conférencière axée sur les nouvelles tendances et le marketing, bloggeuse et auteure, en plus d'être engagée dans l'avenir de l'entrepreneuriat sans frontières. Son champ d'activités principal est l'innovation au service des stratégies marketing et d'affaires, et elle y consacre tout son temps.

Vous trouverez le blogue de l'auteure à l'adresse suivante : www.sylviebedard.net.

Table des matières

Achevé d'imprimer au Canada
sur papier Enviro 100% recyclé
sur les presses de Imprimerie Lebonfon Inc.

certifié   procédé   100 % post-   archives   énergie
            sans   consommation   permanentes   biogaz
            chlore